丛书主编

张小炜

丛书编委会

炜衡业务发展委员会

本书主编

王保华

本书编委会

王保华 刘汉文 王德虎 余贤军 李晶晶
王　浩 张曼莉 应飞彪 郝　萍 毛　静
陈　雪 陈云肖 李海峰 苏婷婷 吕　镁
吴　珲 魏立璇 陆　青 傅　晓 杨元春

本书作者

王保华 闫新盈 张曼莉 杨　明 隋宜径
李晶晶 底世清 钱思洋 杨振威 罗　琼
王小涛 王永顺 王可可 苏婷婷 吕　镁
魏立璇 郭秀华 王　浩 张雄伟 周纪云
郭　韵 王　艳 张满军 王传波 胡晓欣
邹新文 杨雅婷 栾云根 王晓妍 彭逸轩
赵丽新 王晓静 林　杏 孙晓琳 邓慧慧
吴天宇 彭国鹏 严　涛 刘璐莎 王　培

炜衡法律实务丛书

民商事经典案例争议解决之道

丛书主编 / 张小炜

本书主编 / 王保华

中国法制出版社
CHINA LEGAL PUBLISHING HOUSE

炜衡法律实务丛书序

《炜衡法律实务丛书》经过一年筹备，终于要面世了，闻之甚喜，应邀作序。

前些年，律师圈内流传着一篇文章，以武林江湖比喻律师江湖，以武林人的快意恩仇、武功绝学而形成的少林、武当、华山等门派来比喻律师界各种规模的律师事务所，甚是有趣，在律师界引来热议，读后印象颇深。律师这个职业由来已久，但在中国，律师制度恢复而形成律师执业形态仅四十余年。任何一个执业形态都会依据自己的规律形成存在的“江湖”，律师执业的独立性、专业性与武林江湖“侠客”的快意闯荡确有相似之处。

武林大侠和门派的江湖地位在于独门的武学，律师在社会中立命在于专业的知识和能力，《炜衡法律实务丛书》便是炜衡人在法律人的“江湖”里，由炜衡多位法律理论功底深厚并具有丰富实战经验的专业领军律师和资深律师将其对所从事的法律业务进行梳理、总结，从而形成的系列作品，以分享给业界更多的同仁，以期共同进步，为中国律师业的发展做出炜衡人应有的贡献。

自2017年以来，炜衡在全平台30余家分所、3000余名专业律师中，推动纵向打造专业化领域，至今已形成20个法律服务专业领域。

随着时间的推移，各专业领域一定会践行其强大的专业研究能力、实战经验的“秘笈”，形成在律师这个“江湖”中的地位。

基于炜衡的纵向打造专业化领域，《炜衡法律实务丛书》应运而生，必将成为各专业领域“华山论剑”之地。同时，以此丛书为基地，广发“英雄帖”，让更多的法律人能参与其中，进行交流与探讨。

希望《炜衡法律实务丛书》能成为炜衡律师展现专业能力的平台，逐步奠定炜衡律师在律师这个“江湖”中的地位，并成为同行可以学习的“秘笈”。

北京市律师协会副会长

炜衡管委会主席

序　言

随着现代市场经济的发展和建设社会主义法治国家进程的加快，诉讼和仲裁作为争议解决的常用手段，日益得到人们的重视，并在近年获得了飞跃性的发展。

每一起纠纷一旦面临诉讼，遇到的第一个问题也是最重要的问题就是确定诉讼策略。诉讼策略是诉讼的大政方针，是诉讼的方向和道路，诉讼策略如果错了，就会南辕北辙、徒劳无功。正确的诉讼策略应当着眼于案件整体，最大限度维护委托人的利益。

诉讼策略是律师根据纠纷的实际情况和委托人的诉求所制定的一系列诉讼、非诉讼方法。诉讼策略的好坏，直接影响案件代理的效果，是判断代理律师水平高低的重要标志。律师要在诉讼前，选定最优诉讼策略。诉讼策略相对于诉讼技巧而言，确立的是涉及案件全局的整体思路和宏观问题。准确而公正的司法过程，其实质就是法官一次次对法律进行目的解释的过程。虽然现实中个案千差万别，对法律的目的解释不一定是每起案件中法官审理思路的最终出口，但一定是每一次公正的司法过程的起点与归宿。从目的解释的角度制定诉讼策略不失为一种巧妙的选择。

在制定诉讼策略时，要求律师从案件的全局出发，整体把握。古人云："善谋者，谋势；不善谋者，谋子。"这个"势"，就是全局和整体；而"子"，就是局部和部分。律师制定诉讼策略的原则之一就是系统性原则。要通观全局，注重于研究整个案件的发展趋势，局部服从于全局，以全局带动局部。有时虽然局部蒙受了损失，但从全局着眼，可以局部的舍弃换来全局的胜利。系统性原则的着眼点不是当前，而是未来。有些事情尽管从眼前来看是有利的，但从长远看却是有害的。例如，对有的案件，不能只考虑当前胜诉的可能性，还要考虑以后在执行阶段的困难，必要的时候，以调解结案更能保障当事人的利益。具有远见的律师，绝不会只考虑眼前而不顾及长远。同时，律师制定诉讼策略应注意层次性。每个案件都有其特殊性，尤其是一审败诉的案件，情况更为复杂。相应的，律师的诉讼策略也要具有层次性。首先，在谋略对象上，要分出焦点问题和一般性问题、主要法律关系和次要法律关系，抓住重点。其次，在程序上，先考虑程序问题，后考虑实体问题，注意程序与实体的衔接性。最后，针对问题的焦点，制定出主要应对方案和次要应对方案，并考虑主要方案与次要方案的协调性。

由于不同案件的特征不同，诉讼目标必须建立在现实案情的基础上，不能纸上谈兵。比如，对于败诉案件在一审中被驳回的诉讼请求，律师必须先加以审查，不合理、不可行的要舍弃，同时根据当事人的利益和诉讼策略所选择的切入角度，作出适当调整，使诉讼目标切实可行。同时，目标要明确。律师不仅要明确目标方向，而且要明确工作重点，针对败诉案件的疑点和要害，有的放矢，集中精力和时间加以解决。

确定案件争议焦点时，要准确无误。在一个案件中，当事人双方存在争议的问题往往很多，但最主要、最关键，决定案件判决结果的焦点问题只有一两个。有争议才会有诉讼，当事人争执较多的部分一般便是诉讼案件争议的焦点，经过一审诉讼后，有关案件的事实问题基本明确，当事人意见不能达成一致的地方值得律师在代理上诉案件时特别关注，同时也要善于捕捉被忽略的一些法律细节问题，这些也可能成为案件的突破口。

诉讼过程中，律师在法庭上强有力的论辩也是全面正确地表达己方的观点，说服法官支持己方诉讼请求的手段。论辩中要讲究遣词造句，注意逻辑层次，知识储备要丰富以随机应变。律师应根据分析，拟定充分有理的代理意见。代理意见应系统地阐明诉讼代理人，即律师本人对案件的看法和意见，并就本案如何处理，向法庭提出要求和建议。代理意见对案情的分析，有助于法院全面了解情况，对案件作出客观公正的处理，维护案件当事人的合法权益。一份好的代理意见应充分、有理，要对纠纷的主要情节、形成纠纷的原因以及双方当事人争执的焦点进行分析，以分清是非、明确责任、辨明性质。在拟定代理意见的同时，律师要善用言辞，或阐明违法与合法的界限、权利和义务的关系；或论证纠纷形成的原因，澄清事实真相；或剖析法律关系，指明双方当事人应当承担的法律责任。但不论如何论述，代理律师都要抓住问题的核心，给法官留下简明深刻的印象。总之，代理意见要从具体案情出发，抓住案件的要点、特点，有针对性地阐明几个问题，为解决纠纷提出切实可行的主张、办法和要求，使案件得到正确、合法、及时的处理。

北京市炜衡律师事务所争议解决专委会专注于民商事诉讼与仲裁业务，各类专业法律服务的经历与积累，使我们对民商事诉讼与仲裁案件具备了深刻的洞察与理解能力，而对其中规律的熟练把握，使我们能够根据不同案件的性质与特点，制定和运用具有针对性的诉讼策略。

本书所选编的本所律师代理的民商事争议解决胜诉案例，也是本所律师运用诉讼策略为当事人取得胜诉的具体展示。本书通过代理律师复盘案件、回顾代理思路、展示代理亮点与生效判决，展现了诉讼策略在具体案件中如何确定、落实和有效运用。这些典型胜诉案例具有广泛的代表性和影响力，其中既有最高人民法院判决的案例，也有各省法院的精选案例。

我们希望，通过展示这些具体案例的诉讼策略，为诉讼策略的理论研究提供实务支持，能够对读者有所启发和裨益。我们明白，客户的利益永远是第一位的，为此，我们对案例中的客户名称均作了替代性的脱敏化处理，本书案例仅为学术探讨使用。

回顾与反思是使思想成熟的酵母，系统化的回顾与专业性的反思则是促进思想理性化成熟的高效酵母。成熟的过程离不开经常而真诚的回顾与反思，一个人的成长过程是如此，一个专业的发展过程也是如此。我们深知，路漫漫其修远兮，我们对民商事案件诉讼策略的理解和运用还有待于进一步提高，书中的不足之处，也恳请广大读者予以指正，以便我们再版时改进。（联系邮箱：wangbaohua2003@ 163. com）

炜衡全国争议解决法律专业委员会主任

王保华

2022 年 5 月 13 日

目　录

北京A集团有限责任公司与河北B职业学院建设工程施工合同纠纷案[①]

北京市炜衡律师事务所　王保华律师　吕镁律师

【关键词】

审计报告　招投标文件　施工合同　结算工程款

【案情简介】

2006年1月和3月，河北B职业学院（以下简称B学院）就B学院新校区一期一标段、二标段工程向社会招标，北京A集团有限责任公司（以下简称A集团）中标（中标通知书时间是2006年1月28日），一标段投标总价为66454765元，二标段投标总价为23979443元。中标后A集团与B学院于2006年2月25日签订了《建设工程施工合同》，约定工程名称为B学院新校区一期一标段工程。工程内容为主教学楼、学生食堂、学生公寓楼10#、11#，建设面积63726平方米，框架和砖混结构。开工日期为2006年3月8日，竣工日期为2007年7月30日，合同价款66454765元。合同价款采可调价款，调整方法为按照2003年河北建设工程预算定额、费用定额及相关文件调整。2006年4月6日，双方又签订了关于B学院新校区一期二

① 案件来源：最高人民法院民事判决书（2019）最高法民终922号。

标段工程的《建设工程施工合同》。约定工程内容为办公楼、学生公寓楼9#、12#、浴室。建设面积为26950平方米，框架和砖混结构。开工日期为2006年4月8日，竣工日期为2007年8月8日，合同价款23979443元。合同价款采可调价款，调整方法为按照2003年河北建设工程预算定额、费用定额及相关文件调整。两份合同均进行了备案。两份合同对合同价款及合同价款调整方式的约定均与招投标文件不一致。

2005年12月3日，当事人双方签订《补充条款》，对承包内容进行了明确，并约定：A. 本补充条款自双方签字盖章之日起生效，乙方（A集团）进场后三天内，甲方（B学院）按合同总价的1%支付进场费。B. 工程基础土方开挖之日起三天内，甲方按合同总价的4%支付工程款给乙方。其中，各主体工程按开工时间分别计算。以后按每月完成工程量拨付乙方工程进度款。C. 本工程属乙方部分垫资工程，总建筑面积约8.6万平方米。工程总造价约8000万元。除按上述A、B项支付前期工程款外，甲方须按月支付乙方工程进度款。自开工之日起至工程竣工之日前，甲方需支付乙方工程款2500万元人民币，工程竣工至2008年10月10日前再支付乙方工程款2500万元人民币。D. 施工期间，乙方自垫资之日起按月度完成工程量（甲乙双方签认的工程量）开始计取已完工程量本金及利息。利息按年息4%计取。各主体工程竣工并结算完毕后，双方共同确认沟通工程垫资欠款总额（垫付工程款总额加利息），利息按年息8%计取。计取利息时间为自工程竣工之日起。累计欠款总额甲方自工程开工之日起六年内还清。但从第四年开始，每年在10月10日前支付不少于1000万元。甲方每偿还一笔工程款，自付款之日起以垫资总额及利息扣减偿还金额后重新按余额计息，并按累计利率计算，直至本息付清后，双方解除合同。

2007年7月2日，双方就B学院新校区工程签订了《补充协议》，内容为甲、乙双方就B学院新校区工程建设于2005年12月3日签订了《补充条款》，对工程承包范围及工程款支付进行了约定并达成了共识。现因施工过程中图纸设计发生了较大变化，扩大了承包范围，原《补充条款》中约定的工程造价8000万元已远远不能满足工程需要，垫资额度加大。为满足工程施工的实际需要，经甲、乙双方协商同意，乙方继续垫资施工，但原《补充条款》需作如下变更：一、承包内容：按施工图纸及现场甲、乙双方审定确认的内容进行（不含甲方单独分包的项目）。二、工程款支付，甲乙双方于2005年12月3日签订的补充协议中的C条“本工程属乙方部分垫资工程。工程总建筑面积约8.6万平方米。工程总造价约8000万元……2500万元人民币”变更为“本工程属乙方部分垫资工程，工程总建筑面积约9.6万平方米，工程总造价已突破原工程造价（以最终审计决算为准）。截至合同签订之日，甲方已支付乙方工程款3770万元人民币，工程竣工后至2008年11月10日前再支付乙方工程款2500万元人民币”。甲乙双方于2005年12月3日签订的《补充协议》中的D条“施工期间，乙方自垫资之日起按月度完成工程量（甲乙双方签认的工程量，并经监理公司认定）……直至本息付清后双方解除合同”变更为“施工期间乙方自垫资之日起，按月度完成工程量（甲乙双方签认的工程量，并经监理公司认定），开始计取已完工程量本金及利息，利息按年息4%计取，各主体工程竣工并结算完毕后，双方共同确认工程垫资欠款总额（垫付工程款总额加利息），利息按年息8%计取。计取利息时间为自工程竣工之日起。累计欠款总额甲方自工程开工之日起六年内还清，但从第四年开始每年10月10日前支付不少于2008年欠款及利息总额除以三的平均值及当年欠款总额的利息。甲方每偿还一笔工程款，自付款之日起以垫资总额及利息扣减偿还金额后重新按余额计息。直至本息付清后，双方解除合同。除原协议C、D项变更以外，其他内容不变"。双方对《补充条款》《补充协议》的真实性和合法性均无异议。

《建设工程施工合同》签订后，A集团开始进场施工，于2007年10月基本完工。B学院从2007年10月使用至今。

2010年10月21日，承德市审计局出具了对B学院新校区建设项目竣工结算及资金使用情况的审计报告称："审计组介入后，认真听取了双方的意见，一是虽然施工合同约定的结算方式违背了招标文件规定，但是鉴于该工程具有招商引资性质以及当时承德建筑市场清单计价尚处于起步阶段，此项目工程结算执行备案合同约定，即执行2003年《河北省建筑工程预算综合基价》及相应取费标准；二是施工过程中甲乙双方签订的工程洽商签证等资料，应按照施工合同约定及《河北省建筑工程预算综合基价》计价规定进行有效性认定。本着以上两点，我局对该项目结算进行了审计。通过审计发现施工单位上报的工程结算存在多计工程量、多计工程价款问题。施工单位原报工程结算值19315.60万元，审计确定值12340.25万元时，审减7365.53万元，审增390.18万元。审计净审减6975.35万元……责令你单位与施工单位结算时按审计确认值予以结算，新校区工程按审计确认值12340.25万元进行最终工程价款结算。"A集团不同意审计结论，A集团单方结算工程款为177449158.50元。

在本案B学院代理人王保华律师代理本案之前，本案已经历过一审，河北省高级人民法院于2015年11月25日作出（2011）冀民一初字第15号民事判决书，判决结果为：1. B学院于本判决生效起十日内给付A集团剩余工程款68170629.14元，并按照年息8%计算自2007年11月1日至工程款支付完毕之日止的利息。2. 驳回A集团的其他诉讼请求。后A集团上诉，最高人民法院于2016年10月16日作出（2016）最高法民终284号民事裁定书，裁定将本案发回河北省高级人民法院重审。

本案争议焦点为：1. 案涉工程造价可否以审计报告作为结算依据；2. 双方签订的《建设工程施工合同》对合同价款调整方式的约定与招标文件不一致，合同价款如何确定；3. A集团主张的垫资利息应否支持；4. A集团请求B学院赔偿损失的依据是否充分。

【一审代理意见】①

一、因备案合同与招标投标文件不一致，涉案工程价款的结算应按招投标阶段的约定以固定价款为基础，超出固定价款部分的工程量以双方约定的审计标准决算为准，原、被告双方签署的两份《建设工程施工合同》关于工程价款可调的约定无效，应当按照中标价进行结算

根据2018年10月29日最高人民法院审判委员会全体会议审议并原则通过的《最高人民法院关于审理建设工程施工合同纠纷案件适用法律若干问题的解释（二）》（以下简称《解释二》）征求意见稿第十五条［备案合同与招标投标文件不一致时工程价款的结算］第一种意见提出，当事人经过备案的中标合同与招标文件、投标文件、中标通知书载明的工程价款、建设工期、工程质量不一致，亦

① 本书代理意见部分、裁判文书部分以及案件评析部分对具体案例的分析中涉及的相关法律规定，均为案件审理当时生效的法律规定。部分规定虽已失效，但其涉及的裁判规则仍可作为参考，下同。

无证据表明签订备案合同时，招投标的客观情况发生变化，且变更内容未达到实质性变更程度，当事人一方请求将招标文件、投标文件、中标通知书作为结算工程价款的根据，人民法院应予支持。合同另有约定的除外。

（一）本案中招标投标阶段涉案工程价款为固定价款。

2006 年 1 月 6 日，被告发布新校区一期一标段、二标段施工招标文件，投标须知 13. 4 和 13. 6 条约定报价方式采用工程量清单报价。2006 年 1 月 23 日和 2006 年 3 月 27 日，原告分别提交新校区一期一标段、二标段的投标文件，在投标文件（七）投标报价说明第 2 项也体现了清单招投标方式，填写了投标总价，投标总价分别为 66454765 元和 23979443 元。2006 年 1 月 28 日和 2006 年 4 月 3 日，被告向原告发出新校区一期一标段和二标段的《河北省建设工程施工招标中标通知书》，确定中标价格为 66454765 元和 23979443 元；表明新校区工程价款在招投标阶段为固定价款。

（二）《建设工程施工合同》中有关工程价款采用可调价格的约定，违反了招投标中关于合同价款的约定。

双方分别于 2006 年 2 月 25 日、4 月 6 日签署两份《建设工程施工合同》并在承德市住房和城乡建设局备案。该两份合同第一部分《协议书》第五条约定：该工程的合同价款为固定价款，分别为 23979443 元和 66454765 元，合计 90434208 元。但在该两份合同《专用条款》第六条第 23. 2 项中又约定本合同价款采用可调价格合同方式确定，并约定合同价款的调整依据为“2003 年河北建设工程预算定额、费用定额及相关文件”。该约定违反了双方在招投标中关于工程价款采用固定价款的约定。

（三）行政机关、司法机关认定两份《建设工程施工合同》存在违法之处，违反了法律的禁止性规定，该工程价款可调的约定条款应属无效。

原、被告的招投标文件中的相关内容，均表明两标段施工合同价款应采用“固定价格合同”方式确定，但原、被告订立的两标段施工合同均采用“可调价格合同”，与招标文件和投标文件不符，该事实经河北省工程建设造价管理总站予以认定。且两标段施工合同约定的工期也与投标承诺工期不一致，违反了《中华人民共和国招标投标法》第四十六条规定，承德市住房和城乡建设局对原告及被告的违法行为，依据《中华人民共和国招标投标法》第五十九条、《承德市住房和城乡建设局行政处罚自由裁量权实施标准》作出的行政处罚决定认定事实清楚，适用法律正确，程序合法、处罚适当。

双方签署的两份《建设工程施工合同》在工程价款上，与原招标文件及投标文件相比，对合同价款及调整方式等实质性内容进行了变更。依据《中华人民共和国合同法》第五十二条的规定，违反法律、行政法规的强制性规定的合同无效，上述行为违反了法律的禁止性规定，该工程价款可调的约定条款应属无效。涉案工程的价款的结算应当是以固定价款为基础，超出固定价款部分的工程量以双方约定的审计标准决算为准。

二、承德市审计局于2010年10月21日出具的审计报告与招投标文件、中标通知书的内容不完全相符，依据《解释二》的规定，不应予以采用

承德市审计局于2010年10月21日作出的承审投报（2010）24号审计报告与招投标文件的内容不完全相符，应当以招投标文件、中标通知书为准。《河北省高级人民法院建设工程施工合同案件审理指南》第二十条规定，“政府投资和以政府投资为主的建设项目，合同明确约定以审计机关出具的审计意见作为工程价款结算依据的，财政部门审计部门等对工程款的审核、审计，应当作为结算依据。”因该审理指南的效力低于最高人民法院的司法解释，因此应依据《解释二》的规定将招标文件、投标文件、中标通知书作为结算工程价款的根据。

三、原告要求我方支付工程款利息，没有事实及法律依据

（一）我方陆续支付给原告的工程款，远远大于原告实际完成的工程量，原告并未实际垫资。

根据双方签署的《补充协议》约定，垫资利息按月度完成工程量（甲乙双方签认的工程量，并经监理公司认定），开始计取已完工工程量本金及利息，利息按年息4%计算。

在原告提供的证据中，没有显示关于月度完工工程量的确认清单，在月度完成工程量无法确认的情况下，不能确定垫资本金及计算利息。涉案工程开工后，从2006年4月26日起，我方陆续支付给原告的工程款，远远大于原告实际完成的工程量，原告并未实际垫资。

（二）工程价款尚未明确，不存在欠款及利息，原告以单方结算单计算的欠款及利息没有法律和事实依据。

根据双方签署的《补充协议》约定，各主体工程竣工并结算完毕后，双方共同确认工程垫资欠款总额（垫付工程款总额加利息），利息按年息8%记取，计取利息时间为自工程竣工之日起。

目前涉案工程尚未通过竣工验收，工程价款未进行结算，不存在欠款额及利息；原告以单方结算书作为依据，计算并得出欠款及利息，没有任何事实及法律依据。

四、原告要求我方赔偿损失，与事实不符，且未提交有效证据予以证实，没有法律依据

原告承建的工程出现多项质量缺陷，致使涉案工程不能进行竣工验收，进而导致涉案工程不能如期结算；其损失费的主张与事实不符，如A集团主张的基础处理期间的损失费包含的“B学院新校区工程南侧围墙拆除增加的费用”，该费用应由A集团自负；施工措施费在原招投标中已经给付A集团，其中包含修建围墙等围挡费用，但我方在A集团进场前就已经委托承德市某建筑安装有限责任公司修建好该围墙；我方先期修建已经让A集团减少支出了修建围墙的费用，因此，围墙拆除增加费用应由A集团自行承担。故A集团主张的损失费没有任何事实和法律依据，我方不予承担。如果A集团认为工程存在所谓的损失，依照建设部关于《建设工程监理规范》标准的规定，也应上报在现场负责工程监理的两家监理公司，由监理公司出具索赔意见。

【一审判决情况】

一审法院认为，本案争议的焦点是：1. B学院是否欠付A集团工程款；2. B学院是否应当支付垫资利息；3. B学院是否应当赔付A集团的损失以及损失数额。

关于第一个焦点问题。双方签订的施工合同对合同价款调整方式的约定与招标文件不一致，应为无效。因施工过程中图纸设计发生了较大变化，扩大了承包范围，招标文件确定工程价款所依据的情况有了重大变化，双方签订了《补充协议》。双方对《补充协议》的合法性和真实性均没有异议。《补充协议》变更了工程款的计算方式，约定以最终审计为准。承德市审计局听取了双方的意见，在双方确认工程量的基础上，综合考虑各方因素，作出了24号审计报告。A集团对审计报告最主要的异议是审计报告没有认定材料确认单中的价格。因材料确认单没有监理单位签字，不符合双方的约定，故审计报告中没有按照材料确认单中的价格确认并无不当，A集团对审计报告最主要的异议不成立。B学院为财政拨款单位，该工程经国家审计为必要程序，加之，A集团迟迟未能提交全部用于鉴定的材料，故一审法院终结了应A集团申请启动的对于审计报告进行的复核鉴定程序，将审计报告作为本案工程的结算依据。扣除已付款110134635.39元，B学院尚欠13267864.61元工程款。工程虽然没有经过验收，但是B学院已经实际使用，且审计局已经在审计报告中确定了结算数额，并责令B学院与施工单位按照审计确定数额结算，故B学院应该在审计部门确定工程款数额之后及时向A集团支付工程款。

关于第二个焦点问题。《补充协议》约定，施工期间乙方（A集团）自垫资之日起，按月度完成工程量（甲乙双方签认的工程量，并经监理公司认定）开始计取已完工程量本金及利息。虽然A集团未能提交三方确认的月度完成的工程量，但是因欠付工程款事实存在，故垫资事实存在。B学院欠付A集团的工程款数额视为垫资数额。在工程实际使用之后，审计报告送达之前，应该计算4%垫资利息。双方确认至今余13267864.61元未付，2100万元是2011年3月15日支付的，故2011年3月14日之前欠付本金为34267864.61元。双方均确认工程于2007年10月交付，因无具体日期，一审法院酌情认定2007年10月15日交付使用。审计结果送达之后应该按照8%计算垫资利息。因无法确定B学院收到审计报告的具体日期，一审法院酌定从A集团起诉之日起算。

关于第三个焦点问题。A集团未提交监理公司认可其索赔事由证据，B学院提交的监理公司关于《工程进度问题的报告》提及因材料未能及时进场、人员配备不足等原因导致施工进度滞后。另外，《补充协议》签订之时，A集团主张的工期延误事实、图纸变更事实已经存在，但《补充协议》未涉及违约责任以及损失承担，一审法院对A集团要求B学院承担损失的主张不予支持。

一审判决结果：1. B学院于判决生效之日起10日内给付A集团工程款13267864.61元及利息（利息自2007年10月15日至2011年3月14日，以34267864.61元为基数，按照年利率4%计算；自2011年3月15日至2011年9月21日，以13267864.61元为基数，按照年利率4%计算；自2011年9月22日起，以13267864.61元为基数，按照年利率8%计算）；2. 驳回A集团的其他诉讼请求。

【诉讼策略】

本案一审审理之初，我方认为应以24号审计报告作为认定工程款数额的依据。在一审法院已经决定启动案涉工程款鉴定的情况下，承办法官在最后一次庭审中告知双方，由于河北省高级人民法院出台了《建设工程施工合同案件审理指南》，按照该指南第二十条关于“政府投资和以政府投资为主的建设项目，合同明确约定以审计机关出具的审计意见作为工程价款的结算依据的，财政部门审计部门等对工程款的审核、审计，应当作为结算依据”之规定，本案工程款认定应以承德市审计局的审计结论为依据，故终止鉴定程序。一审判决结果与我方最初的意见不谋而合。

在本案最后一次庭审之前，最高人民法院出台《关于审理建设工程施工合同纠纷案件适用法律问题的解释（二）》，其中第十条规定，当事人签订的建设工程施工合同与招标文件、投标文件、中标通知书载明的工程范围、建设工期、工程质量、工程价款不一致，一方当事人请求将招标文件、投标文件、中标通知书作为结算工程价款的依据的，人民法院应予支持。承德市审计局于2010年10月21日出具的审计报告［承审投报（2010）24号］与招投标文件的内容不完全相符，应以招投标文件、中标通知书为准。《河北省高级人民法院建设工程施工合同案件审理指南》第二十条规定："政府投资和以政府投资为主的建设项目，合同明确约定以审计机关出具的审计意见作为工程价款结算依据的，财政部门审计部门等对工程款的审核、审计，应当作为结算依据。"但是，该审理指南的效力低于最高人民法院的司法解释，因此，代理人认为应以《最高人民法院关于审理建设工程施工合同纠纷案件适用法律问题的解释（二）》的规定将招投标文件、中标通知书作为结算工程价款的根据。虽然一审判决结果基本符合我方预期，但基于最高人民法院的此项规定，我方最终决定向最高人民法院提起上诉。

【二审代理意见】

一、承德市审计局承审投报（2010）24号审计报告中，关于工程量的审计结果与招投标文件、中标通知书的内容不完全相符，依据《最高人民法院关于审理建设工程施工合同纠纷案件适用法律问题的解释（二）》的规定，该审计报告不应作为本案事实认定的依据

《最高人民法院关于审理建设工程施工合同纠纷案件适用法律问题的解释（二）》第十条规定，当事人签订的建设工程施工合同与招标文件、投标文件、中标通知书载明的工程范围、建设工期、工程质量、工程价款不一致，一方当事人请求将招标文件、投标文件、中标通知书作为结算工程价款的依据的，人民法院应予支持。

承德市审计局于2010年10月21日出具的《审计报告》［承审投报（2010）24号］与招投标文件的内容不完全相符，应以招投标文件、中标通知书为准。《河北省高级人民法院建设工程施工合同案件审理指南》第二十条规定："政府投资和以政府投资为主的建设项目，合同明确约定以审计机关出具的审计意见作为工程价款结算依据的，财政部门审计部门等对工程款的审核、审计，应当作为结算依据。"但是，该审理指南的效力低于最高人民法院的司法解释，因此应依据《最高人民法院关于审理建设工程施工合同纠纷案件适用法律问题的解释（二）》的规定，将招标文件、投标文件、中标通知书作为结算工程价款的根据。

二、被上诉人请求上诉人支付工程款68170629.14元，没有事实及法律依据

因备案合同与招标投标文件不一致，涉案工程的价款的结算应依据招投标阶段的约定以固定价款为基础，超出固定价款部分的工程量以双方约定的审计标准决算为准，双方签署的两份《建设工程施工合同》关于工程价款可调的约定无效，应当按照中标价结算。本案中招标投标阶段约定涉案工程价款为固定价款。《建设工程施工合同》中有关工程价款采用可调价格的约定，违反了招投标文件中关于合同价款的约定。行政机关、司法机关认定两份《建设工程施工合同》存在违法之处，违反了法律的禁止性规定，该工程价款可调的约定条款应属无效。

涉案工程尚未进行竣工验收，无法确认工程价款。《中华人民共和国合同法》第二百八十一条规定，因施工人的原因致使建设工程不符合约定的，发包人有权要求施工人在合理期限内无偿修理或者返工、改建。《最高人民法院关于审理建设工程施工合同纠纷案件适用法律问题的解释》第三条、第十六条亦规定，修复后的建设工程经竣工验收不合格，承包人请求支付工程价款的，不予支持。据此，竣工验收合格是支付工程价款的前提条件。本案涉案工程因存在工程质量及消防不能验收等诸多问题，致使该工程至今没有进行竣工验收。在工程尚未验收合格的情况下，不能确认工程价款，被上诉人主张支付剩余工程款，没有事实及法律依据。

三、被上诉人要求上诉人支付工程款利息，暂计算至2011年8月31日的利息为42501506.5元，此后计算至工程款实际给付之日止（按年息8%继续计算），没有事实及法律依据

被上诉人没有实际垫资。根据双方签署的《补充协议》约定，垫资利息按月度完成工程量（甲乙双方签认的工程量，并经监理公司认定）开始计取已完工工程量本金及利息，利息按年息4%计算。在被上诉人提供的证据中，没有显示关于月度完工工程量的确认清单，在月度完成工程量无法确认的情况下，不能确定垫资本金及计算利息。涉案工程开工后，从2006年4月26日起，上诉人陆续支付给被上诉人的工程款，远远大于被上诉人实际完成的工程量，被上诉人没有实际垫资。且在施工期间和工程完工后，上诉人为被上诉人代付材料款近千万元。关于支付的工程款和代付资金明细，已经提交法庭。

工程价款尚未明确，不存在欠款及利息。根据双方签署的《补充协议》约定，各主体工程竣工并结算完毕后，双方共同确认工程垫资欠款总额（垫付工程款总额加利息），利息按年息8%计取，计取利息时间为自工程竣工之日起。目前涉案工程尚未通过竣工验收，工程价款未进行结算，不存在欠款额及利息。被上诉人以单方结算书作为依据，计算并得出欠款及利息，没有任何事实及法律依据。

综上所述，一审判决以承德市审计局作出的承审投报（2010）24号《审计报告》作为本案工程的结算依据，判决上诉人给付A集团工程款13267864.61元及利息，显然是错误的。据此，为维护上诉人的合法权益，特提起上诉，请求二审法院依法驳回被上诉人的诉讼请求。

【生效判决书】

上诉人北京A集团有限责任公司（以下简称A集团）与上诉人河北B职业学院（以下简称B学院）建设工程施工合同纠纷一案，均不服河北省高级人民法院（2017）冀民初11号民事判决，向本院提起上诉。本院于2019年6月4日立案后，依法组成合议庭，开庭进行了审理。A集团的委托诉讼代理人王某、高某贤，B学院的委托诉讼代理人王保华、张国英到庭参加诉讼。本案现已审理终结。

A集团上诉请求：1. 撤销一审判决，改判支持A集团的一审诉讼请求；2. 本案一、二审诉讼费由B学院承担。事实与理由：（一）河北省承德市审计局出具的承审投报（2010）24号《审计报告》（以下简称24号审计报告）不能作为认定本案工程款数额的依据。1. 涉案工程由A集团施工，2007年9月完工后，B学院在未经验收的情况下于2007年10月全部入住，A集团在2008年向B学院提交了工程结算清单，计算涉案工程总造价为1.68亿余元，而B学院仅向A集团支付工程款1.09亿余元，尚欠工程款6817万余元。2. 本案审理时，B学院提出应以24号审计报告作为认定工程款数额的依据，A集团向法院申请对案涉工程款启动司法鉴定程序，在法庭组织下，A 集团与 B 学院向鉴定机构提交了鉴定需要的基础材料，本案的鉴定程序已经启动。一审判决认定 A 集团未在法院确定的期限内提交图纸等材料并非事实，双方签订案涉施工合同后，B 学院增加了工程量，导致图纸无法最终确定，为了鉴定的顺利启动，一审法院要求双方均向法庭提供涉案工程的图纸，A 集团与设计单位联系复印图纸，但设计单位回复只有 B 学院才能复制图纸，对此 A 集团曾向一审法院提出申请，请求一审法院向设计机构依法调取涉案工程的图纸，一审法院已同意调取，B 学院也已向一审法院提交了鉴定用的全部图纸。3. 在一审法院已经决定启动案涉工程款鉴定的情况下，承办法官在最后一次庭审中告知双方，由于河北省高级人民法院出台了《建设工程施工合同案件审理指南》，按照该指南第二十条"政府投资和以政府投资为主的建设项目，合同明确约定以审计机关出具的审计意见作为工程价款的结算依据的，财政部门审计部门等对工程款的审核、审计，应当作为结算依据"之规定，本案工程款应以承德市审计局的审计结论为依据，故终止鉴定程序。A 集团认为，本案工程款的确定不应适用该条规定。首先，涉案工程建设资金并非政府投资或以政府投资为主，其资金来源为 B 学院"自筹"。其次，A 集团与 B 学院签订的施工合同以及两份《补充协议》中均未明确约定以审计机关的审计结论作为工程款结算的依据。2007 年 7 月 2 日签订的《补充协议》中关于"工程总造价突破原工程造价（以最终审计决算为准）"的表述并不表明双方已经对工程款的结算以审计机关的审计为准达成了一致。最后，本案鉴定启动的日期早于该指南公布的日期。4. 24 号审计报告不具有客观公正性，存在诸多瑕疵，且 A 集团从未收到。由于施工过程中图纸发生较大变化，双方约定合同价款采取可调价格处理，但审计报告中仍然采取了清单计价和定额计价两种方式确定工程款，明显错误。5.24号审计报告属于政府审计，调整的是与被审计单位的行政法律关系，用于规范国有资金的用途，并非用于调整平等民事主体间的民事争议。综上，本案工程款应以鉴定机构的鉴定结论为准。

（二）B学院已经认可A集团垫资建设的事实，应当按照合同约定支付拖欠的工程款利息。1. 在双方签订的两份《补充协议》中均约定了涉案工程由A集团垫资施工，A集团提交B学院已付款明细表载明，截至B学院入住使用涉案工程日止，仅向A集团支付工程款4420余万元，而案涉工程变更后的施工面积约9.6万平方米，A集团垫资建设的事实无可争议。2. 双方于2007年7月2日签订的《补充协议》约定，双方共同确认工程款垫资总额，利息按照年息8%计取，计取利息时间自工程竣工之日起，因此B学院应按照欠付工程款6817万元以年息8%支付垫资利息。

（三）由于B学院在施工过程中变更图纸，导致A集团出现窝工、机械设备停用等多方面的损失，对此B学院应予以赔偿。对于图纸的修改，在双方签订的《补充协议》中予以了确认，在施工过程中产生的停工、窝工损失A集团均以函件的形式向B学院告知，由B学院驻场工程师作出签字确认，庭审中，B学院代理人也认可A集团存在施工损失，仅以应由监理签字确认进行抗辩。A集团认为，监理是否签字确认并不影响A集团的主张成立，更不能成为B学院拒绝支付损失赔偿的理由。依据双方施工合同的约定，监理的职权均来源于B学院的授权，监理无权对因B学院原因导致的A集团损失进行确认。

B学院辩称：（一）A集团主张24号审计报告不能作为认定本案工程款数额的依据，应以鉴定机关的鉴定结论为准不符合法律规定，本案应按照《最高人民法院关于审理建设工程施工合同纠纷案件适用法律问题的解释（二）》（以下简称《建设工程司法解释（二）》）的相关规定，以招标文件、投标文件和中标通知书作为结算工程价款的依据。（二）A集团并未实际垫资，其称B学院认可垫资没有事实根据。A集团并未按照双方《补充协议》的约定提交经双方共同签认，并经监理公司认定的月度完工工程量，不能确定垫资本金和计算利息。B学院支付给A集团的工程款远大于A集团实际完成工程量，在施工期间和工程完工后，B学院还为其代付材料款近千万元，A集团并未实际垫资。（三）A集团主张赔偿损失没有事实和法律依据。A集团承建的案涉工程出现多项质量缺陷，导致案涉工程不能进行竣工验收，工程不能如期结算。A集团对其主张的损失没有提交证据证明，如A集团主张的基础处理期间南侧围墙拆除增加的费用，属于本应由A集团自负的施工措施费用，在招投标时已经包含在工程款中，并不属于A集团的损失。即便存在损失，根据《建设工程监理规范》标准第2部分术语规定，A集团应上报现场负责的工程监理，由其提出索赔意见。

B学院上诉请求：1. 撤销一审判决，驳回A集团的诉讼请求；2. 本案诉讼费用由A集团承担。事实与理由：（一）24号审计报告中关于工程量的审计结果与招投标文件、中标通知书的内容不完全相符，根据《建设工程司法解释（二）》第十条“当事人签订的建设工程施工合同与招标文件、投标文件、中标通知书载明的工程范围、建设工期、工程质量、工程价款不一致，一方当事人请求将招标文件、投标文件、中标通知书作为结算工程价款的依据的，人民法院应予支持”的规定，本案应将招标文件、投标文件、中标通知书作为结算工程价款的根据。（二）A集团请求B学院支付工程款

68170629.14元没有事实及法律依据。涉案工程价款的结算应依据招投标阶段的约定以固定价款为基础，超出固定价款部分的工程量以双方约定的审计标准决算为准，双方签署的两份施工合同关于工程价款可调的约定无效，应当按照中标价结算。案涉工程尚未进行竣工验收，根据《中华人民共和国合同法》（以下简称合同法）第二百八十一条“因施工人的原因致使建设工程不符合约定的，发包人有权要求施工人在合理期限内无偿修理或者返工、改建”，以及《最高人民法院关于审理建设工程施工合同纠纷案件适用法律问题的解释》（以下简称建设工程司法解释）第三条“修复后的建设工程经竣工验收不合格，承包人请求支付工程价款的，不予支持”之规定，竣工验收合格是支付工程价款的前提条件，在工程尚未验收合格的情况下不能确认工程价款，A集团主张支付剩余工程款，没有事实及法律依据。（三）A集团主张由B学院支付垫资利息没有事实及法律依据。1. 涉案工程开工后，从2006年4月26日起，B学院陆续支付给A集团的工程款已远大于A集团实际完成的工程量，A集团并未实际垫资。2. A集团主张垫资利息不符合双方合同约定。根据双方《补充协议》的约定，案涉主体工程竣工并结算完毕后，双方以共同确认的工程垫资欠款总额（垫付工程款总额加利息），按年息8%计取利息，但目前案涉工程尚未通过竣工验收，工程价款未进行结算，欠款额及利息尚且无法确定，A集团以单方结算书为依据计算得出的欠款及利息没有事实及法律依据。并且，A集团主张垫资利息应当首先按照双方《补充协议》的约定提交由双方共同签认并经监理公司认定的月度完成工程量，而在A集团提交的证据中并未包含月度完工工程量的确认清单。

A集团辩称：（一）因B学院原因导致施工过程中图纸设计发生

较大变化，扩大了承包范围，致使原合同约定的造价不能满足工程需要，故经双方合意变更了合同条款。根据《全国民事审判工作会议纪要》（法办〔2011〕422号）“协议变更是法律赋予合同当事人的一项基本权利。建设工程开工后，因设计变更、建设工程规划指标调整等客观原因，发包人与承包人通过补充协议、纪要、来往函件、签证等洽商记录形式变更工期、工程价款、工程项目性质的，不应认定为变更中标合同的实质性内容”之规定，本案双方签订的《补充协议》虽变更了工程价款的支付方式，但不应视为对合同实质条款的变更，对双方均具有约束力，双方应按照协议履行。（二）案涉工程因B学院的擅自使用，应视为已经竣工。根据建设工程司法解释第十四条第（三）项“建设工程未竣工验收，发包人擅自使用的，以转移占有建设工程之日为竣工日期”之规定，涉案工程在2017年10月B学院实际投入使用时已属竣工工程。综上，B学院的上诉请求和理由缺乏事实和法律依据，应予驳回。

A集团向一审法院起诉请求：1. B学院支付工程款68170629.14元；2. B学院支付计算至2011年8月31日的利息42501506.50元，此后至工程款给付完毕之日止按年息8%计算利息；3. 判令B学院赔偿损失16770603.83元；4. 本案诉讼费用由B学院承担。一审庭审中，A集团将第三项诉讼请求损失数额变更为15841153.83元。

一审法院认定事实：2006年1月和3月，B学院就其新校区一期一标段、二标段工程向社会招标，A集团中标（中标通知书时间是2006年1月28日），一标段投标总价66454765元，二标段投标总价23979443元。中标后A集团与B学院于2006年2月25日签订了《建设工程施工合同》，约定工程名称为B学院新校区一期一标段工程。工程内容为主教学楼、学生食堂、学生公寓楼10#、11#，建设面积63726平方米，框架和砖混结构。承包范围：土建、采暖、给排水、电气（含电话、电视埋管穿带线）、消防（安装由甲方协调）、通风。开工日期为2006年3月8日，竣工日期为2007年7月30日，合同价款66454765元。合同价款采可调价款，调整方法为按照2003年河北建设工程预算定额、费用定额及相关文件调整。2006年4月6日，双方又签订了关于B学院新校区一期二标段工程的《建设工程施工合同》。约定工程内容为办公楼、学生公寓楼9#、12#、浴室。建设面积为26950平方米，框架和砖混结构。承包范围：土建、采暖、给排水、电气（含电话、电视埋管穿带线）、消防（安装由甲方协调）、通风。开工日期为2006年4月8日，竣工日期为2007年8月8日，合同价款23979443元。约定合同价款采可调价款，调整方法为按照2003年河北建设工程预算定额、费用定额及相关文件调整。两份合同均进行了备案。两份合同对合同价款及合同价款调整方式的约定均与招投标文件不一致。

2005年12月3日，当事人双方签订了《补充条款》，对承包内容进行了明确，并约定：A. 本补充条款自双方签字盖章之日起生效，乙方（A集团）进场后三天内，甲方（B学院）按合同总价的1%支付进场费。B. 工程基础土方开挖之日起三天内，甲方按合同总价的4%支付工程款给乙方。其中各主体工程按开工时间分别计算。以后按每月完成工程量拨付乙方工程进度款。C. 本工程属乙方部分垫资工程，总建筑面积约8.6万平方米。工程总造价约8000万元。除按上述A、B项支付前期工程款外，甲方须按月支付乙方工程进度款。自开工之日起至工程竣工之日前甲方需支付乙方工程款2500万元人民币，工程竣工至2008年10月10日前再支付乙方工程款2500万元人民币。D. 施工期间，乙方自垫资之日起按月度完成工程量（甲乙双方签认的工程量）开始计取已完工程量本金及利息。利息按年息4%计取。各主体工程竣工并结算完毕后，双方共同确认沟通工程垫资欠款总额（垫付工程款总额加利息），利息按年息8%计取。计取利息时间自工程竣工之日起，累计欠款总额甲方自工程开工之日起六年内还清。但从第四年开始每年在10月10日前支付不少于1000万元。甲方每偿还一笔工程款，自付款之日起以垫资总额及利息扣减偿还金额后重新按余额计息，并按累计利率计算，直至本息付清后，双方解除合同。

2007年7月2日，双方就B学院新校区工程签订了《补充协议》，内容为甲、乙双方就B学院新校区工程建设于2005年12月3日签订了《补充条款》，对工程承包范围及工程款支付进行了约定并达成了共识。现因施工过程中图纸设计发生了较大变化，扩大了承包范围，原《补充条款》中约定的工程造价8000万元已远远不能满足工程需要，垫资额度加大。为满足工程施工的实际需要，经甲、乙双方协商同意，乙方继续垫资施工，但原《补充条款》需作如下变更：一、承包内容：按施工图纸及现场甲、乙双方审定确认的内容进行（不含甲方单独分包的项目）。二、工程款支付：甲乙双方于2005年12月3日签订的补充协议中的C条“本工程属乙方部分垫资工程。工程总建筑面积约8.6万平方米。工程总造价约8000万元……2500万元人民币”变更为“本工程属乙方部分垫资工程，工程总建筑面积约9.6万平方米，工程总造价已突破原工程造价（以最终审计决算为准）。截至合同签订之日，甲方已支付乙方工程款3770万元人民币，工程竣工后至2008年11月10日前再支付乙方工程款2500万元人民币”。甲乙双方于2005年12月3日签订的《补充协议》中的D条“施工期间，乙方自垫资之日起按月度完成工程量（甲乙双方签认的工程量，并经监理公司认定）……直至本息付清后双方解除合同”变更为“施工期间乙方自垫资之日起，按月度完成工程量（甲乙双方签认的工程量，并经监理公司认定），开始计取已完工程量本金及利息，利息按年息4%计取，各主体工程竣工并结算完毕后，双方共同确认工程垫资欠款总额（垫付工程款总额加利息），利息按年息8%计取。计取利息时间为自工程竣工之日起。累计欠款总额甲方自工程开工之日起六年内还清，但从第四年开始每年10月10日前支付不少于2008年欠款及利息总额除以三的平均值及当年欠款总额的利息。甲方每偿还一笔工程款，自付款之日起以垫资总额及利息扣减偿还金额后重新按余额计息。直至本息付清后，双方解除合同。除原协议C、D项变更以外，其他内容不变”。双方对《补充条款》《补充协议》的真实性和合法性均无异议。

《建设工程施工合同》签订后，A集团开始进场施工，于2007年10月基本完工。B学院从2007年10月使用至今。

2010年10月21日，承德市审计局出具了对B学院新校区建设项目竣工结算及资金使用情况的审计报告称：“审计组介入后，认真听取了双方的意见，一是虽然施工合同约定的结算方式违背了招标文件规定，但是鉴于该工程具有招商引资性质以及当时承德建筑市场清单计价尚处于起步阶段，此项目工程结算执行备案合同约定，即执行2003年《河北省建筑工程预算综合基价》及相应取费标准；二是施工过程中甲乙双方签订的工程洽商签证等资料，应按照施工合同约定及《河北省建筑工程预算综合基价》计价规定进行有效性认定。本着以上两点，我局对该项目结算进行了审计。通过审计发现施工单位上报的工程结算存在多计工程量，多计工程价款问题。施工单位原报工程结算值19315.60万元，审计确定值12340.25万元，审减

7365.53万元，审增390.18万元，审计净审减6975.35万元……责令你单位与施工单位结算时按审计确认值予以结算，以及新校区工程按审计确认值12340.25万元进行最终工程价款结算。”A集团不同意审计结论，A集团单方结算工程款为177449158.50元。

一审诉讼中，一审法院应A集团申请启动了对工程款进行鉴定的程序。一审法院向A集团发出通知将其提供鉴定资料的日期限定在2018年7月2日之前，截止到2018年7月9日A集团未能提供鉴定用的图纸。

一审另查明，2016年河北省承德市住房和城乡建设局对B学院和A集团各行政罚款452171.4元。河北省住房和城乡建设厅经行政复议撤销了该行政处罚决定，随后河北省承德市双桥区人民法院（2016）冀0802行初138号、河北省承德市中级人民法院（2017）冀08行终55号行政裁定书撤销了河北省住房和城乡建设厅的复议决定。河北省高级人民法院（2017）冀行申881号行政裁定书驳回了A集团的再审申请。裁定书确认：“双方订立的两标段施工合同却采用可调价格合同方式确定，与招投标文件不符，违反了招投标法第46条的规定。”

一审诉讼中，双方共同确认已付工程款110134635.39元，其中2011年3月15日支付2100万元。

一审法院认为，本案争议的焦点是：1. B学院是否欠付A集团工程款；2. B学院是否应当支付垫资利息；3. B学院是否应当赔付A集团的损失以及损失数额。

关于第一个焦点问题。双方签订的施工合同对合同价款调整方式的约定与招标文件不一致，应为无效。因施工过程中图纸设计发生了较大变化，扩大了承包范围，招标文件确定工程价款所依据的情况有了重大变化，双方签订了《补充协议》。双方对《补充协议》的合法性和真实性均没有异议。《补充协议》变更了工程款的计算方式，约定以最终审计为准。承德市审计局听取了双方的意见，在双方确认工程量的基础上，综合考虑各方因素，作出了24号审计报告。A集团对审计报告最主要的异议是审计报告没有认定材料确认单中的价格。因材料确认单没有监理单位签字，不符合双方的约定，故审计报告中没有按照材料确认单中的价格确认并无不当，A集团对审计报告最主要的异议不成立。B学院为财政拨款单位，该工程经国家审计为必要程序，加之，A集团迟迟未能提交全部用于鉴定的材料，故一审法院终结了应A集团申请启动的对于审计报告进行的复核鉴定程序，将审计报告作为本案工程的结算依据。扣除已付款110134635.39元，B学院尚欠13267864.61元工程款。工程虽然没有经过验收，但是B学院已经实际使用，且审计局已经在审计报告中确定了结算数额，并责令B学院与施工单位按照审计确定数额结算，故B学院应该在审计部门确定工程款数额之后及时向A集团支付工程款。

关于第二个焦点问题。《补充协议》约定，施工期间乙方（A集团）自垫资之日起，按月度完成工程量（甲乙双方签认的工程量，并经监理公司认定）开始计取已完工程量本金及利息。虽然A集团未能提交三方确认的月度完成的工程量，但是因欠付工程款事实存在，故垫资事实存在。B学院欠付A集团的工程款数额视为垫资数额。在工程实际使用之后，审计报告送达之前，应该计算4%垫资利息。双方确认至今余13267864.61元未付，2100万元是2011年3月15日支付的，故2011年3月14日之前欠付本金为34267864.61元。双方均确认工程于2007年10月交付，因无具体日期，一审法院酌情认定2007年10月15日交付使用。审计结果送达之后应该按照8%计算垫资利息。因无法确定B学院收到审计报告的具体日期，一审法院酌定从A集团起诉之日起算。

关于第三个焦点问题。A集团未提交监理公司认可其索赔事由证据，B学院提交的监理公司关于《工程进度问题的报告》提及因材料未能及时进场、人员配备不足等原因导致施工进度滞后。另外，《补充协议》签订之时，A集团主张的工期延误事实、图纸变更事实已经存在，但《补充协议》未涉及违约责任以及损失承担，一审法院对A集团要求B学院承担损失赔偿的主张不予支持。

综上，一审法院依照合同法第六十条、《中华人民共和国民事诉讼法》（以下简称民事诉讼法）第六十四条、建设工程司法解释第十八条之规定，判决：1. B学院于判决生效之日起10日内给付A集团工程款13267864.61元及利息（利息自2007年10月15日至2011年3月14日，以34267864.61元为基数，按照年利率4%计算；自2011年3月15日至2011年9月21日，以13267864.61元为基数，按照年利率4%计算；自2011年9月22日起，以13267864.61元为基数，按照年利率8%计算）；2. 驳回A集团的其他诉讼请求。如未按判决确定的期间履行给付价款的义务，应当依照民事诉讼法第二百五十三条之规定，加倍支付延迟履行期间的债务利息。案件受理费679014元，由A集团负担579014元，B学院负担10万元。

二审中，当事人没有提交新证据。

本院对一审法院查明的事实予以确认。二审另查明，一审法院于2018年12月17日组织双方就B学院已付A集团工程款进行对账，双方认可已付款总金额为110134635.39元，其中直付金额为89808566元，代付金额为20326069.39元。上述对账金额记载于B

学院向一审法院提交的2018年12月14日出具的《河北B学院直付北京A集团工程款明细表》《河北B学院代付北京A集团付款明细表》，本院对该两份明细表作为证据的证明效力予以认定。二审庭审中，就A集团是否垫资施工的事实，B学院未提交其代A集团付款具体时间的相关证据。

本院认为，二审争议的焦点问题是：（一）案涉工程造价可否以24号审计报告作为结算依据；（二）A集团主张的垫资利息应否支持；（三）A集团请求B学院赔偿损失的依据是否充分。

（一）关于案涉工程价款应当如何结算问题。本案中，B学院与A集团就案涉工程签订了两份《建设工程施工合同》并进行了备案，因两份施工合同关于合同价款调整方式的约定与招标文件不一致，一审法院认定两份施工合同无效，并无不妥。2007年7月2日，A集团和B学院签订《补充协议》，对A集团的承包范围及工程款支付作出重新约定，一审法院对《补充协议》的真实性、合法性予以确认，亦无不妥。关于A集团上诉主张24号审计报告不应作为结算依据问题，本院认为，在《补充协议》中，双方对工程总造价约定以最终审计决算为准。A集团认为这一表述并不表明双方已对工程款的结算以审计机关的审计为准达成了一致，但该表述亦未排除国家审计机关审计的方式，况且B学院作为事业单位法人，经费来源于财政拨款，其对案涉工程项目的建设须经过国家审计机关审计的政策，A集团作为专门从事建筑施工的大型企业应当是明知的。因此，一审法院有关双方约定了以审计为工程价款结算依据的认定，具有事实依据。同时，A集团与B学院对24号审计报告确定的工程量均无异议，关于取费标准和计价规则，从24号审计报告的内容可以看出，承德市审计局在审计过程中，充分听取了A集团和B学院的意见，综合考虑了多方面因素，采取的审计方法和原则也兼顾到了双方的利益，一审法院将其认定为工程价款的结算依据，符合合同约定和法律规定，本院予以维持。关于B学院上诉主张应以招投标文件作为工程价款结算依据问题，因案涉工程在施工过程中图纸设计发生变化，工程量较招投标时明显增加，且24号审计报告中已对合同约定结算方式与招标文件不同的因素予以了合理考虑，故B学院上诉提出24号审计报告不能作为结算依据的理由，也不能成立。另，一审中，应A集团申请，虽已启动了案涉工程价款的司法鉴定程序，但因A集团未能在规定时间提交用于鉴定的全部材料，一审法院结合本案实际情况终结了鉴定程序，审理程序并无明显不当。二审中，A集团又行提交司法鉴定申请，本院不予准许。

（二）关于A集团主张的垫资利息是否应当支持问题。《补充协议》在“工程款支付”条款中明确约定，本工程属乙方部分垫资工程，并约定“施工期间乙方自垫资之日起，按月度完成工程量（甲乙双方签认的工程量，并经监理公司认定），开始计取已完工程量本金及利息，利息按年息4%计取，各主体工程竣工并结算完毕后，双方共同确认工程垫资欠款总额（垫付工程款总额加利息），利息按年息8%计取。计取利息时间为自工程竣工之日起……”建设工程司法解释第六条第一款规定“当事人对垫资和垫资利息有约定，承包人请求按照约定返还垫资及其利息的，应予支持，但是约定的利息计算标准高于中国人民银行发布的同期同类贷款利率的部分除外”。本案中，A集团虽未能举证证明其按照《补充协议》约定向B学院报送经双方签认、监理公司确认的月度工程量，但2007年10月案涉工程已全部完工并由B学院投入使用。在此时间节点，根据B学院提交的已付款凭证，以及A集团的确认，B学院向A集团直接支付的工程款数额为4420万元，B学院虽主张尚有部分代支付的工程款，但未提交证据证明是在2007年10月之前支付。据此，本院认为，A集团就案涉工程垫资施工的事实显然存在，B学院以A集团没有提交月度完工工程量确认单为由主张A集团没有实际垫资的上诉理由，不能成立。关于垫资数额及利息的认定，24号审计报告对案涉工程价款最终审定值为12340.25万元，而有关案涉工程完工交付使用时B学院已支付的款项金额A集团自认为4420万元，多于《河北B学院直付北京A集团工程款明细表》记载的金额，本院对A集团自认金额予以确认，故A集团在本案工程实际投入使用前的垫资数额应为7920.25万元（审计确认值12340.25万元－已付款4420万元）。A集团主张垫资利息应按年息8%计算，但从《补充协议》中“各主体工程竣工并结算完毕后，双方共同确认工程垫资欠款总额（垫付工程款总额加利息），利息按年息8%计取”的约定来看，8%计取利息的前提条件不仅要求工程竣工还要求结算完毕，因案涉工程完工后双方一直没有组织验收与结算，根据本案实际情况，审计报告生效可以视为双方结算完毕，一审法院认定在工程实际使用之后至审计报告送达之前以4%计取垫资利息，之后以8%计取垫资利息，符合《补充协议》约定，也更为合理。但一审法院在认定工程实际使用时A集团的垫资本金金额，依据不足，本院予以纠正。B学院向一审法院提交的2018年12月14日出具的《河北B学院直付北京A集团工程款明细表》记载，自2007年10月之后，B学院直接支付A集团工程款为十四笔，最后一笔是于2011年3月15日支付工程款2100万元。因24号审计报告送达A集团的具体日期不明，一审法院将A集团起诉之日2011年9月22日酌定为审计报告生效之日并无不当，因此，该十四笔付款均是于24号审计报告生效之前支付，应按付款日期逐笔核减A集团垫资本金并以年息4%标准计取利息。A集团起诉后，双方经对账认可B学院已付款总金额为110134635.39元，以24号审计报告审定的工程价款为依据尚有13267864.61元未付，该欠款应以年息8%计算利息至付清之日。综上，A集团请求B学院支付垫资利息的部分上诉主张成立。

（三）关于A集团请求B学院赔偿损失问题。案涉《建设工程施工合同》虽被认定为无效，但其中有关一方向另一方提出索赔的条件和程序条款对双方仍有拘束力。A集团主张其在施工过程中存在窝工、机械设备停止使用等多方面的损失，应由B学院赔偿，但其提交的证据并不能有效证明B学院已明确认可其存在相应损失，也未能证明在索赔事件发生后其已按照约定程序向对方提出了索赔要求。且A集团和B学院均参与了承德市审计局的审计过程，A集团表示就损失问题已向审计机关提出，但从24号审计报告内容看，审计机关亦未对A集团提出的相关损失予以认定。并且，经一审查明，B学院提交的监理公司出具的《工程进度问题的报告》中，提及施工进度滞后的原因在于材料未能及时进场、人员配备不足等，故一审判决未支持A集团提出的损失赔偿请求，并无不当。A集团的该项上诉请求，本院不予支持。

综上所述，A集团的部分上诉请求成立，一审判决对于A集团实际垫资施工金额认定有误，本院予以纠正；B学院的上诉请求不成立，本院予以驳回。依照《中华人民共和国民事诉讼法》第一百七十条第一款第二项，判决如下：

一、撤销河北省高级人民法院（2017）冀民初11号民事判决第一项、第二项；

二、变更河北省高级人民法院（2017）冀民初11号民事判决第一项为：河北B学院于本判决生效之日起十五日内向北京A集团支付下欠工程款13267864.61元及垫资利息（利息自2007年10月15日至2007年11月1日以7920.25万元为基数，2007年11月2日至2007年12月17日以7890.25万元为基数，2007年12月18日至2008年1月19日以7390.25万元为基数，2008年1月20日至2008年3月24日以7370.25万元为基数，2008年3月25日至2008年4月16日以7360.25万元为基数，2008年4月17日至2008年5月11日以7300.25万元为基数，2008年5月12日至2008年6月29日以7200.25万元为基数，2008年6月30日至2008年11月4日以7170.25万元为基数，2008年11月5日至2009年1月18日以7010.25万元为基数，2009年1月19日至2009年4月1日以6610.25万元为基数，2009年4月2日至2009年9月27日以6460.25万元为基数，2009年9月28日至2009年12月23日以6060.25万元为基数，2009年12月24日至2010年2月3日以5060.25万元为基数，2010年2月4日至2011年3月14日以5010.25万元为基数，2011年3月15日至2011年9月21日，以2910.25万元为基数，分别按照年利率4%计算；自2011年9月22日起至付清之日止，以13267864.61元为基数，按照年利率8%计算）；

三、驳回北京A集团的其他上诉请求；

四、驳回河北B学院的上诉请求。

如果未按本判决指定的期间履行给付金钱义务，应当依照《中华人民共和国民事诉讼法》第二百五十三条之规定，加倍支付迟延履行期间的债务利息。

本案一审案件受理费679014元，由北京A集团负担564014元，由河北B学院负担115000元；二审案件受理费679014元，北京A集团负担564014元，由河北B学院负担115000元。

【案例评析】

回顾本案，我们紧紧抓住如下几个焦点问题进行了充分论证，最终案件的审理结果基本符合我方的预期。

代理律师认为，因备案合同与招标投标文件不一致，涉案工程的价款的结算应依据招投标阶段的约定以固定价款为基础，超出固定价款部分的工程量以双方约定的审计标准决算为准，双方签署的两份《建设工程施工合同》关于工程价款可调的约定无效，应当按照中标价进行结算。双方签署的两份《建设工程施工合同》，在工程价款上，与原招标文件及投标文件相比，对合同价款及调整方式等实质性内容进行了变更。根据《合同法》第五十二条[①]的规定，违反法律、行政法规的强制性规定的合同无效，上述行为违反了法律的禁止性规定，该工程价款可调的约定条款应属无效。双方的投标文件中的相关内容，均表明两标段施工合同价款应采用“固定价格合同”方式确定，但双方订立的两标段施工合同均采用“可调价格合同”，与招标文件和投标文件不符，该事实经河北省工程建设造价管理总站予以认定。且两标段施工合同约定的工期也与投标承诺工期不一致，违反了《招标投标法》第四十六条规定，承德市住房和城乡建设局对被上诉人及上诉人的违法行为，依据《招标投标法》第五十九条、《承德市住房和城乡建设局行政处罚自由裁量权实施标准》作出的行政处罚决定认定事实清楚，适用法律正确，程序合法、

① 《合同法》失效后，相关内容现已吸收规定于《民法典》中。

处罚适当。行政机关、司法机关认定两份《建设工程施工合同》存在违法之处，违反了法律的禁止性规定，该工程价款可调的约定条款应属无效。审计报告与招投标文件、中标通知书内容不相符，应依据《最高人民法院关于审理建设工程施工合同纠纷案件适用法律若干问题的解释（二）》[①] 的规定的将招标文件、投标文件、中标通知书作为结算工程价款的根据。

王保华律师代理本案的二审、发回重审以及最高人民法院二审终审、最高人民法院再审审查阶段。终审结果确定的给付标的额为13267864.61元，原一审确定的给付标的额为68170629.14元，减少金额为54902764.53元。通过对本案涉及法律问题的缜密研究，成功为当事人挽回了巨额损失。河北高级人民法院的一审判决和最高人民法院的终审判决，兼顾了法律效果和社会效果，极大地保障了案件当事人的合法权益。

【结语和建议】

在建设工程施工合同纠纷中，经常出现如下几种情况：1. 招标文件和施工合同不一致；2. 补充协议与主合同条款不一致；3. 招标文件中的计价说明或者图纸等文件与工程量清单不一致。通常情况下，招标文件对工程内容都有很清楚的表述或者要求，但承包方和发包方在实际合同的签订和履行过程中产生了争议。究其原因，有些是承包、发包双方在签订正式合同之前，基于某些方面的原因，对合同条款进行了修改。或者由于建设项目建设周期长、投资金额大等原因，承包、发包双方在项目实施过程中往往还需要签订补充

① 现已失效。

协议来保障工程顺利实施。但承包单位为了追求更多的利润，常常会想方设法，要求签订对自己有利的补充协议，造成补充协议与主合同之间的“不一致”。还有一些是因为编制招标文件的单位缺乏应有的责任心和专业水平，造成招标文件前后不一、相互矛盾的情况。

在日常生活当中，如需签订建设工程施工合同，需要双方当事人按照招标文件的要求签订合同。代理律师应仔细鉴别招标文件和实际施工合同不一致的具体情况，区别对待，并制定相应的诉讼策略。

某银行股份有限公司A分行与张家口B工程机械有限公司、大连C能源有限公司、内蒙古D石化有限公司保兑仓合作协议纠纷案[①]

北京市炜衡律师事务所　王保华律师　郭秀华律师

【关键词】

违约责任　借款合同　逾期利息　分段计算

【案情简介】

2012年5月9日，大连C能源有限公司（乙方，以下简称大连C公司）、张家口B工程机械有限公司（甲方，以下简称张家口B公司）与某银行股份有限公司A分行（丙方，以下简称A银行）签订编号为（2012）某营银保兑字第004759号《保兑仓协议》。该协议主要约定：大连C公司向A银行申请开立银行承兑汇票，专项用于向张家口B公司支付货款。货款针对大连C公司与张家口B公司之间签订的购销合同。该协议同时定义"保兑仓业务"：大连C公司根据与张家口B公司签订的《购销合同》，向大连C公司在A银行开立的保证金账户中交存一定比例的保证金，申请开立银行承兑汇票，专项用于向张家口B公司支付货款。张家口B公司凭A银行出

① 案件来源：最高人民法院民事判决书（2015）民提字第16号。

具的提货单向大连C公司发货，首次发货的货款不超过大连C公司向A银行交存的保证金金额的80%，以后大连C公司每次申请提货前应向A银行交存相当于拟提货金额的保证金。大连C公司在银行承兑汇票到期日前15天未足额备付时，如果A银行在本协议项下出具的提货单累计金额（无论因任何原因）少于A银行依据本协议以及大连C公司、A银行签订的《银行承兑汇票承兑协议》而承兑的以张家口B公司为收款人的银行承兑汇票总金额，则张家口B公司对该差额部分以及由于逾期产生的逾期利息、罚息承担连带保证责任。该协议定义购销合同：指大连C公司从张家口B公司购买张家口B公司产品的合同。A银行依据本协议而承兑的以张家口B公司为收款人的银行承兑汇票均应有购销合同与之相对应。该协议定义保证金：大连C公司根据购销合同和与该购销合同相对应的银行承兑汇票而向A银行交付占银行承兑汇票金额一定比例的款项作为保证金，该款项作为大连C公司履行其和A银行签订的《银行承兑汇票承兑协议》项下的义务和责任而向A银行提供的质押担保。该协议定义差额保证：是指大连C公司在银行承兑汇票到期日前15天未足额备付时，如果A银行在本协议项下出具的提货单累计金额（无论因任何原因）少于A银行依据本协议及其与大连C公司之间签订的《银行承兑汇票承兑协议》而承兑的以张家口B公司为收款人的银行承兑汇票总金额，则张家口B公司对该差额部分以及由于逾期产生的逾期利息、罚息承担连带保证责任。银行承兑汇票的到期支付和逾期处理条款项下第四款约定，如果张家口B公司未能按照A银行的书面付款通知书的要求按时支付到期款项，A银行有权根据实际逾期天数，在中国人民银行规定的同期贷款利率水平上加收50%的罚息；第九款约定，A银行不受张家口B公司与大连C公司之间的购货合同的约束。违约责任项下约定：三方均应诚实履行本协议约定的义务，任何一方不履行或不完全履行本协议约定义务，应承担相应的违约责任，并赔偿由此给其他守约方造成的全部损失(包括但不限于本金、利息、罚息、复利、违约金、损害赔偿金和为实现债权而发生的诉讼费、律师费、差旅费等)。该协议同时约定了银行承兑汇票的办理、提货的处理手续、声明和保证。

2012年11月14日，内蒙古D石化有限公司（以下简称内蒙古D公司）与A银行签订编号为（2012）某营银最保字第20121110号《最高额保证合同》，约定由内蒙古D公司对A银行向债务人大连C公司授信而发生的一切债权（包括但不限于各类贷款、票据、保函、信用证等各类银行业务）承担最高额1亿元整的连带保证责任。该合同约定了保证期间为两年。同日，内蒙古D公司与A银行签订编号为（2012）某营银最保字第20121110号《最高额抵押合同》，约定由内蒙古D公司以其所有位于内蒙古察右后旗某镇某经济技术开发区的320000平方米土地［证号：后国用（土）第000002411号］对A银行自2012年11月13日至2013年11月13日向大连C公司授信而发生的一切债权承担最高额1亿元整的抵押担保责任。同时，该抵押合同约定了抵押担保范围、责任后办理了抵押登记。

2012年11月14日，大连C公司（出票人）与A银行（承兑人）签订编号为（2012）某营银承字第005126号《银行承兑汇票承兑协议》，在担保条款项下约定：大连C公司向A银行申请金额为4615万元的银行承兑汇票，大连C公司应按票面金额的35%在A银行指定的保证金账户中存入保证金，金额为1615.25万元，以担保承兑汇票到期付款。罚息项下约定：承兑汇票到期日，A银行凭票支付票款。到期日A银行未获清偿的票款，A银行将根据天数及逾期付款金额，按利率日万分之五计收罚息。罚息利率遇中国人民银行调整时，调整之日起按调整后的利率执行。同时，该协议约定了垫款的救济方式。2012 年 11 月 15 日，大连 C 公司（出票人）与 A 银行（承兑人）签订编号为（2012）某营银承字第 005127 号《银行承兑汇票承兑协议》，在担保条款项下约定：大连 C 公司向 A 银行申请金额为 3076 万元的银行承兑汇票，大连 C 公司应按票面金额的 35% 在 A 银行指定的保证金账户中存入保证金，金额为 1076.6 万元，以担保承兑汇票到期付款。罚息项下其他约定同第 005126 号《银行承兑汇票承兑协议》。

依据上述合同及协议，大连 C 公司基于与张家口 B 公司的购销关系作为申请出票人申请 A 银行出票，2012 年 11 月 14 日、15 日，A 银行分别开立编号为 3020005322307522、3020005322307525 银行承兑汇票两张（以下分别简称为 7522、7525 汇票），票额分别为 4615 万元、3076 万元，汇票到期日分别为 2013 年 1 月 2 日、3 日，属于定日付款。张家口 B 公司在 2012 年 11 月 14 日和 11 月 15 日分别收到 A 银行签发的上述银行承兑汇票后，将其背书给案外人辽宁 E 煤炭有限公司（以下简称辽宁 E 公司），之后辽宁 E 公司背书给大连 F 集团有限公司（以下简称大连 F 集团）。2013 年 1 月 4 日，大连 F 集团向 A 银行申请承兑。同日，A 银行向大连 F 集团支付 4615 万元及 3076 万元，总计 7691 万元。A 银行在向大连 F 集团支付上述款项后，根据《银行承兑汇票承兑协议》第 8.1 条的约定，从大连 C 公司在 A 银行的保证金账户中扣收票款 2691.85 万元，余款 4999.15 万元形成票据银行垫付。汇票承兑前，大连 C 公司并未按照承兑协议向 A 银行交存票款 4999.15 万元直至诉讼。A 银行垫付款项后，多次向大连 C 公司进行催收未果，内蒙古 D 公司、张家口

B公司也未承担任何保证责任。

案涉协议签订之前，大连C公司、张家口B公司向A银行提交《大连C公司与张家口B公司战略合作协议书》、张家口B公司向A银行申请授信函、《铁精粉购销合同》等证明双方之间存在关于铁精粉购销业务，并申请A银行授信。

一审法院认为，A银行与大连C公司以及张家口B公司签订的《保兑仓协议》是以大连C公司与张家口B公司二者之间的购销合同为基础，以开立银行承兑汇票方式支付货款的金融服务合同。该协议合法有效，协议各方均应严格履行合同义务。A银行对上述银行承兑汇票进行承兑，汇票到期后大连C公司未能按照合同约定交付全额票据款项，导致A银行为其垫款4999.15万元而形成债权债务关系，债权人为A银行，债务人为大连C公司。大连C公司应立即偿还该笔债务，但其至今未还，A银行请求大连C公司给付垫款本金符合法律规定，该院予以支持。

关于A银行主张由大连C公司按照逾期天数日万分之五计算罚息，对此，大连C公司则抗辩同意按照《保兑仓协议》约定计息标准计算，即在中国人民银行规定的同期贷款利率水平上加收50%计收罚息。一审法院认为，《银行承兑汇票承兑协议》统筹于《保兑仓协议》项下，分属于具体操作保兑仓协议流程中的一项，又因《银行承兑汇票承兑协议》仅在A银行与大连C公司二者之间签订，且《保兑仓协议》在先，《银行承兑汇票承兑协议》在后，罚息标准应当按照"后者优于先者"的原则视为双方对罚息标准部分的变更，故一审法院采纳《银行承兑汇票承兑协议》约定的按日万分之五计算罚息。对大连C公司抗辩按照中国人民银行规定同期贷款利率水平上加收50%计收罚息的意见，一审法院不予支持。

内蒙古D公司则应当依据（2012）某营银最保字第20121110号《最高额保证合同》在A银行授信额度范围内承担连带保证责任，故内蒙古D公司应当对上述的全部款项承担连带保证责任，对其要求按照中国人民银行规定同期贷款利率水平上加收50%计收罚息的意见，一审法院不予支持。

又因大连C公司对垫付款项分文未还，依据案涉三方所签订的《保兑仓协议》，张家口B公司应当对全部垫款本金承担保证责任，并仅按照保兑仓协议中约定的中国人民银行规定同期贷款利率水平上加收50%计收罚息部分承担保证责任。

A银行同内蒙古D公司签订的（2012）某营银最保字第20121110号《最高额抵押合同》亦体现双方当事人真实意思表示，合法有效。合同对抵押财产、主债权、抵押担保的范围及抵押权的实现有明确约定，且抵押财产已办理了抵押登记，A银行对于抵押财产享有的抵押权合法有效。故A银行主张以抵押财产拍卖、变卖所得价款优先受偿的诉请，一审法院予以支持。

关于张家口B公司提出贸易背景虚假，主合同无效从而保证合同无效，且案涉银行承兑汇票并非用于购销合同，A银行交付的票据已背书转让，张家口B公司并未实际取得票据权利的抗辩意见，一审法院认为，关于贸易背景真实性问题，大连C公司以及张家口B公司在案涉协议签订之前已向A银行提供《大连C公司与张家口B公司战略合作协议书》、张家口B公司向A银行申请授信函以及《购销合同》等，均能够证明双方之间存在铁精粉购销业务往来，贸易背景存在，虽然张家口B公司主张购销虚假，但对上述证据的真实性及与本案的关联性不持异议，故对张家口B公司提出的贸易不真实导致合同无效则保证合同无效的意见，一审法院不予支持。而对于张家口B公司提出其并未实际取得票据权利的问题，根据《票据法》第二十七条规定，持票人可以将汇票权利转让给他人或者将一定的汇票权利授予他人行使。张家口B公司将其合法持有的银行承兑汇票通过背书方式转让给其他人系法律赋予的权利，是其自愿行为，张家口B公司背书行为有效。案外人据此取得了票据权利抑或再次将汇票背书，均符合相关法律规定，实现了汇票的正常背书流转。综上，张家口B公司的抗辩意见，与事实不符，与法律相悖，一审法院均不予支持。

综上，一审法院判决：1. 大连C公司于判决发生法律效力后十日内偿还A银行垫款本金4999.15万元及利息（自2013年1月5日起至判决确定的给付之日止，按日万分之五计算）；2. 内蒙古D公司对上述款项承担连带保证责任；3. 张家口B公司对本金4999.15万元部分承担连带责任，对自2013年1月5日起至判决确定的给付之日止，按照中国人民银行同期贷款利率上浮50%计算的利息承担连带责任；4. 如大连C公司未按判决指定的期间履行上述第一项给付义务，A银行有权对已设定抵押的位于内蒙古察右后旗某镇某经济技术开发区的32万平方米土地［证号：后国用（土）第000002411号］折价或拍卖、变卖的价款优先受偿。上述具有给付内容的判项，如果大连C公司、内蒙古D公司、张家口B公司未按本判决指定的期间履行给付金钱义务，应当按照《民事诉讼法》第二百五十三条之规定，加倍支付迟延履行期间的债务利息。案件受理费291758元，保全费5000元，合计296758元，由大连C公司、内蒙古D公司和张家口B公司共同负担。

张家口B公司和大连C公司均不服一审法院的上述民事判决，向二审法院提起上诉。张家口B公司请求二审法院依法撤销原判第三项关于判令张家口B公司承担连带保证责任的判项，判令A银行、大连C公司及内蒙古D公司承担本案诉讼费用。大连C公司请求撤销一审法院关于大连C公司承担利息部分的判项并依法改判。

二审法院认为：A银行与大连C公司和张家口B公司签订的案涉《保兑仓协议》，内容不违反我国法律、法规的禁止性规定，该协议签订后协议三方对其真实性均不持异议，故该协议系三方当事人的真实意思表示。虽张家口B公司主张其公司的法定代表人属越权代理，并主张该合同存在以合法形式掩盖非法目的的情形，但因张家口B公司的签约人系张家口B公司当时的法定代表人，法定代表人的行为当然系公司行为，即使存在越权情形，也没有证据证明A银行和大连C公司对此系明知；而且，即使存在一方当事人伪造财务报表、增值税发票等情形，亦不足以证明案涉各方当事人订立合同时存在非法目的，因此，一审法院认定案涉《保兑仓协议》合法有效正确。

《保兑仓协议》是规范三方当事人的权利、义务，界定各方当事人应否承担及如何承担责任的合同依据。案涉《保兑仓协议》对协议框架下的购销合同、保证金、提货单、差额保证及保兑仓业务的概念，该保兑仓业务的运作模式及交易流程均作了明确约定。根据该协议可知，A银行、大连C公司和张家口B公司通过《保兑仓协议》约定了以下交易流程：首先，大连C公司向A银行申请开立银行承兑汇票专项用于向张家口B公司支付货款，同时根据其与张家口B公司签订的购销合同和与该购销合同相对应的银行承兑汇票向A银行交付占银行承兑汇票金额一定比例的保证金作为质押担保。其次，在提货的处理手续环节：1. 大连C公司向A银行出具加盖预留签章的《提货申请书》，同时向其在A银行开立的保证金账户重新存入相当于拟提货金额的保证金。2. A银行对大连C公司新存入的保证金、《提货申请书》及提货条件进行审核后，出具与新存入保证金价值相当的货物的提货单。3. 大连C公司和张家口B公司委派专人到A银行处办理承兑汇票和提货单交接手续：张家口B公司应在《银行承兑汇票交接确认书》加盖其授权人员签章；对A银行出具的提货单，张家口B公司或其授权的分支机构应在提货单回执联加盖公章或由其授权的经办人签字进行确认。4. 张家口B公司确认上述单据无误后，向大连C公司发货。5. A银行有权对大连C公司和张家口B公司的收、发货行为进行监督审查。由此可知，《保兑仓协议》项下的票据行为，是服务于基础贸易关系，为贸易双方完成账款收转而进行的。保兑仓业务项下的银行承兑汇票应当在办理提货手续环节办理。它要求张家口B公司和大连C公司向银行出具其指定的操作人员的《授权委托书》，大连C公司须向银行出具《提货申请书》并存入保证金，A银行须在审核大连C公司存入的保证金、《提货申请书》及提货条件后出具与新存入保证金价值相当的货物的提货单；然后，大连C公司和张家口B公司委派专人到A银行处同时办理提货单和承兑汇票交接手续，而且该手续均须由张家口B公司的授权人员在交接确认书和回执联签章确认。而实际情况却是，虽然大连C公司向其在A银行开立的保证金账户交存了一定比例的保证金，但是，A银行开具两张承兑汇票时，大连C公司没有向其在A银行开立的保证金账户中重新存入与拟提货价值相当的保证金，没有向A银行出具《提货申请书》，A银行未要求张家口B公司出具其指定操作人员的《授权委托书》，案涉银行承兑汇票也并非张家口B公司和大连C公司委派专人到A银行处办理，办理该承兑汇票时A银行也未出具提货单，更不存在合同中约定的对提货单进行确认的事实。而且，大连C公司自始至终未申请和办理提货。虽然张家口B公司收到了该银行承兑汇票，但其随即依照大连C公司的指令将汇票转让给了其他公司，并未从中受益。从上述事实可以看出，A银行对案涉银行承兑汇票的开立和承兑均是抛开保兑仓协议的具体约定进行的，其对银行承兑汇票的签发并非为保兑仓合作业务目的进行，其对该票据的承兑也并非对履行保兑仓合作业务进行的结算。故可以确认，A银行开立和承兑银行承兑汇票的行为与案涉《保兑仓协议》无关，其开立和承兑银行承兑汇票的行为是脱离《保兑仓协议》而单独履行其与大连C公司间签订的《银行承兑汇票承兑协议》的行为。

由于案涉银行承兑汇票的签发和承兑并非为履行建立在供货义务和提货权转移授信基础上的三方《保兑仓协议》进行，而是A银行因履行其与大连C公司签订的《银行承兑汇票承兑协议》，为大连C公司签发银行承兑汇票并承兑，大连C公司未能在汇票到期日前向A银行全额支付票据款项，导致A银行对外垫资从而引发纠纷、提起诉讼，而该垫资行为构成了A银行对大连C公司的实际借款，因此，本案案由应认定为金融借款合同纠纷，大连C公司应承担双方约定的还款付息责任。A银行基于《保兑仓协议》而要求张家口B公司承担连带保证责任的主张，不能成立。原审认定本案诉争法律关系为金融服务合同不妥，二审法院予以纠正。

案涉《保兑仓协议》第二条第四款约定："差额保证"是指大连C公司在银行承兑汇票到期日前15天未足额备付时，如果A银行在本协议项下出具的提货单累计金额（无论因任何原因）少于A银行依据本协议及其与大连C公司之间签订的《银行承兑汇票承兑协议》而承兑的以张家口B公司为收款人的银行承兑汇票总金额，则张家口B公司对该差额部分以及由于逾期产生的逾期利息、罚息承担连带保证责任。该协议第三条以及第六条第二款中均作了与上述内容完全一致的约定。因此，张家口B公司承担连带保证责任的前提是A银行在本协议项下出具的提货单累计金额少于其承兑的银行承兑汇票总金额，故该差额保证责任并非一般意义上的信用担保，而是保兑仓业务协议中附条件的合同义务，属于附条件的担保。因此，即便A银行与大连C公司之间的融资行为是基于《保兑仓协议》而为，也因A银行没有出具提货单，提货单与A银行承兑的银行承兑汇票之间的差额根本不存在，A银行不具备行使“差额保证”请求权的条件和基础，故A银行要求张家口B公司承担保兑仓协议项下差额保证责任，缺乏事实和法律依据，二审法院不予支持。

关于大连C公司上诉称一审判决罚息错误一节，由于《保兑仓协议》属于框架式合作协议，案涉银行承兑汇票并非基于《保兑仓协议》约定的条件和操作流程签发，也并非为保兑仓合作业务目的而承兑。而《银行承兑汇票承兑协议》系由大连C公司和A银行签订，该协议中明确约定“承兑汇票到期日，A银行凭票支付票款。到期日A银行未获清偿的票款，A银行将根据逾期天数及逾期付款金额，按日利率万分之五计收罚息。罚息利率遇中国人民银行调整时，从调整之日起按调整后的利率执行”。因此，一审法院依据该承兑汇票承兑协议的约定及法律规定，确定大连C公司应承担约定的罚息正确。至于大连C公司上诉所称的一审法院存在程序违法的问题，因一审法院认定案涉保兑仓协议已实际履行，而大连C公司提供的相关证据证明的问题与一审法院的认定一致。因此，对该证据未予质证与一审法院的相关认定不相矛盾，不存在程序违法的问题。

综上，二审法院认为，一审判决认定事实基本清楚，但适用法律存在不当之处，应予纠正。张家口B公司的上诉主张成立，应予支持。大连C公司的上诉主张缺乏事实和法律依据，不予支持。二审法院依法判决：1. 维持大连中院（2013）大民三初字第43号民事判决主文第一、二、四项；2. 撤销大连中院（2013）大民三初字第43号民事判决主文第三项；3. 驳回A银行其他诉讼请求。一审案件受理费291758元，保全费5000元，合计296758元，由大连C公司、内蒙古D公司共同负担；二审案件受理费291758元，其中212944元由A银行负担，78814元由大连C公司负担。

A银行不服二审判决，向最高人民法院申请再审。

【代理意见】

我们认为，第一，本案二审判决对涉案票据融资关系独立性的确认是正确的。A银行所主张的主债务关系及损失并非基于《保兑仓协议》，本案中作为融资工具的汇票，其签发意图、签发过程和实际使用与履行保兑仓业务无关。二审判决查明了三方约定的保兑仓业务模式和在该模式下票据开具的条件、依据、签发和交付的操作流程，查实了涉案票据实际签发、交付、承兑的事实，然后在认真对比协议约定和实际操作行为的基础上，确认该涉案票据的开具和承兑是抛开保兑仓业务模式的。二审在充分查明事实的基础上正确认定涉案银行承兑汇票的开立和承兑不是依据三方约定的保兑仓业务模式进行的，根据第三方抵押和保证授信签发承兑汇票也可以构成金融借款关系。第二，本案二审判决对主债务主张依据的确认是正确的。二审判决认定本案系履行《银行承兑汇票承兑协议》垫资形成的金融借款合同纠纷，符合事实和法律规定。首先，从纠纷产生背景看，本案系A银行履行《银行承兑汇票承兑协议》为大连C

公司签发银行承兑汇票并承兑，大连C公司未能在汇票到期日前向A银行全额支付票款，导致A银行对外垫资引发纠纷而提起的诉讼。其次，从主债务的授信基础看，主债务发生的基础是2012年11月13日至11月15日A银行为大连C公司保证抵押授信办理票据，其授信基础并非履行保兑仓业务所形成的“（提）货权”，与保兑仓业务无关。从资金交易流水和票据到期后的处理来看，2012年11月13日至1月4日，资金在“大连C公司的A银行账户”“大连F集团的A银行账户”以及“A银行自有账户”之间进行频繁的反复往来操作。账户流水证据并未显示该资金最终实际流出A银行自有账户。A银行未能证明其形成了实际损失。再次，根据《银行承兑汇票承兑协议》约定，A银行在大连C公司到期不履行付款义务时形成对大连C公司的实际借款，大连C公司应按照双方约定还款付息(约为年利率18%)。最后，A银行内部在票据到期日直接将逾期金额自动转为贷款，利息记为年利率18%。第三，本案二审对A银行尚不具备向张家口B公司主张行使差额保证请求权的条件和基础的认定是正确的。差额保证责任系约定于《购销合同》和《保兑仓协议》特定协议背景之中的特定责任形式，它具有特定含义而非一般性的或综合信用保证责任。差额担保责任不是单纯的违约责任，《保兑仓协议》第六条中约定了差额担保责任，张家口B公司承担的保证责任并非对于银行承兑金额与大连C公司备付金额之间的差额承担保证责任（以下简称差额1)，而是对银行出具的提货单累计金额与承兑金额之间的差额承担保证责任（以下简称差额2)。两个差额的区别植根于保兑仓业务的制度原理。《保兑仓协议》在制度设计上的目的是保护卖方的收款权利，本质上是银行作为买方的付款担保人替代买方付款。A银行用自己承兑人的信用替代了买方大连C公司的信用。因此，对于大连 C 公司未能支付票据承兑金额和备付金额之间差额的风险，即差额 1，实际上应当由 A 银行自行承担。差额保证责任的发生背景、责任内容和承担方式都有明确约定，而不是单纯以不履行合同为前提的责任。“差额保证责任”是特定协议中的保证责任，具有具体含义，其承担与否会受到《购销合同》和《保兑仓协议》实际履行与否的影响。如果《购销合同》及其《保兑仓协议》中约定的货物购销实际发生了，那么整个票据行为系服务于该基础贸易关系运行，A 银行作为服务中介，为张家口 B 公司完成了货款收转。而本案中货物购销、提货单交接确认等并未实际发生，则该票据行为即有了独立的走向，最终形成的是出票人和承兑银行之间的票据融资法律关系，而不会产生真实交易情况下的差额回购担保责任。第四，张家口 B 公司只是形式上的收款人，未取得票据权利，也未不当得利。综上，二审判决认定事实清楚、适用法律正确，依法应驳回 A 银行再审申请。

【判决结果】

最高人民法院经审理认为，二审判决认定事实不清，适用法律确有错误，应予撤销，一审判决结果正确，应予维持。依法判决：

一、撤销辽宁省高级人民法院（2014）辽民二终字第 00080 号民事判决；

二、维持辽宁省大连市中级人民法院（2013）大民三初字第 43 号民事判决。

一审案件受理费及财产保全费按照一审判决承担，二审案件受理费 291758 元，张家口 B 公司承担 212944 元，大连 C 公司承担 78814 元，再审财产保全费 5000 元，由大连 C 公司、张家口 B 公司、内蒙古D公司共同承担。

【裁判文书】

再审法院认为，本案再审当事人争议的焦点问题有三个：一、本案案由是金融借款合同纠纷还是保兑仓合作协议纠纷；二、A银行承兑7522、7525汇票是否是履行保兑仓协议的行为；三、保兑仓协议约定的张家口B公司承担保证责任的对象。

一、关于本案案由。民事案件案由应当依据当事人主张的民事法律关系的性质，并对诉讼争议所包含的法律关系进行概括来确定。A银行依据《保兑仓协议》《最高额保证合同》《最高额抵押合同》提起本案诉讼，要求大连C公司、张家口B公司、内蒙古D公司分别承担相应责任，其是基于保兑仓协议形成的法律关系向各方主张权利，故本案案由应为保兑仓合作协议纠纷。如其主张成立，则应予支持，反之则应予驳回。张家口B公司主张的金融借款法律关系，实际上是主张保兑仓协议并未得到履行，作为其不应承担保兑仓责任的抗辩理由提出，并不影响本案案由的确定。

二、关于A银行承兑汇票行为的性质。A银行出具7522、7525两张汇票之前，为履行《保兑仓协议》，于2012年5月承兑了八张汇票。2012年7月，大连C公司申请提货，A银行向张家口B公司发出提货通知。这与《保兑仓协议》关于申请提货后交接承兑汇票的约定不一致，说明在实际履行中，各方将交接承兑汇票的时间提前至申请提货之前。该实际履行中的变更，使张家口B公司更早收到货款，对张家口B公司有利。再审查明，张家口B公司接受汇票的具体经办人员持有《授权委托书》。二审认定张家口B公司的操作人员无授权委托书与事实不符。再审查明的《确认函》的内容表明，张家口 B 公司以保兑仓协议中的甲方身份接受 7522、7524 两张汇票，可以证明 A 银行出具 7522、7524 两张汇票系履行《保兑仓协议》。A 银行主张，因日期填写错误，7524 汇票作废，以 7525 汇票替换，并提供了相关证据。张家口 B 公司等四方签订的 3.8《协议书》中，有关于张家口 B 公司已将 7522、7525 两张汇票背书给大连 C 公司指定的公司的记载。该记载也能印证 A 银行的主张。张家口 B 公司未主张亦未提交证据证明其是基于保兑仓协议以外的原因取得 7522、7525 两张汇票。本院采信 A 银行关于 7525 汇票替换 7524 汇票的主张，即 A 银行承兑 7522、7525 汇票均系履行《保兑仓协议》。A 银行承兑汇票并交付后，其行为性质不受在后的他人行为影响。张家口 B 公司取得票据权利后，如何行使、是否从汇票中受益，大连 C 公司是否申请提货，后续的交易流程是否完成，均非 A 银行能够决定，不影响 A 银行承兑汇票系履行《保兑仓协议》的行为性质。在部分事实未查明的情况下，二审判决认定各方未严格按照《保兑仓协议》约定的方式履行，A 银行承兑 7522、7525 汇票并非履行《保兑仓协议》，依据不足。张家口 B 公司向 A 银行出具《申请授信》和推荐授信函、张家口 B 公司与大连 C 公司签订《战略合作协议》以及前八张汇票项下的提货行为，足以令 A 银行相信存在真实贸易关系。A 银行关于承兑 7522、7525 汇票系履行《保兑仓协议》的再审申请理由成立，二审判决认定 A 银行开立和承兑汇票的行为与案涉《保兑仓协议》无关，与《确认函》和 3.8《协议书》等证明的事实不符，本院予以纠正。

三、关于《保兑仓协议》约定的张家口 B 公司承担保证责任的对象。本院认为，在保兑仓交易模式中，如张家口 B 公司承担保证责任以 A 银行出具提货单为条件，会造成当事人权利义务显失公平。

张家口B公司作为供货方接受7522、7525汇票收取货款后，相应的合同权利已经实现，同时，其还占有货物。其在权利已经完全实现的情况下不承担任何义务，显失公平。故张家口B公司承担保证责任不以A银行出具提货单为条件。

张家口B公司主张，其并非应对银行承兑金额与乙方备付金额之间的差额承担保证责任，而是对银行出具的提货单累计金额与承兑金额之间的差额承担保证责任。本院认为，《保兑仓协议》约定张家口B公司就提货单累计金额与承兑金额之间的差额承担保证责任，该差额是张家口B公司承担保证责任的最大范围，但其实际承担保证责任的大小，必然受大连C公司缴付备付金数额的影响。大连C公司已经缴付备付金，但是未出具提货单部分的数额当然应予扣除，因为这部分并不构成A银行的损失，扣除这一部分，是减轻张家口B公司的保证责任。即在计算张家口B公司实际应承担的保证责任时，应以承兑金额与银行出具提货单累计金额之间的差额再减去未出具提货单的备付金数额。张家口B公司保证责任的对象并未发生变化，其承担的还是提货单累计金额与承兑金额之间的差额保证责任，只是因扣减未出具提货单的备付金额，导致其实际承担责任数额减少。

A银行承兑7522、7525汇票是履行《保兑仓协议》，A银行承兑并将汇票交付张家口B公司后，即已完成了《保兑仓协议》约定的主要合同义务。汇票到期后，A银行必须依法向持票人付款。原审已经查明了A银行于2013年1月4日向7522、7525汇票的持票人大连F集团付款的事实。因大连C公司缴付的保证金不足，差额部分形成A银行的损失。A银行要求张家口B公司承担相应的保证责任，符合《保兑仓协议》的约定，应予支持。

综上，A 银行申请再审的理由成立，应予支持。二审判决认定事实不清，适用法律确有错误，应予撤销，一审判决结果正确，应予维持。

【案例评析】

在保兑仓三方协议中，就汇票金额与提单金额之间的差额部分，银行能否要求卖方承担连带保证责任？

保兑仓合同是一种金融服务合同，是以银行信用为载体，以银行承兑汇票作为结算工具，综合买卖、票据、质押等基础法律关系，由卖方、买方、银行三者签订的三方合作协议。该协议项下约定，买方在银行申请买卖合同项下的仓单质押贷款信用额度，用于向指定卖方购买产品；银行审查卖方资信状况、回购能力；银行与卖方签订回购及质量保证协议；买方向银行交纳保证金和备付金；银行签发以卖方为收款人的银行承兑汇票，交付卖方；银行根据备付金数额签发提货单并进行质押；卖方根据提货单向买方发货；买方拿到货后，再缴存备付金重复上述流程。如果汇票到期承兑后，银行出具的提货单金额少于承兑汇票金额的，卖方对差额部分以货物回购等方式承担连带保证责任。该连带保证责任的范围可以包括差额部分金额及逾期利息、罚息等。因此在保兑仓三方协议中，就汇票金额与提单金额之间的差额部分，银行基于约定可以要求卖方承担连带保证责任。

【结语和建议】

第一，在保兑仓业务中，银行应对现有制度流程设计的科学性、有效性展开评估，并结合风险排查过程中发现的薄弱环节及风险点，进一步修订、细化相关业务细则和操作规程，规范业务操作，强化制度约束，加强对关键环节的风险管控。应将核心企业纳入授信管理，合理确定授信额度及保兑仓业务额度，并充分了解其对保兑仓业务及相关风险控制的配合意愿。严格审查经销商经营、财务、资信状况及偿债能力，准确判断是否具有相应的经营资质及与核心企业的贸易往来情况。重点审查核心企业与经销商之间的历史交易记录，包括但不限于商品购销合同、发票、销售明细表，以及保兑仓业务所对应的货运单据、入库验收单等，用以判断贸易关系的稳定性、真实性和合法性。

第二，通过大额授信联合管理改进银企信息不对称。协调各方尽快构建涵盖教育、征信、惩处的全方位、全区域信用体系，加快推进企业信息诚信披露，大幅度提高失信成本，使失信者无资可转、无处可逃、无路可跑，让信用真正成为企业和企业家的生命线、银行员工的声誉线，形成信用风险防范的良好社会环境。

中国A科技有限公司与泰州B电气有限公司、C（泰州）工业有限公司、王某华买卖合同纠纷案[①]

北京市炜衡（西安）律师事务所　闫新盈律师　郭韵律师

【关键词】

买卖合同　货款　违约金　保证责任

【案情简介】

原告中国A科技有限公司（以下简称A公司）与被告泰州B电气有限公司（以下简称B公司）分别于2013年7月23日、8月28日、8月29日、9月24日、9月25日、11月12日、11月13日签订编号为ET－20130723、ET－20130828、ET－20130829、ET－20130924、ET－20130925、ET－20131112、ET－20131113共七份《太阳能硅片、电池片、正银供销合同》，上述合同约定被告B公司向原告A公司采购太阳能晶硅电池片、太阳能晶硅硅片以及晶硅太阳能电池正面银浆，合计货款总额115000000元，货到验收合格、发票到后150天内电汇付清所有款项，或货到验收合格且发票到后7个工作日内开出150天商业承兑汇票。上述合同签订后，原告依照约定向被告B公司交货并开具相应增值税发票，被告验收合格并销

① 案件来源：陕西省西安市中级人民法院民事判决书（2017）陕01民初112号。

售使用。但被告B公司未按照合同约定陆续向原告支付货款，经原告多次催要，被告仅支付了部分货款，仍拖欠原告3921116.69元未支付。因被告迟延付款，按本案所涉合同之约定，迟延付款的，应按延期付款金额的每日万分之五的比例向供方偿付逾期违约金，逾期超过30天，违约金加倍。被告应支付原告的违约金计算至2016年9月30日，应为35289334.50元。2014年3月，原告、被告B公司与被告C（泰州）工业有限公司（以下简称C公司）三方签订《最高额保证合同》，约定C公司对B公司自2013年4月1日起至2014年3月31日止向原告购买相关产品主合同项下约定应支付货款形成的债务，承担最高额4亿元的连带保证责任。2014年5月22日，被告王某华作为担保人与原告及被告B公司签订《还款协议》，约定被告王某华对B公司的还款义务承担连带担保责任。原、被告签订的协议、合同均合法有效，原告按照约定履行了义务，被告未按约履行支付货款义务、承担担保责任。2016年10月18日，A公司为主张自身合法债权将B公司、C公司、王某华一并诉至西安市中级人民法院。

【代理意见】

一、被告B公司应按照合同约定履行支付货款及违约金的义务

2013年7月23日至2013年11月13日，原告与被告B公司签订的七份合同真实有效，系双方协商一致的结果。合同约定被告B公司向原告采购太阳能晶硅电池片、太阳能晶硅硅片以及晶硅太阳能电池正面银浆，合计货款总额为115000000元，货到验收合格、发票到后150天内电汇付清所有款项，或货到验收合格且发票到后7个工作日内开出150天商业承兑汇票。原告按照合同约定履行了交

货义务，实际供货总额为113994614.13元，被告B公司却未按合同约定支付货款，尚欠3921116.69元货款及违约金35289334.50元未支付。依据《合同法》第159条关于买受人应当按照约定的数额支付价款之规定，B公司应按照供销合同及《还款协议》的约定立即向原告支付拖欠的货款及违约金。

二、原告诉请的违约金系严格依照合同约定计算所得，且符合法律规定

合同第11.2条约定：逾期付款的，需方应按延期付款金额的每日万分之五的比例向供方偿付逾期违约金，逾期超过30天，违约金加倍。据此计算，自原告拖欠103994614.13元本金时起至今，违约金为35289334.50元。《最高人民法院关于适用〈中华人民共和国合同法〉若干问题的解释（二）》第29条规定，当事人约定的违约金超过造成损失的百分之三十的，一般可以认定为合同法第114条第2款规定的“过分高于造成的损失”。根据前述规定，违约金具有补偿性和惩罚性双重性质，合同当事人可以约定高于实际损失的违约金，仅在“过分”高于造成损失的情况下方能适当调整违约金，而一般的高于损失的情形并无必要调整。本案中，原告的实际损失为被告拖欠款项的利息及原告实际支出的差旅费、律师费、诉讼费、保全费等。其中利息的利率应比照《最高人民法院关于审理民间借贷案件适用法律若干问题的规定》第26条确定为24%、36%。原告依照合同约定的违约金计算方式，以日万分之五及部分日千分之一计算的违约金并未超过原告损失的百分之三十，不存在违约金过高应予以减少的情形。

三、被告C公司应按合同约定对B公司欠款本金及违约金承担连带担保责任

2014年3月，原告、被告B公司与被告C公司三方签订的《最高额保证合同》真实有效，合同约定由C公司对B公司自2013年4月1日起至2014年3月31日止向原告购买相关产品主合同项下约定应支付货款形成的债务承担最高额为4亿元的连带责任保证。《担保法》第18条规定，连带责任保证的债务人在主合同规定的债务履行期届满没有履行债务的，债权人可以要求债务人履行债务，也可以要求保证人在其保证范围内承担保证责任。由于合同明确约定C公司承担连带责任保证，故原告有权要求C公司承担保证责任。

《最高额保证合同》约定的保证期间为两年，按照法律规定应从双方约定。《还款协议》将货款支付期间届满之日变更为2014年8月20日，C公司虽未盖章确认，但其法定代表人王某华在协议上签字确认，其签字的后果C公司应予以承担。原告在2016年3月30日向C公司发送法律函要求其承担保证责任，在约定的保证期间内，符合法律规定。即便认定《还款协议》对主合同履行期限的变动未作书面同意，依据《最高人民法院关于适用〈中华人民共和国担保法〉若干问题的解释》第30条的规定，保证期间为原合同约定的或者法律规定的期间。原7份合同约定的系连续供货，被告C公司也当庭表示无法一一作出区分，保证期间应自最后一笔货款支付期限（即2014年6月20日）起计算两年，原告向C公司发送律师函主张保证责任的时间在保证期限之内，符合法律规定。C公司在法律函上盖章确认继续履行保证合同约定的保证责任，未提出异议，依据《最高人民法院关于人民法院应当如何认定保证人在保证期间届满后又在催款通知书上签字问题的批复》关于“催款通知书内容符合合

同法和担保法有关担保合同成立的规定，并经保证人签字认可，能够认定成立新的保证合同的，人民法院应当认定保证人按照新保证合同承担责任”的规定，应视为C公司对原保证责任的重新确认，达成新的保证合同，应当认定其承担保证责任。

四、被告王某华应按还款协议约定对B公司欠款本金及违约金承担连带担保责任

2014年5月22日，原告与被告B公司签订《还款协议》，王某华作为担保人在协议上签字，协议真实有效，各方均应按照协议约定履行相应义务。协议第3条约定，担保人同意对债务人还款义务承担连带担保责任，担保期限为两年。协议确定的货款支付期间届满之日为2014年8月20日，原告向被告王某华主张担保责任的时间在两年期限内，符合法律规定。

协议第2条约定，若债务人按照约定履行还款义务，债权人不再追究其违约责任，若未按约定还款，则债务人按照原合同的约定承担相应的逾期付款违约责任（违约责任自原合同逾期之日开始计算）。被告B公司未按还款协议中的约定履行还款义务，除应继续归还本金外，还应按原合同约定承担相应的违约金。《担保法》第21条也规定：保证担保的范围包括主债权及利息、违约金、损害赔偿金和实现债权的费用。故被告王某华对B公司还款义务承担连带担保责任，即就B公司应付本金及违约金承担连带担保责任。

综上所述，被告B公司应按照合同约定向原告支付拖欠的货款及违约金，被告C公司及王某华应按照合同约定对B公司拖欠的货款及违约金承担连带保证责任。

【判决结果】

西安市中级人民法院判决：

一、被告B公司应于本判决生效之日起十五日内支付原告A公司货款本金3921116.69元及违约金24566168.92元（暂算至2016年12月31日），以及至判决给付之日止的违约金（以货款本金3921116.69元为基数，自2017年1月1日起至判决给付之日止，按照年利率24%计算违约金）；

二、被告C公司、被告王某华对上述债务承担连带清偿责任；

如果未按照本判决指定的期间履行金钱给付义务，应当依照《民事诉讼法》第二百五十三条之规定，加倍支付迟延履行期间的债务利息；

三、驳回原告A公司其余诉讼请求。

本案案件受理费238531元、案件保全费5000元（原告已预交），由原告承担20000元；被告B公司、被告C公司、被告王某华共同承担223531元，并在本判决执行时一并支付原告A公司。

【裁判文书】

原告中国A科技有限公司诉被告泰州B电气有限公司、被告C（泰州）工业有限公司、被告王某华买卖合同纠纷一案，本院受理后，依法组成合议庭，公开开庭进行了审理，原告中国A科技有限公司的委托代理人闫新盈、郭韵，被告泰州B电气有限公司的委托代理人朱某琴、刘某，被告C（泰州）工业有限公司的委托代理人吕某成到庭参加了诉讼，被告王某华经本院合法传唤未到庭参加诉讼，本院依法缺席审理，本案现已审理终结。

原告诉称，2013 年 4 月 12 日，原告与被告泰州 B 电气有限公司（以下简称 B 公司）上级单位某能源股份有限公司签订《太阳能产品采购战略协议》，依据上述协议，原、被告双方分别于 2013 年 7 月 23 日、2013 年 8 月 28 日、2013 年 8 月 29 日、2013 年 9 月 24 日、2013 年 9 月 25 日、2013 年 11 月 12 日、2013 年 11 月 13 日签订了编号为 ET - 20130723、ET - 20130828、ET - 20130829、ET - 20130924、ET - 20130925、ET - 20131112、ET - 20131113 的七份《太阳能硅片、电池片、正银供销合同》，上述合同约定被告 B 公司向原告采购太阳能晶硅电池片、太阳能晶硅硅片以及晶硅太阳能电池正面银浆，合计货款总额为 115000000 元，货到验收合格、发票到后 150 天内电汇付清所有款项，或货到验收合格且发票到后 7 个工作日内开出 150 天商业承兑汇票。上述合同签订后，原告依约向被告 B 公司交货并开具相应增值税发票，被告 B 公司收货验收合格并销售使用。但被告 B 公司陆续未按照合同约定的付款时间向原告支付货款，经原告多次催要，被告 B 公司仅支付了部分货款，现仍拖欠原告货款 3921116. 69 元未予支付。因被告 B 公司迟延付款，按本案所涉合同约定，延迟付款的，应按延期付款金额的每日万分之五的比例向供方偿付逾期违约金，逾期超过 30 天，违约金加倍，据此，被告 B 公司应支付原告的违约金计算至 2016 年 9 月 30 日应为 35289334. 50 元。2014 年 3 月，原告、被告 B 公司与被告 C（泰州）工业有限公司（以下简称 C 公司）三方签订《最高额保证合同》，约定 C 公司对 B 公司自 2013 年 4 月 1 日起至 2014 年 3 月 31 日止向原告购买相关产品主合同项下约定应支付货款形成的债务承担最高额为 4 亿元的连带责任保证。担保范围包括：主合同项下的货款本金、利息、违约金、损害赔偿金、实现债权的费用以及所有其他应付费用，包括但不限于诉讼费、仲裁费、财产保全费、评估费、拍卖费、执行费、过户费、代理费等。2014年5月22日，被告王某华作为担保人与原告及被告B公司签订《还款协议》，约定被告王某华对B公司的还款义务承担连带担保责任。综上，原、被告签订的协议、合同合法有效，原告按约履行义务，但被告未按协议、合同约定履行支付义务、承担担保责任，故诉至本院请求：1. B公司支付原告货款本金3921116.69元及违约金35289334.50元；2. 被告C公司、被告王某华对上述债务承担连带保证责任；3. 本案诉讼费由三被告承担。

被告B公司辩称，其与原告买卖关系属实，拖欠货款本金属实，但原告所主张违约金过高，应按照人民银行同期贷款利率计算违约金。

被告C公司辩称，对上述货款本金在保证期间内的金额其愿意承担连带清偿责任，原告所主张违约金过高，应按照人民银行同期贷款利率计算违约金。

被告王某华未出庭但提交书面答辩意见称，对上述货款本金在保证期间内的金额其愿意承担连带清偿责任，对违约金其不应承担连带清偿责任。

经审理查明，原告与被告B公司分别于2013年7月23日、2013年8月28日、2013年8月29日、2013年9月24日、2013年9月25日、2013年11月12日、2013年11月13日签订编号为ET－20130723、ET－20130828、ET－20130829、ET－20130924、ET－20130925、ET－20131112、ET－20131113共七份《太阳能硅片、电池片、正银供销合同》，上述合同约定被告B公司向原告采购太阳能晶硅电池片、太阳能晶硅硅片以及晶硅太阳能电池正面银浆，合计货款总金额为 115000000 元。合同约定逾期付款的违约责任为：需方延期付款的，应按延期付款金额的每日万分之五的比例向供方偿付逾期违约金，逾期超过 30 天违约金加倍。上述合同签订后，原告依约向被告 B 公司供货共计 113994614.13 元并开具相应增值税发票，被告 B 公司向原告支付了 10000000 元，其余款项未予支付。2014 年 3 月，原告、被告 B 公司与被告 C 公司三方签订《最高额保证合同》，约定 C 公司对 B 公司自 2013 年 4 月 1 日起至 2014 年 3 月 31 日止向原告购买相关产品主合同项下约定应支付货款形成的债权承担最高额为 4 亿元的连带责任保证。担保范围包括：主合同项下的货款本金、利息、违约金、损害赔偿金、实现债权的费用以及所有其他应付费用，包括但不限于诉讼费、仲裁费、财产保全费、评估费、拍卖费、执行费、过户费、代理费等。2014 年 5 月 22 日，原告与被告 B 公司就上述拖欠货款 103994614.13 元签订《还款协议》，该协议约定：被告 B 公司承诺于 2014 年 8 月 20 日之前向原告支付 103994614.13 元，具体付款计划为 6 月 20 日支付 2500 万元，7 月 20 日支付 3000 万元，8 月 20 日支付 48994614.67 元。被告 B 公司按照第一条所列计划履行还款义务，原告不再追究被告 B 公司其他违约责任；若债务人逾期未按照本还款协议的约定履行还款义务的，应按照合同 ET－20130723、ET20130828、ET－20130829、ET－20130924、ET－20130925、ET－20131112、ET－20131113 的约定承担相应的逾期付款违约责任（违约责任自原合同逾期之日开始计算）。2014 年 5 月 22 日，被告王某华作为担保人与原告及被告 B 公司签订《还款协议》，约定被告王某华对 B 公司的还款义务承担连带担保责任。

上述还款协议签订后，被告 B 公司未按上述协议约定还款，原告主张应按照原七份合同中约定的逾期付款违约责任自原合同逾期之日开始计算违约金。《还款协议》中原、被告双方确认依照原七份合同的约定，被告应分别于2014年2月18日支付8126737.17元、2014年4月1日支付14806725.93元、2014年4月13日支付2763970.08元、2014年4月25日支付11813250.03元、2014年5月5日支付14722823.26元、2014年5月23日支付19237564.31元、2014年6月20日支付16066012.03元、2014年6月20日支付16457531.86元。故违约金应分别自2014年2月18日、2014年4月1日、2014年4月13日、2014年4月25日、2014年5月5日、2014年5月23日、2014年6月20日开始起算。

本金8126737.17元自2014年2月18日起算至2014年6月19日，利率为30天内日万分之五，计算30天违约金为121901.06元，30天外按日千分之一计算，92天违约金为747659.82元；本金14806725.93元自2014年4月1日起算至2014年6月19日，利率为30天内日万分之五，计算30天违约金为222100.89元，30天外按日千分之一计算，50天违约金为740336.30元；本金2763970.08元自2014年4月13日起算至2014年6月19日，利率为30天内日万分之五，计算30天违约金为41459.55元，30天外按日千分之一计算，38天违约金为105030.86元；本金11813250.03元自2014年4月25日起算至2014年6月19日，利率为30天内日万分之五，计算30天违约金为177198.75元，30天外按日千分之一计算，26天违约金为307144.50元；本金14722823.26元自2014年5月5日起算至2014年6月19日，利率为30天内日万分之五，计算30天违约金为220842.35元，30天外按日千分之一计算，16天违约金为235565.17元。上述合计本金52233506.47元，扣除被告B公司于

2014 年 6 月 20 日支付的 2500 万元后本金余 27233506. 47 元，自 2014 年 6 月 20 日起算至 2014 年 12 月 7 日，利率为日千分之一，计算 171 天违约金为 4656929. 61 元；本金 19237564. 31 元自 2014 年 5 月 23 日起算至 2014 年 12 月 7 日，利率为 30 天内日万分之五，计算 30 天违约金为 288563. 46 元，30 天外利率为日千分之一，计算 169 天违约金为 3251148. 37 元；本金 16066012. 03 元自 2014 年 6 月 20 日起算至 2014 年 12 月 7 日，利率为 30 天内日万分之五，计算 30 天违约金为 240990. 18 元，30 天外利率为日千分之一，计算 141 天违约金为 2265307. 70 元；本金 16457531. 86 元自 2014 年 6 月 20 日起算至 2014 年 12 月 7 日，利率为 30 天内日万分之五，计算 30 天违约金为 246862. 98 元，30 天外利率为日千分之一，计算 141 天违约金为 2320511. 99 元。上述本金（27233506. 47 元、19237564. 31 元、16066012. 03 元、16457531. 86 元）合计 78994614. 67 元，扣除被告 B 公司于 2014 年 12 月 8 日支付的 25378000 元后，货款本金应为 53616614. 67 元，自 2014 年 12 月 8 日起算至 2014 年 12 月 30 日，利率为日千分之一，计算 23 天违约金为 1233182. 14 元。2014 年 12 月 31 日，被告 B 公司支付 2000000 元后，货款本金为 51616614. 67 元，利率为日千分之一，自 2014 年 12 月 31 日计算至 2015 年 2 月 5 日共 37 天，违约金为 1909814. 74 元。2015 年 2 月 6 日，被告 B 公司支付货款 5000000 元后，货款本金为 46616614. 67 元，利率为日千分之一，自 2015 年 2 月 6 日计算至 2015 年 4 月 28 日共 82 天，违约金为 3822562. 40 元。2015 年 4 月 29 日，被告 B 公司支付 4292815. 63 元后，货款本金为 42323799. 04 元，利率为日千分之一，自 2015 年 4 月 29 日计算至 2015 年 5 月 30 日共 32 天，违约金为 1354361. 57 元。2015 年 5 月 31 日，被告 B 公司支付 500000 元后本金为 41823799. 04

元，利率为日千分之一，自2015年5月31日计算至2015年7月19日共50天，违约金为2091189.95元。2015年7月20日，被告B公司支付8408502.5元后本金为33415296.54元，利率为日千分之一，自2015年7月20日计算至2015年7月29日共10天，违约金为334152.97元。2015年7月30日，被告B公司支付1500000元后本金为31915296.54元，利率为日千分之一，自2015年7月30日计算至2015年8月12日共14天，违约金为446814.15元。2015年8月13日，被告B公司支付1000000元后本金为30915296.54元，利率为日千分之一，自2015年8月13日计算至2015年8月20日共8天，违约金为247322.37元。2015年8月21日，被告B公司支付1000000元后本金为29915296.54元，利率为日千分之一，自2015年8月21日计算至2015年8月27日共7天，违约金为209407.08元。2015年8月28日，被告B公司支付700000元后本金为29215296.54元，利率为日千分之一，自2015年8月28日计算至2015年8月30日共3天，违约金为87645.89元。2015年8月31日，被告B公司支付300000元后，货款本金为28915296.54元，利率为日千分之一，自2015年8月31日计算至2015年9月5日共6天，违约金为173491.78元。2015年9月6日，被告B公司支付300000元后本金为28615296.54元，利率为日千分之一，自2015年9月6日计算至2015年9月15日共10天，违约金为286152.97元。2015年9月16日，被告B公司支付700000元后本金为27915296.54元，利率为日千分之一，自2015年9月16日计算至2015年9月29日共14天，违约金为390814.15元。2015年9月30日，被告B公司支付1490713.15元后本金为26424583.39元，利率为日千分之一，自2015年9月30日计算至2015年10月14日共15天，违约金为

396368.75元。2015年10月15日，被告B公司支付1000000元后本金为25424583.39元，利率为日千分之一，自2015年10月15日计算至2015年10月24日共10天，违约金为254245.83元。2015年10月25日，被告B公司支付500000元后本金为24924583.39元，利率为日千分之一，自2015年10月25日计算至2015年11月2日共9天，违约金为224321.25元。2015年11月3日，被告B公司支付500000元后本金为24424583.39元，利率为日千分之一，自2015年11月3日计算至2015年11月9日共7天，违金为170972.08元。2015年11月10日，被告B公司支付1000000元后，货款本金为23424583.39元，利率为日千分之一，自2015年11月10日计算至2015年12月13日共34天，违约金为796435.84元。2015年12月14日，被告B公司支付2000000元后本金为21424583.39元，利率为日千分之一，自2015年12月14日计算至2016年1月12日共30天，违约金为642737.50元。2016年1月13日，被告B公司支付2000000元后本金为19424583.39元，利率为日千分之一，自2016年1月13日计算至2016年1月29日共17天，违约金为330217.92元。2016年1月30日，被告B公司支付1000000元后本金为18424583.39元，利率为日千分之一，自2016年1月30日计算至2016年1月31日共2天，违约金为36849.17元。2016年2月1日，被告B公司支付1000000元后本金为17424583.39元，利率为日千分之一，自2016年2月1日计算至2016年3月20日共49天，违约金为853804.59元。2016年3月21日，被告B公司支付1000000元后本金为16424583.39元，利率为日千分之一，自2016年3月21日计算至2016年3月30日共计10天，违约金为164245.83元。2016年3月31日，被告B公司支付1000000元后本金为15424583.39元，利率为日千分之一，自2016年3月31日计算至2016年5月16日共47天，违约金为724955.42元。2016年5月17日，被告B公司支付498659.7元后本金为14925923.69元，利率为日千分之一，自2016年5月17日计算至2016年5月22日共6天，违约金为89555.54元。2016年5月23日，被告B公司支付500000元后本金为14425923.69元，利率为日千分之一，自2016年5月23日计算至2016年6月2日共11天，违约金为158685.16元。2016年6月3日，被告B公司支付1000000元后本金为13425923.69元，利率为日千分之一，自2016年6月3日计算至2016年7月4日共32天，违约金为429629.56元。2016年7月5日，被告B公司支付500000元后本金为12925923.69元，利率为日千分之一，自2016年7月5日计算至2016年7月13日共9天，违约金为116333.31元。2016年7月14日，被告B公司支付1004806.46元后本金为11921117.23元，利率为日千分之一，自2016年7月14日计算至2016年7月30日共17天，违约金为202658.99元。2016年7月31日，被告B公司支付1400000元后本金为10521117.23元，利率为日千分之一，自2016年7月31日计算至2016年8月4日共5天，违约金为52605.59元。2016年8月5日，被告B公司支付600000元后本金为9921117.23元，利率为日千分之一，自2016年8月5日计算至2016年8月16日共12天，违约金为119053.41元。2016年8月17日，被告B公司支付1000000元后本金为8921117.23元，利率为日千分之一，自2016年8月17日计算至2016年8月30日共14天，违约金为124895.64元。2016年8月31日，被告B公司支付1000000元后本金为7921117.23元，利率为日千分之一，自2016年8月31日计算至2016年9月12日共13天，违约金为102974.52元。2016年

9月13日，被告B公司支付1000000元后本金为6921117.23元，利率为日千分之一，自2016年9月13日计算至2016年10月8日共26天，违约金为179949.05元。2016年10月9日，被告B公司支付2000000元后本金为4921117.23元，利率为日千分之一，自2016年10月9日计算至2016年10月20日共12天，违约金为59053.41元。2016年10月21日，被告B公司支付1000000元后本金为3921117.23元，利率为日千分之一，自2016年10月21日计算至2016年12月31日共72天，违约金为282320.44元。综上，被告B公司逾期付款的违约金共计35289334.50元。

以上事实有庭审笔录等在卷佐证。

本院认为，买卖合同是出卖人转移标的物所有权予买受人，买受人支付价款的合同。本案中，原告A公司与被告B公司签订的七份《太阳能硅片、电池片、正银供销合同》系双方真实意思表示，内容也不违反国家法律、行政法规的强制性规定，合法有效，具有法律约束力。双方应当按约履行各自的权利义务，否则应当承担相应的违约责任。合同签订后，原告A公司依约履行了供货义务，被告B公司收到A公司所供货物及出具《还款协议》后，并未依约完全履行其支付义务，故原告A公司要求被告B公司支付货款本金3921116.69元的诉讼请求，本院予以支持。因被告B公司并未依上述协议履行还款义务，现已构成违约，根据本案所涉《还款协议》第二条的约定，被告B公司应按照原七份合同约定的违约责任承担相应的违约金（违约责任自原合同逾期日开始计算）。现被告B公司认为原、被告双方关于违约金的金额约定过高，要求法院适当予以核减，由于原、被告双方约定的利息其实质为货款的逾期付款利息，属于违约金性质。我国合同法第一百一十四条所规定的违约金具有补偿性为主、惩罚性为辅的性质，即违约金制度系以赔偿非违约方的损失为主要功能，而不是旨在严厉惩罚违约方，违约金在我国合同法中主要体现为一种民事责任形式，因此不能将违约金条款完全留待当事人约定，尤其是对数额过高的违约金条款更是如此。本案中根据原、被告签订的合同约定计算违约金显属过高，故本院依法调整为自2014年2月18日起至2016年12月31日止违约金为24566168.92元（按照被告B公司付款时间及违约天数，以所欠货款本金为基数按年利率24%，分段予以计算），以货款本金3921116.69元为基数，自2017年1月1日起至判决给付之日止，按照年利率24%计算违约金。关于原告A公司要求被告C公司、被告王某华对上述款项承担连带清偿责任一节，因本案所涉《最高额保证合同》及《还款协议》对保证责任作了明确约定且未违反法律法规的强制性规定，亦未超过保证期间，故被告C公司、被告王某华应当对上述债务承担连带清偿责任。综上，依照《中华人民共和国合同法》第六十条、第一百零七条，《中华人民共和国担保法》第十八条、第十九条、第二十一条之规定，判决如下：

一、被告B公司应于本判决生效之日起十五日内支付原告A公司货款本金3921116.69元及违约金24566168.92元（暂算至2016年12月31日），以及至判决给付之日止的违约金（以货款本金3921116.69元为基数，自2017年1月1日起至判决给付之日止，按照年利率24%计算违约金）；

二、被告C公司、被告王某华对上述债务承担连带清偿责任；

如果未按照本判决指定的期间履行金钱给付义务，应当依照《中华人民共和国民事诉讼法》第二百五十三条之规定，加倍支付迟延履行期间的债务利息；

三、驳回原告A公司其余诉讼请求。

本案案件受理费238531元、案件保全费5000元（原告已预交），由原告承担20000元；被告B公司、被告C公司、被告王某华共同承担223531元，并在本判决执行时一并支付原告A公司。

【案例评析】

第一，买卖合同是出卖人转移标的物所有权予买受人，买受人支付价款的合同。本案中，原告A公司与被告B公司签订的七份《太阳能硅片、电池片、正银供销合同》系双方真实意思表示，内容也不违反国家法律、行政法规的强制性规定，合法有效，具有法律约束力。双方应当按约履行各自的权利义务，否则应当承担相应的违约责任。合同签订后，原告A公司依约履行了供货义务，被告B公司收到A公司所供货物及出具《还款协议》后，并未依约完全履行其支付货款的义务，故原告A公司要求被告B公司支付货款本金3921116.69元的诉讼请求应当得到支持。

第二，被告B公司未按照协议履行还款义务，已构成违约。根据本案所涉《还款协议》第二条约定，被告B公司应按照合同约定的违约责任支付违约金，但原、被告双方约定的利息实质为货款的逾期付款利息，属于违约金性质，且高于法定违约金上限。根据我国合同相关法律规定，违约金具有补偿性为主、惩罚性为辅的性质，即违约金制度系以赔偿非违约方的损失为主要功能，而不是旨在严厉惩罚违约方。违约金在我国合同法中主要体现为一种民事责任形式，因此不能将违约金条款完全留待当事人约定，尤其是对数额过高的违约金条款更是如此，所以本案审理中法院依法将违约金调整为以所欠货款本金为基数，按年利率24%来计算是合理的。

第三，因本案所涉《最高额保证合同》及《还款协议》对C公司和王某华的保证责任作了明确约定，未违反法律法规的强制性规定，亦未超过保证期间，故被告C公司、被告王某华应当对上述债务承担连带清偿责任。

【结语和建议】

本案法律关系相对简单，但交易时间跨度长、金额大，加之存在最高额保证等担保法律问题，大大增加了案件的复杂程度。尤其是本案违约金的计算，因涉案货款总额达上亿元，被告逾期支付违约后起初支付货款的频率较高，欠款金额逐步减少，导致违约金分段计算难度大、复杂程度高，极其考验办案律师对法律问题的把握以及耐心、细心程度。本案代理律师凭借专业的法律功底及丰富的实务经验，对违约金的计算方式制作了整整六页的书面说明，最终得到法院认可，按照代理律师的计算方式支持了原告的诉讼请求，为原告最大限度地争取了应得利益。

结合本案的办理，建议公司在滚动结算的买卖合同关系中，关注合同履约过程，重点关注对账、结算程序，留存书面证据，及时确认双方债权债务。必要情况下，应要求欠款一方提供担保并明确担保方式、担保期限、担保范围等具体事项，为债权人的合法权益提供双重保障。与此同时，合同中违约责任条款的约定应具体明确，违约金数额应足以弥补一方损失并兼顾些许惩罚性，避免超出法律规定范围约定畸高的违约金数额，否则诉讼阶段法院也会相应进行调整。

中国冶金地质总局 A 地质勘查院诉 B 企业公司联营合同纠纷案[①]

北京市炜衡（西安）律师事务所　闫新盈律师　王艳律师

【关键词】

矿权合作开发　转让

【案情简介】

2012 年 11 月 22 日，中国冶金地质总局 A 地质勘查院（以下简称 A 勘查院）与 B 企业公司（以下简称 B 公司）签订《某地锌多金属矿合作开发协议》（以下简称《合作协议》），约定 A 勘查院为《新疆某县某地一带锌多金属矿详查》项目探矿权人，合法拥有该项目确定区域的探矿权，B 公司愿意投资并与 A 勘查院进行合作勘察开发工作；B 公司向 A 勘查院支付前期地质勘查投入及矿权维护补偿费 1.2 亿元，双方共同组建合资公司；合资公司成立后，合作矿区的矿产资源勘查、矿山及选厂的投资与建设、合资公司的生产经营、矿产品的销售等组织管理工作均以合资公司名义进行。B 公司向 A 勘查院全部支付完 1.2 亿元补偿费后享有合作矿权 55% 的权益；合资公司成立后条件成熟时，将矿区的探矿许可证、采矿许可证办

① 案件来源：陕西省高级人民法院民事判决书（2019）陕民终 269 号。

到合资公司名下，上述工作由合资公司负责并承担费用。A勘查院全面履行了合同义务，B公司共支付补偿费7900万元，剩余款项未付。为此，2013年12月27日，双方签署《某地锌多金属矿合作开发协议补充协议书》（以下简称《补充协议书》），对剩余款的支付进行了明确约定，但B公司未按补充协议约定支付款项，后多次发函承认拖欠款项未付，并请求延期支付。

2018年6月26日，A勘查院起诉B公司要求支付补偿费及利息。案件起诉至法院后，对方当事人提出反诉，认为合作协议名为合作，实际是矿权转让合同，原告未履行报批义务，故要求解除合同并返还已支付的款项及利息。

【代理意见】

代理律师认为：从双方约定的内容来看，都是围绕双方如何开发某地锌多金属矿产资源进行约定的，虽然双方有意向成立第三方合资公司，并在条件成熟时，将矿权转入合资公司，但合资公司的成立是双方按约定履行《合作协议》的结果，是矿权转入的前提条件，并非合资公司成立了，矿权就自动转入合资公司。矿权转让必须按照国家法律规定执行，矿权转让的前提是转让方与受让方签订协议，并经相关行政主管部门批准，才可以进行矿权转让。按照合作协议约定，矿权转让存在于A勘查院与合资公司之间，B公司非矿权受让人，矿权的具体转让与B公司无关，《合作协议》只能对双方当事人即A勘查院与B公司产生约束力，A勘查院与合资公司之间的矿权转让事宜不属于该协议的调整范围。合作协议只是对A勘查院与合资公司之间的矿权转让进行了意向性的约定，矿权转让的具体实施事宜还需A勘查院与合资公司进行具体约定。根据《最高人民法院关于审理矿业权纠纷案件适用法律若干问题的解释》规定，协议自成立之日起生效，因此，该协议属一般的商业合作合同，不具有矿权转让合同的属性，自成立之日起生效，无须经过行政机关的审批。

协议中对补偿费的支付时间有细致的约定，补充协议对剩余款项的支付进行了更加明确的约定，后在双方多次往来函件中，B公司承认拖欠补偿费未付，请求以转让股权的方式折抵补偿费即债转股，A勘查院不接受此种方式，B公司又申请延期支付剩余补偿费。庭审中，B公司对所签债务金额及往来函件均无异议，因此，B公司应当向A勘查院支付剩余的补偿费。

对于反诉，代理人认为：《合作协议》并非矿权转让性质的协议，无须经过行政机关审批，故不存在拒绝履行报批义务的情形，相反，A勘查院为了将矿权转让至合资公司一直积极履行各项义务：（1）协议约定成立合资公司，注册资金人民币贰仟万元，A勘查院按照出资要求实际缴纳了出资额，合资公司成立并由B公司负责运营。（2）2013年2月27日，A勘查院与合资公司签订地质勘查合同，接受合资公司委托，承担案涉矿产资源的地质勘查工作，履行了协议中约定的矿产资源的勘查以合资公司名义进行、勘查工作由A勘查院实施的义务。（3）为了将矿权转移至合资公司，在探矿权许可证有效期满前，A勘查院连续多次办理矿权延续、保留手续。按照《合作协议》约定，矿权转移事项应由合资公司完成，A勘查院无法单方面完成转移事项。

另外，合作协议中约定合资公司成立后条件成熟时，在探矿阶段或采矿阶段将矿权转移至合资公司，按照合作协议及法律规定，要完成矿权转移必须具备以下条件：（1）合资公司依法成立；（2）矿产成果报告通过矿产资源储量评审机构审查认定或评审备案；（3）合资公司与A勘查院签订转让合同并报矿产资源管理部门批准；（4）由合资公司实施。但双方合作期间，无论B公司还是合资公司从未向A勘查院提出过办理矿权转移事宜，合资公司更未与A勘查院签订矿权转让合同，亦未进行过与矿权转让事宜有关任何工作，矿权转移条件未成就，因此，A勘查院不存在任何违约情形。B公司要求解除合作协议、退还已付款，是因近年矿产市场稍显低迷，是为了转嫁自身商业风险的一种不诚信行为，缺乏事实和法律依据，法院应驳回其反诉请求。

【判决结果】

西安市中级人民法院一审判决：一、被告B企业公司于本判决生效后十日内，向原告中国冶金地质总局A地质勘查院给付款项4100万元；二、被告B企业公司于本判决生效后十日内，向原告中国冶金地质总局A地质勘查院给付上述款项逾期支付利息（以4100万元为基数，自2014年10月31日起按银行同期贷款利率标准计算至起诉之日，该利息金额以779万元为上限）；三、驳回原告中国冶金地质总局A地质勘查院的其余诉讼请求；四、驳回被告B企业公司的反诉请求。

B公司不服一审判决，提起上诉。陕西省高级人民法院二审判决驳回上诉，维持原判。

【裁判文书】

上诉人B公司因与被上诉人A勘查院联营合同纠纷一案，不服西安市中级人民法院（2018）陕01民初1484号民事判决，向本院提起上诉。本院于2019年2月26日立案后，依法组成合议庭，公开开庭进行了审理。上诉人B公司委托诉讼代理人董某谋、杨某，被上诉人A勘查院委托诉讼代理人闫新盈、王艳到庭参加诉讼。本案现已审理终结。

B公司上诉请求：1. 撤销一审判决；2. 确认解除《某地锌多金属矿合作开发协议》；3. 驳回A勘查院的诉讼请求；4. 依法判令A勘查院返还补偿款7900万元及利息。

事实和理由：（一）事实认定错误。本案名为合作开发合同纠纷，实为探矿权转让合同纠纷。关于《合作协议》的性质，一审期间B公司即对该合作开发协议的性质提出异议，并明确表示案涉《合作协议》的性质是探矿权转让合同。一审判决将案涉《合作协议》认定为联营合同是不妥的。

（二）案涉《合作协议》中约定的探矿权转让条件已经成就，A勘查院无正当理由拒不履行向政府矿业部门报批的义务。

（三）适用法律错误。法律对矿产资源的合作勘查与探矿权转让条件的规定存在重大区别，对合同性质的确认，直接关系到合同的条件的法律适用。因此一审判决对《合作协议》的性质认定错误，导致适用法律错误。首先，案涉《合作协议》的探矿权转让性质的效力问题，我国相关法律法规要求对于矿产资源的探矿权转让合作勘查合同进行审批而非备案。在设立合作合资法人的前提下，采用合作勘查方式转让探矿权的，批准是必备手续。在整个诉讼过程中，A勘查院既未向国家相关行政审批机关提交过探矿权转让申请书，更未见国家相关行政审批机关根据探矿权转让合同和申请书等材料所作出的批准转让文件。最高人民法院在《最高人民法院关于审理矿业权纠纷案件适用法律若干问题的解释》答记者问中，对此的解读为“报批义务既是转让人应承担的法定义务，也是合同义务的重要组成部分”。矿业权转让合同依法成立后即具有法律约束力，受让人得依合同约定请求转让人履行报批义务。报批义务是促成矿业权转让合同完全生效并得以继续履行的基础，转让人无正当理由拒不履行报批义务的，必将导致转让矿业权的合同目的不能实现，受让人依据合同法第九十四条第四项规定享有合同解除权。转让合同因转让人拒不履行报批义务而解除的，原则上应适用合同法第九十七条规定，受让人有权请求转让人返还已付转让款及利息、赔偿损失。依照《最高人民法院关于审理矿业权纠纷案件适用法律若干问题的解释》第八条规定：“矿业权转让合同依法成立后，转让人无正当理由拒不履行报批义务，受让人请求解除合同、返还已付转让款及利息，并由转让人承担违约责任的，人民法院应予支持。”恳请支持上诉人的上诉请求。

A 勘查院辩称，一审判决认定事实清楚，适用法律正确，程序合法，B 公司的上诉请求缺乏事实和法律依据，依法应予驳回。

（一）《合作协议》的性质是合作开发合同，并非探矿权转让合同。对一份合同性质的判断，不仅要看合同的名称，更要审查当事人在合同中约定的权利义务。本案涉及的《合作协议》，整个内容是围绕双方如何开发某地锌多金属矿产资源进行约定的，虽然双方有意向成立第三方合资公司，并在条件成熟时，将矿权转入合资公司，按照合作协议约定，矿权转让存在于 A 勘查院与合资公司之间，B 公司非矿权受让人，矿权的具体转让与 B 公司无关，《合作协议》只能对双方当事人即 A 勘查院与 B 公司产生约束力，A 勘查院与合资公司之间的矿权转让事宜不属于该协议的调整范围，合作协议只是对 A 勘查院与合资公司之间的矿权转让进行了意向性的约定，矿权转让的具体实施事宜还需A勘查院与合资公司进行具体约定。因此，无论从《合作协议》的名称还是约定的具体内容来看，该协议只是一般的商业合作合同，不符合矿权转让合同的属性，其性质不因协议涉及第三人的个别意向性条款而改变。B公司上诉主张合作协议名为合作开发，实为矿权转让无事实依据。

（二）《合作协议》无须经过行政审批。《最高人民法院关于审理矿业权纠纷案件适用法律若干问题的解释》第十三条规定：矿业权人与他人合作进行矿产资源勘查开采所签订的合同，当事人请求确认自依法成立之日起生效的，人民法院应予支持。根据上述法律规定，《合作协议》无须经过行政机关的审批，协议约定的生效条件成就，合作协议即生效，既然无须经过审批，当然就不存在履行报批义务的问题。报批只是按合作协议转让矿权的意向性约定，合资公司成立，A勘查院与合资公司签订探矿权或采矿权转让合同后，提请主管行政机关批准。B公司将合作协议的成立与生效，和按照合作协议合资公司成立后条件成熟时A勘查院与合资公司之间拟签订的矿权转让协议混为一谈，概念混淆，造成逻辑上的混乱。

（三）A勘查院不存在拒绝履行报批义务的情形，B公司无权要求解除合同。1. B公司在上诉状中陈述，A勘查院2016年已完成普查报告的评审工作，由此推断A勘查院未履行报批义务，该理由是不成立的。被上诉人一直在为矿权转移做准备，包括积极向合资公司注入出资额；接受合资公司委托，实施勘查工作；向其上级机关请示转移矿权并得到上级机关同意；在探矿权许可证有效期满前，连续多次办理矿权延续、保留手续，并承担矿权维护费用等。A勘查院所进行的工作其实加重了自身的负担，这也是合资公司从未要求转让矿权的原因所在，所以矿权转移给合资公司后，会减轻A勘查院的负担，A勘查院没有不转移矿权的理由。而且按照《合作协议》的约定，矿权转让的具体事宜是由合资公司负责的，A勘查院只是配合的义务，B公司将合资公司的义务转嫁给A勘查院，进而要求其履行报批义务是没有依据的。2. B公司在上诉状中陈述“探矿许可证转让到双方成立的新疆某矿业有限责任公司名下”，明确承认受让人是合资公司，但又在上诉状另行陈述，以B公司为受让人要求解除合同，并要求返还转让款及利息，人为地将B公司与合资公司混同。B公司并非矿权受让人，不能适用《最高人民法院关于审理矿业权纠纷案件适用法律若干问题的解释》第八条的规定行使解除权，在A勘查院无任何违约的情况下，要求解除《合作协议》无法定或约定的依据，是B公司为了转嫁自身商业风险、逃避债务的一种不诚信行为。

（四）B公司违约在先，拒付补偿费无据。合作协议中约定支付补偿费时间先于矿权转移是明确的，在合资公司成立之前就应当支付，合资公司成立之后，且符合法律规定的其他条件，经A勘查院与合资公司合意，才将矿业权转移至合资公司（矿业权转移须A勘查院与合资公司签订转让合同），参照《最高人民法院关于审理矿业权纠纷案件适用法律若干问题的解释》第九条规定：“矿业权转让合同约定受让人支付全部或者部分转让款后办理报批手续，转让人在办理报批手续前请求受让人先履行付款义务的，人民法院应予支持……”在办理矿权转移手续之前，B公司应当先支付拖欠的补偿款，矿权未转移（当然要符合法律规定的条件）不能成为B公司违反约定，拖欠补偿款的理由。请求驳回上诉，维持原判。

A勘查院诉至一审法院请求：1. B公司继续履行合同，向其支付拖欠的补偿费4100万元；2. B公司按中国人民银行同期贷款利率向其支付从2014年10月31日起至判决支付之日利息779万元（上述两项合计4879万元）；3. B公司承担本案诉讼费。

B公司提起反诉，请求判令：1. 确认解除《合作协议》；2. A勘查院返还补偿款7900万元及利息。

一审法院经审理查明，2012年11月22日，A勘查院（甲方）与B公司（乙方）签订《合作协议》，约定甲方为《新疆某县某地一带锌多金属矿详查》项目探矿权人，合法拥有该项目确定区域的探矿权，乙方愿意投资并与甲方进行合作勘查开发工作；在乙方给予甲方前期地质勘查投入及矿权维护补偿费1.2亿元后，由双方共同组建资源开发公司，勘查开发新疆某县某地锌多金属矿的资源；合作方式为甲方同意将其拥有合作矿区资源与乙方合作开发，乙方须向甲方支付1.2亿元，自本协议签订后3日内，乙方向甲方支付补偿费含税3000万元作为首付款，自本协议签订后30日内，乙方向甲方支付补偿费含税3000万元，此后双方成立合资公司并在工商注册15个工作日前，乙方向甲方支付含税1000万元，其中含税900万元由甲方打入合资公司账户，作为甲方投入的注册资金，余款含税5000万元于2013年10月31日前支付完毕，乙方向甲方全部支付完1.2亿元补偿费后享有合作矿权55%的权益；协议生效后，由乙方牵头双方共同成立机构，筹组合资公司，公司注册资本1200万元，甲、乙双方按45∶55的比例以货币方式出资，即甲方出资900万元享有合资公司45%的股权，乙方出资1100万元享有合资公司55%的股权；合资公司设立董事会，董事长、总经理由乙方委派出任，副总经理、财务总监由甲方委派出任，勘查工作实施由甲方承担，勘查费用预、决算按行业标准并参考市场价格计算，由合资公司董事会批准并由合资公司支付勘查费；甲、乙双方抓紧合作矿区的勘查、开发方案的确定、矿山及选厂的可行性研究及投资建设，待具备条件后，由合资公司负责，甲、乙双方配合，将矿权转入合资公司；在合资公司成立前，探矿权的维护、延续等由甲方负责，乙方垫付费用，在合资公司成立后条件成熟时，将合作矿区的探矿许可证、采矿许可证办到合资公司名下，上述工作由合资公司负责并承担费用；本协议经甲乙双方签字盖章，在乙方依本协议约定向甲方支付首付款3000万元到达甲方指定账户后生效。2012年11月28日，中国冶金地质总局某局出具冶金地质××规（2012）90号《关于对〈新疆某县某地一带锌多金属矿详查探矿权转让请示〉的批复》，同意A勘查院与B公司进行合作勘查开发。2013年2月27日，B公司（甲方）与A勘查院（乙方）签订《地质勘查合同》，约定甲方委托乙方承担项目地质勘查工作，工作费用总额预计705万元，第一阶段费用预计为290万元，最终以实际完成工作量结算；合同签订后10日内甲方支付乙方第一阶段费用30%计87万元作为项目启动资金，以上付款按工作进度分期支付。2013年12月27日，甲、乙双方签署《〈某地锌多金属矿合作开发协议〉补充协议书》（以下简称《补充协议书》），载明按照《合作协议》第二条第二款之约定“余款含税5000万元于2013年10月31日前支付完毕”，但乙方至今尚未向甲方支付该款项，并提出延期支付申请，经甲乙双方协商同意特对《合作协议》第二条第二款中余款5000万元的支付方式及支付时间变更如下：1. 乙方在2013年12月向甲方一次性支付含税500万元；2. 乙方在2014年1月向甲方一次性支付含税200万元整；3. 乙方在2014年2月向甲方一次性支付含税200万元整；4. 乙方在2014年3月向甲方一次性支付含税300万元整；5. 乙方在2014年4月向甲方一次性支付含税300万元整；6. 乙方在2014年5

月向甲方一次性支付含税300万元整；7. 乙方在2014年6月向甲方一次性支付含税500万元整；8. 乙方在2014年7月向甲方一次性支付含税500万元整；9. 乙方在2014年8月向甲方一次性支付含税500万元整；10. 乙方在2014年9月向甲方一次性支付含税800万元整；11. 乙方在2014年10月向甲方一次性支付含税900万元整。《合作协议》中的其他约定不变，双方均应遵照执行，《补充协议书》与《合作协议》具有同等法律效力。

2016年10月26日，B公司向A勘查院出具编号为××企（2016）48号《关于延期支付矿权补偿费等相关费用的函》，载明其公司与A勘查院项目进展顺利，详查达到了预期，具备开发利用价值，继续项目的合作运行；但其公司经营形势非常严峻，恳请将其公司应付矿权补偿费等相关费用，待合作矿区项目合作运行取得效果，或矿权转让成功时一次性支付。2016年12月2日，新疆维吾尔自治区××中心出具编号为新国土资储评（2016）××号《新疆某县某地一带锌多金属矿普查报告审查意见书》，评审结论为《新疆某县某地一带锌多金属矿普查报告》资料基本齐全，普查区范围内勘查程度达到了规范中的普查阶段要求，评审中心同意该报告通过评审。2017年，B公司向A勘查院出具编号为××企（2017）18号《关于对冶金地质××院函〔2017〕5号的回复函》，载明于2017年3月13日收到A勘查院《催款通知书》，与A勘查院合作开发项目荣幸之至，自2014年3月向A勘查院支付完成共计7900万元补偿款，鉴于其公司经营现状，相当长时间内无力支付余款，建议如下方式处置：1.《合作协议》约定其支付完1.2亿元补偿费后可享有合作矿权55%的权益，目前其已付7900万元，建议保留其占36.21%的股权收益，其打算转让其55%股权中的15%股权给A勘查院，可抵消3272万元补偿费和合资公司股东投入资金300万元，合计3573万元，还欠5217万元请予以减免处置；2. 引进第三方合作股东，如A勘查院出让部分股权也可协商部分转让的意见，建议双方加大股权出售力度，明确其公司该笔转让股权剩余部分出售，由第三方接盘动作处置；3. 建议针对矿权可100%全部转让由第三方接盘动作处置。2018年5月31日，A勘查院向B公司发送《关于继续按约支付余款函》，载明根据《合作协议》和《补充协议书》，B公司应自2013年12月到2014年10月分月支付补偿费余款5000万元，B公司按补充协议于2014年3月前支付900万元后，历年经不断要求仍未支付剩余款项，2018年4月，国务院审计组经济审计时将B公司违约不究问题列在首位，现要求B公司在收到七日内支付欠款，逾期将采取进一步措施维护权益。2018年6月6日，B公司向A勘查院出具《回复函》，载明前期根据其公司经营状况，建议由A勘查院增持55%的股份，其公司持45%的股份；目前其公司经营状况没有大的改观，支付后续款项困难，其公司所持股份可降至34%，希望A勘查院理解并考虑其意见。2018年6月21日，A勘查院对上述《回复函》向B公司发出《复函》，表明其不接受B公司债转股的提议，且B公司所欠的4100万元是上级主管单位及国资委已经确认过的重点债权，债权转股权不符合上级国有资产管理要求，请B公司理解其难处，尽快履行4100万元欠款的付款义务，在此基础上进行下一步的友好合作。

2018年7月18日，新疆维吾尔自治区国土资源厅出具新国土资探回执单编号18650×××号《探矿权提报件接收回执单》，载明A勘查院于2018年7月18日报来新疆某县某地一带锌多金属矿勘探申请资料予以接收。2018年9月26日，A勘查院向中国冶金地质总局某局出具冶金地质××院办（2018）59号《探矿权转入合资公司的请示》，申请将项目探矿权转入合资公司。2018年9月30日，中国冶金地质总局某局出具冶金地质××地（2018）135号《关于〈探矿权转入合资公司请示〉的批复》，同意A勘查院将探矿权转入合资公司。

庭审中，A勘查院对收到B公司7900万元不持异议，双方分别向合资公司出资的900万元和1100万元均已到位；双方涉案纠纷进入诉讼阶段，B公司向A勘查院发出解除通知。

一审法院认为，A勘查院与B公司签订的《合作协议》及《补充协议书》，系双方真实意思表示，其内容不违反法律及行政法规的强制性规定，上述协议合法有效，对双方均有拘束力。本案争议的焦点为《合作开发协议》及《补充协议书》应否继续履行或是解除，A勘查院诉请支付余款以及B公司反诉请求返还补偿款分别有无依据。A勘查院诉请B公司继续履行协议、向其支付拖欠的补偿费4100万元，有《合作协议》《补充协议书》以及双方往来函件证明，且B公司对其欠付金额不持异议，依法应予支持。B公司以A勘查院未将探矿权转让到合资公司名下为由拒付欠款，并反诉解除合同和请求返还补偿款，因明显与其在《合作协议》《补充协议书》以及双方往来函件中的意思表示不符，且合资公司尚未与A勘查院签订转让合同并支付相应费用，而中国冶金地质总局某局已于2018年9月30日出具批复，同意A勘查院将探矿权转入合资公司，现B公司主张解除协议并无法定或约定之依据，其解除协议意思表示亦系涉案纠纷进入诉讼之时作出，依法不予采纳。A勘查院诉请的利息，系以欠付款项4100万元为基数，自双方《补充协议书》中约定的最后一笔款项支付期限届满之日即2014年10月31起按银行同期贷款利率标准计算，其诉请有双方约定为据，亦不违反法律规定，依法应予支持，但应以其诉请利息金额779万元为上限；B公司反诉请求无事实和法律依据，依法不予采纳。依据《中华人民共和国合同法》第八条、第六十条、第九十三条、第九十四条、第一百零七条、第一百零八条、第一百零九条规定，一审法院判决：一、B公司于本判决生效后十日内，向A勘查院给付款项4100万元；二、B公司于本判决生效后十日内，向A勘查院给付上述款项逾期支付利息（以4100万元为基数，自2014年10月31起按银行同期贷款利率标准计算至起诉之日，该利息金额以779万元为上限）；三、驳回A勘查院的其余诉讼请求；四、驳回B公司的反诉请求。如果未按本判决指定的期间履行给付金钱义务，应当按照《中华人民共和国民事诉讼法》第二百五十三条之规定，加倍支付迟延履行期间的债务利息。本案本诉案件受理费285750元（A勘查院已预交），由B公司承担；反诉案件受理费320900元（B公司已预交），由B公司承担。

本院二审期间，当事人围绕着焦点问题提交了新的证据。本院组织当事人进行了证据交换和质证。被上诉人A勘查院提交了合资公司工商登记信息，合资公司股东会决议作为新证据。证明其出资到位，合资公司成立，且合资公司正常营业、年检，说明双方协议仍在履行。

上诉人B公司质证称，对A勘查院新证据的真实性无异议，对其证明目的不认可。不能证明公司在正常运行中。

对被上诉人A勘查院二审提交的证据，B公司质证对真实性并无异议，本院予以采纳。

本院经审理查明，一审法院查明的事实属实，本院予以确认。

本院认为，上诉人B公司与被上诉人A勘查院于2012年11月22日和2013年12月27日签订的《合作协议》及《补充协议书》，系双方真实意思表示，其内容不违反法律及行政法规的强制性规定，上述协议合法有效，对双方均有拘束力。本案争议的焦点为：1. 一审判决认定双方签订合同性质和适用法律是否正确；2. 双方签订的《合作协议》及《补充协议书》是否应当解除。

1. 关于双方签订合同性质和适用法律是否正确问题，上诉人B公司与被上诉人A勘查院于2012年11月22日签订的《合作协议》约定：A勘查院合法拥有该项目确定区域的探矿权，B公司愿意投资并与A勘查院进行合作勘查开发工作；在B公司给予A勘查院前期地质勘查投入及矿权维护补偿费1.2亿元后，由双方共同组建资源开发公司，勘查开发新疆某县某地锌多金属矿的资源；合作方式为A勘查院同意将其拥有合作矿区资源与B公司合作开发，B公司须向A勘查院支付1.2亿元。协议生效后，由A勘查院牵头双方共同成立机构，筹组合资公司，公司注册资本1200万元，A勘查院、B公司双方按45∶55的比例以货币方式出资。待具备条件后，由合资公司负责，A勘查院、B公司方配合，将矿权转入合资公司。从双方上述约定内容看，A勘查院、B公司合作目的是成立项目公司共同勘探、开采矿产资源，并将采矿权证办至项目公司名下，案涉《合作协议》并没有矿业权转让的实际内容，现有的涉案探矿权仍然由A勘查院所有，并没有转让给B公司或者项目公司。因此，本案的《合作协议》系双方共同勘探、开采矿产资源的合作合同，不属探矿权、采矿权转让合同。一审判决认定事实清楚，适用法律正确。

2. 关于双方签订的《合作协议》及《补充协议书》是否应当解除问题，双方签订的《合作协议》约定：自本协议签订后3日内，

B公司向A勘查院支付补偿费含税3000万元作为首付款，自本协议签订后30日内，B公司向A勘查院支付补偿费含税3000万元，此后双方成立合资公司，并在工商注册15个工作日前，B公司向A勘查院支付含税1000万元，其中含税900万元由B公司打入合资公司账户，作为A勘查院投入的注册资金，余款含税5000万元于2013年10月31日前支付完毕，B公司向A勘查院全部支付完1.2亿元补偿费后享有合作矿权55%的权益。经查，B公司在向A勘查院支付7000万元后，合资公司成立，B公司已实际享有了合资公司55%的股权，但B公司再未支付后续款项，双方虽于2013年12月27日又签订了《补充协议书》，对B公司支付后续款项的时间进行了变更，但时至本案诉讼，B公司仍未履行付款义务，根据双方来往信函内容可知，B公司未履行付款义务系其公司本身经营困难所致，因此，在《合作协议》履行中，B公司显然构成违约。由于B公司本身在履行合同中构成违约，依照法律规定，作为违约方，其解除合同的请求显然不应得到人民法院支持。

综上所述，B公司的上诉理由不能成立，应予驳回。一审判决认定事实清楚，适用法律正确，应予维持。依照《中华人民共和国民事诉讼法》第一百七十条第一款第（一）项的规定，判决如下：

驳回上诉，维持原判。

二审案件受理费641800元（B公司预交），由B公司负担。

【案例评析】

本案代理的关键是《合作协议》的性质是否是矿权转让合同，该协议是否需要经过行政机关审批，反诉是否有依据。

代理律师认为：第一，从双方约定的内容分析，案涉合作开发协议属于一般的合作合同，不属于探矿权、采矿权转让合同，协议自成立之日起生效，无须经过行政机关审批，当然原告就不存在拒不履行报批义务的情形。

第二，B 公司多次发函承认拖欠补偿费，对补偿费金额无异议。补偿费的支付时间先于矿权转移的时间，且在双方合作期间，无论是 B 公司还是合资公司均未要求转移矿权，所以，在矿权转移之前，B 公司应当支付剩余补偿费。

第三，在 A 勘查院起诉之前，B 公司从未要求解除合作协议，在进入诉讼之后要求解除协议，其要求既不符合法律规定，亦不符合协议约定，故解除协议的请求无任何依据，依法不应予以支持。况且，A 勘查院为履行协议一直积极做准备，B 公司的反诉请求没有任何依据，依法不应支持。

【结语和建议】

本案虽事实清晰，但时间跨度长，而且证据材料较多、法律关系复杂、涉案金额大。加之矿产资源属国家所有，其投资风险相对较大且专业性强，国家法律法规在矿业权的取得、使用、转让方面均有特殊规定。尤其是矿业权转让，法律规定转让方与受让方需签订转让合同，而且只有经过行政机关审批同意转让的，转让合同才能生效。这与一般的商业合同的生效不同，一般的商业合同在成立时即生效，无须经过特殊审批程序。

上述因素都会增加案件的办理难度，对承办律师的专业要求亦特别高，所以承办律师在办理案件过程中，对代理方案、代理思路的确定，包括对对方当事人可能提出的对己方当事人不利的证据或观点的应对策略都尽可能做到细致、全面，否则可能给己方当事人带来巨大损失。本案承办律师从合同性质、约定内容、生效时间、双方履行情况及相关指导性案例等各个方面说服主审法官，《合作协议》只是一般的商业合同，并不具备探矿权转让合同的性质，亦无须经过行政机关审批，最终法院支持了己方当事人要求对方支付全部转让款及利息的诉讼请求，驳回了对方当事人要求解除合同并退还已付款的全部诉讼请求。

吉林某风力发电有限公司诉武汉某能源有限公司买卖合同纠纷案①

北京市炜衡（沈阳）律师事务所　张曼莉律师　张满军律师

【关键词】

民事　公司　买卖合同

【案情简介】

2011 年 5 月 28 日，原告吉林某风力发电有限公司（以下简称原告、委托人）与被告武汉某能源有限公司（以下简称被告）签订了《吉林某风电项目一期风电场风力发电机组采购合同》，约定原告向被告购买 48 台风力发电机组，合同价款 22080 万元，由预付款、备料款、到货款、预验收款、质保金五部分组成。同时约定：风电机组必须具备低穿功能和其他并网技术条件，达到合同约定功率曲线标准 95%，实现年等效发电在 1920 小时以上等。

从 2011 年 9 月开始，风机陆续到货，并开始进行安装调试，因为调试一直无法完成，同时部分风机不具备低穿功能、不能并网，所以整个风场风机设备一直不能正常运行。2016 年 5 月 20 日，调试中的一台风机突然着火烧毁。此后，被告方拒绝进行所有的工作。

---

① 案件来源：吉林省高级人民法院民事判决书（2017）吉民初 6 号，最高人民法院民事裁定书（2018）最高法民终 632 号。

至此，48台风机全部停转。

截至原告起诉时，本案诉争合同尚未履行完毕。原告总计支付了9027万元。被告未按照合同约定全面履行供货、交付技术资料、提供技术服务等义务。被告供货的风机目前存在诸多问题：1. 未进行全功率实验；2. 未具备低穿功能；3. 无法实现年等效发电大于1920小时；4. 无法达到合同约定的功率曲线标准；5. 不具备有功无功自动调节功能等。被告上述违约行为已经符合合同第10.17条和第10.18条约定的解除条件。

另外，被告一无场地、二无人员、三无资金且负债严重，连法定代表人都是假的，根本无法继续履行合同。被告已无履约能力，合同目的根本无法实现，符合法定解除条件。

基于此，原告方于2016年8月19日向被告方发出解除合同通知函，被告于当天签收，至今未提出任何诉讼。双方合同已经于2016年8月19日解除。

鉴于被告的违约行为给原告造成巨大经济损失，原告依据双方合同的约定及相关法律规定，请求法院依法确认诉争合同已经解除，同时要求被告承担违约责任、支付违约金，并赔偿经济损失。

【代理意见】

一、合同的订立、履行情况

（一）合同订立

2011年5月28日，原、被告签订了《吉林某风电项目一期风电场风力发电机组采购合同》，即本案争议的合同（以下称风机采购合同）。该合同明确约定被告出售的风电机组须具备低电压穿越功能设计和电网公司的其他并网技术条件，被告保证风机年等效发电小时数不低于1920小时，被告保证风机功率曲线达标等内容，合同总价为22080万元。

（二）主合同的履行情况

风机采购合同中约定，合同价款的支付分为5个部分（合同第4章）：预付款（合同总价的10%）、备料款（合同总价的20%）、到货款（按到货批次支付至合同总价的40%）、预验收款（通过预验收设备价格的20%）、质保款（合同总价的10%）。

预付款：原、被告在合同中同意，将此前被告已经收到的3250万元作为风机采购合同的预付款与一部分备料款。

备料款：根据合同第4.3.2条的规定，备料款须在合同签订并生效后30日内先由被告提供三项单据并经原告验明无误后方可支付。但是，被告当时仅提供了金额为1000万元的财务凭证，没有按照约定提供原材料和外购件的采购合同或相关证明文件以及排产计划。原告根据被告的履约情况于2011年12月支付给被告1000万元，其余部分原告依法行使先履行抗辩权，拒绝了被告的付款要求。至此，原告累计支付了4250万元。

到货款：根据合同第4.3.3条的规定，到货款的支付条件为被告按交货批次将设备运送至交货地点，同时提交5项单据，经原告验明无误后两周内按到货批次支付。由于被告未按照合同约定交付具备低电压穿越功能的风机设备，同时被告未按照到货款支付约定向原告交付“质量检验合格证明”“按实际交货金额110%投保的货物运输一切险的保险合同”以及“该批次货物的付款凭证”，原告根据被告的履约情况，依法行使先履行抗辩权，拒绝了被告的付款要求。

被告承诺在风机设备到达交货地点后，通过技术手段对现有风机设备进行改造，进而使风机设备具备低电压穿越功能。被告仅自行完成2台风机设备的低电压穿越功能改造，风机设备尚无法进行调试并通过预验收，因此风机采购合同尚不具备支付预验收款的条件和基础。

本案的风机采购合同自2011年12月至2012年10月《付款协议一》签署前，被告存在拒绝按照合同约定交付相关单据，拖延直至停止进行低电压穿越功能改造的违约情况，致使本案风电场超出预定的一年建设期仍没有进入调试及预验收阶段，导致风机采购合同的履行首次陷入僵局。

（三）合同补充协议的履行情况

截至2012年10月原、被告签署《付款协议一》前，被告一直以"缺乏资金"为由拒绝履行风机采购合同第2章、第4章约定的交付义务，提出原告要在被告未按约履行义务的前提下先行支付备料款和到货款，被告方继续进行低电压穿越改造的工作，否则将停止履行合同。

鉴于风电场前期的巨额投资，为保证某风电场一期项目的顺利进行并尽快实现投产，自2012年10月开始至2015年5月，原、被告之间陆续签订了《付款协议一》至《付款协议五》及《付款协议五之补充细则》6份补充协议，双方针对风机采购合同中被告义务履行的内容及时间节点进行了更为细致的约定。2014年8月及9月，由于被告称其无力按照合同约定进行低电压穿越改造和验证，原、被告及南京某自动化设备制造有限公司签署了低电压穿越验证服务三方协议及低电压穿越功能改造服务三方协议，原告将部分低电压穿越改造工作和验证工作进行对外委托。原告均按照以上补充协议和外委合同的约定履行了付款义务。

截至2016年2月1日，原告累计支付合同款项共计9027万元，占风机采购合同总价的40.88%，相当于原告支付了预付款、备料款以及到货款的一部分2403万元。

尽管原告按照各项补充协议及外委合同履行了付款义务，但是被告均没有按照补充协议的内容履行义务。虽然补充协议中要求被告要将得到的款项“专款专用”，被告却每次均是在履行部分补充协议内容后便以“缺乏资金”为由停止履行，导致风机采购合同的履行屡屡陷入停滞状态。风机的控制系统及控制程序的配套厂家也是以被告欠付货款为由拒绝为原告的风电场提供技术支持和程序升级。

其中，2016年2月1日，原告按照《付款协议五之补充细则》的约定向被告支付562.2万元，当时被告已经收到湖北省孝感市中级人民法院的执行通知，法院要求被告在收到该笔款项后立即履行其与风机配套厂商某集团的判决义务。但是被告却在收到原告支付的汇票后立即背书转让，私自转移该笔款项，并随后停止履行《付款协议五之补充细则》约定的未完成的义务，被告亦全面停止履行风机采购合同。

二、原告依法行使合同解除权，已经发生法律效力

本案中，原告行使合同解除权主要是由于被告履行合同的情况符合风机采购合同约定的解除条件及合同法规定的法定解除条件。

（一）被告履行合同的情况符合约定的解除条件

原告行使合同约定的解除权主要是依据风机采购合同第10章第10.17条及第10.18条的规定。

首先，风机采购合同目前的履行情况及被告的违约情况已经符合第10.17条约定的解除条件。

风机采购合同第10.17条规定，“卖方保证该合同项下风力发电

机组具备低电压穿越功能设计和电网公司明确要求的其他并网技术条件。在风机安装调试完成后，按正常流程办理入网手续，并网前，由卖方负责取得权威部门认证，保证风机满足电网公司并网要求，否则，对于延期接入造成的经济损失，卖方应负责赔偿。买方有权选择下列一项或多项补救措施”，其中第 1 项即为“若卖方不能在买方限定期限内达到要求，买方有权解除合同，自主请其他合格供货商进行风机改造或者重新采购风机，由此产生的一切费用和风险均由卖方承担”。

原、被告签订的《付款协议四》《付款协议五》及《付款协议五补充细则》中均对 10.17 条中约定的被告的义务设定了详细的限定履行期限，但是被告至今未完成上述三个补充协议中约定的低电压穿越功能改造、风机并网调试、取得权威认证、满足并网要求、符合国家或电网公司的要求等义务。

截至 2016 年 2 月，被告全面停止履行合同义务，被告仅自行完成 2 台风机的低电压穿越功能改造。尽管原告通过外委又完成部分风机的低电压穿越功能改造工作，但是由于被告欠付控制系统及风机叶片配套厂家货款，目前风电场大部分风机无法正常启动，风机叶片普遍存在缺陷，被告根本无法在原告限定的期限内完成低电压穿越功能改造等一系列工作直至风机并网调试满足国家或电网公司的技术要求。

因此，根据风机采购合同目前的履行情况及被告的违约事实，风机采购合同第 10.17 条第 1 项约定的解除条件已经成就。原告可以根据该条规定行使合同约定的解除权。

其次，风机采购合同目前的履行情况及被告的违约情况已经符合第 10.18 条的解除条件。

风机采购合同第 10. 18 条规定："卖方保证以可研为基础，结合当年实际情况，风机年等效（满发）发电小时数不低于 1920 小时，否则买方有权要求卖方给付按贴现率 8% 计算的 20 年内买方的发电量损失的赔偿，但赔偿金不超过买方实际损失。买方有权解除合同。"

根据原告委托的第三方公司对涉案风机进行的检测，涉案风机普遍无法达到合同附件规定的发电效能的 90%，被告根本无法保证涉案风机能够满足可行性研究报告设定的发电效能。通过原告近 3 年对风机的运行监测，在仅有的几台能够运行的风机中，普遍存在技术缺陷，经常出现故障，甚至出现一台风机发生火灾致风机全损的事故。尤其重要的是，由于被告停止了低电压穿越功能改造工作，且拖欠配套厂家的货款，导致涉案风机大部分的控制系统被锁定，涉案风机大部分无法正常运转，因此被告目前根本无法保证涉案风机等效满发的发电小时数。

因此，根据风机采购合同目前的履行情况及被告的违约事实，风机采购合同第 10. 18 条约定的解除条件已经满足。原告可以根据该条规定行使合同约定的解除权。

综上，原告系依照被告履行合同的事实情况及风机采购合同第 10. 17 条和第 10. 18 条约定的解除条件行使合同解除权。原告行使合同解除权有充分的事实基础和合同基础。

（二）被告履行合同的情况符合法定解除条件

合同法第 94 条规定："有下列情形之一的，当事人可以解除合同：……（二）在履行期限届满之前，当事人一方明确表示或者以自己的行为表明不履行主要债务；（三）当事人一方迟延履行主要债务，经催告后在合理期限内仍未履行；（四）当事人一方迟延履行债务或者有其他违约行为致使不能实现合同目的……"

1. 原告行使法定解除权符合合同法第94条第2项的规定。

根据风电行业建设周期和行业规律，风电场从项目立项到正式投产运营一般需要1—2年的时间。本案中，由于被告未按照风机采购合同第2章完全履行交货义务，拖延甚至停止进行低电压穿越功能改造工作，致使原告某风电一期项目完全陷入停滞状态，项目自2009年核准立项至今仍然无法进行静态检测和预验收。自原告于2016年2月支付最后一笔款项后，被告又以各种理由拒绝履行风机采购合同及各项补充协议约定的债务。

根据原告对被告进行的实地调查，被告已经停止了风机设备的生产和安装，被告已经于2016年陆续将其安装调试员工全部撤离涉案风电项目地，目前已经没有员工为该项目工作。根据最高人民法院执行信息公开网披露的失信被执行人信息，被告目前有30条失信被执行人记录，其中有部分系劳动纠纷案件，可以看出被告除拖欠其供应商货款外，已经没有能力支付工人的劳动报酬。通过被告的种种经营行为，可以看出被告已经没有能力履行合同且没有任何继续履行合同的准备。

根据被告以上的表现和行为，原告行使法定解除权符合合同法第94条第2项的规定。

2. 原告行使法定解除权符合合同法第94条第3项的规定。

根据证据显示，被告已经严重拖延履行合同义务。其中，《付款协议三》要求被告在2013年3月31日前完成《付款协议一》未完成的工作，《付款协议五之补充细则》也要求被告在协议签订后6个月内完成《付款协议一》至《付款协议五》未完成的工作。但是至今，被告不仅没有按照风机采购合同履行义务，也没有按照6份补充协议规定履行义务。原告通过双方会议、催告函件、电子邮件等方式，催促被告切实按照风机采购合同及各项补充协议履行合同义务，被告不仅没有按期履行义务，甚至拒绝履行合同义务，直至今日原告的风电项目完全停滞。

据此，原告行使法定解除权符合合同法第94条第3项的规定。

3. 原告行使法定解除权符合合同法第94条第4项的规定。

由于被告迟延履行低电压穿越功能改造的义务，以及被告未按照各项补充协议履行义务，导致原告自2009年项目核准立项至今长达8年多的时间里一直无法实现某风电一期项目的投产运营，无法创造收入。项目核准文件的内容显示，原告的某风电一期项目可能随时被吉林省发改委收回，原告的风电项目因为被告的违约已经面临着夭折的危险。

根据原告对部分风机的检测，以及和内蒙古某风电场同型号风机比对，即使未来原告自行对风机完成改造，其风电项目亦存在如下困难：（1）风机存在技术缺陷，故障频发，无法保证完成发电任务；（2）风机发电效能低下，平均效能仅能达到合同规定的70%，在设备使用期限内，原告无法收回整个项目的投资；（3）被告无法提供可供风机设备替换的备品备件，市面上已经没有厂家生产涉案型号的风机，风机一旦出现故障或者发生事故，只能停止运转。

据此，原告行使法定解除权符合合同法第94条第4项的规定。

（三）原告行使合同解除权的过程及法律依据

原告于2016年8月19日向被告送达了《解除合同通知函》，被告未在收到通知函后的三个月内向人民法院提出异议，根据合同法第93条、第94条、第96条及《最高人民法院关于适用〈中华人民共和国合同法〉若干问题的解释（二）》第24条的规定，原、被告之间的买卖合同已经具备了合同约定解除条件以及法定解除条件，原告依法行使合同解除权，因此原、被告之间的买卖合同已经于2016年8月19日依法解除。

三、被告应当依法支付违约金并赔偿损失

（一）被告应当依照合同约定支付违约金

根据《最高人民法院关于审理买卖合同纠纷案件适用法律问题的解释》第26条的规定，买卖合同因违约而解除后，守约方主张继续适用违约金条款的，人民法院应予支持。自合同生效后，被告一直无法按照合同约定内容履行合同，出现延迟交货、交付技术资料不全、交付货物存在技术缺陷和质量问题、技术服务迟延以及履行补充协议不完全等问题。因此，原告依据合同违约条款和补充协议违约条款，要求被告承担合同违约责任。

（二）被告应当赔偿原告的各项损失

根据合同法第113条的规定，当事人一方不履行合同义务或者履行合同义务不符合约定，给对方造成损失的，损失赔偿额应当相当于因违约所造成的损失，包括合同履行后可以获得的利益。根据《最高人民法院关于审理买卖合同纠纷案件适用法律问题的解释》第29条的规定，“买卖合同当事人一方违约造成对方损失，对方主张赔偿可得利益损失的，人民法院应当根据当事人的主张，依据合同法第一百一十三条、第一百一十九条、本解释第三十条、第三十一条等规定进行认定”。

自项目立项开始，原告为涉案的某风电一期项目投入了高达3.73亿元的巨额资金，被告违约造成原告大量资金被白白占用，产生了大量的可得利益损失及利息支出。

根据项目核准批复和可行性研究报告，原告为被告提供的风机进行了大量的配套工程，采购了大量的配套设备，亦花费巨额资金。

由于风场的配套工程及配套设备均是按照被告提供的工程资料数据进行建设，未来原告在合同解除后更换其他型号风机，原有的配套工程及配套设备将无法使用，这是因被告违约致合同解除的直接损失。同时亦是由于被告的违约，原告至今无法实现投产运营，发电收入至今是0元。

根据风机采购合同第10.7条、第10.16条、第10.17条、第10.18条、第10.19条等条款内容，被告应当对原告上述的各项损失承担赔偿责任。尽管本案的采购合同及补充协议设置了违约金条款，但是即使被告按照合同约定全额支付违约金也无法弥补原告的损失。因此，被告应当对因其违约导致合同解除从而造成的原告的损失进行赔偿。

综上，原告已经依约履行合同，但被告却一再违约，导致合同无法继续履行，更无法实现合同的目的，给原告造成巨大经济损失。故请求法院确认原、被告双方合同已经解除，判令被告赔偿因其违约给原告造成的经济损失。

【判决结果】

吉林省高级人民法院经审理，判决如下：

1. 确认原告与被告签订的《吉林某风电项目一期风电场风力发电机组采购合同》以及后续签订的补充协议于2016年8月19日解除；

2. 被告于本判决生效之日起10日内向原告返还货款9027万元；

3. 被告于本判决生效之日起6个月内自行从原告取回《吉林某风电项目一期风电场风力发电机组采购合同》涉及的48台风力发电机组；

4. 被告于本判决生效之日起10日内向原告支付违约金2208万元；

5. 驳回原告的其他诉讼请求。

一审判决后，被告因不服一审判决提出上诉，由于未按期缴纳上诉费用，最高人民法院裁定按自动撤回上诉处理，一审判决发生法律效力。

【案例评析】

本案中，原告与被告之间的纠纷起始于2011年，又因双方陆续签订多份补充协议，导致两家公司之间的合作关系更为复杂。代理律师接手处理本案时，二者之间的纠纷已经历时5年之久，双方之间支付的货物及款项高达数亿元。因此，代理律师立足于委托人的法律需求，力图梳理合同履行脉络和理解风电行业特殊技术问题，为委托人提供了企业合同纠纷处理的全过程服务，帮助委托人顺利解决了合同纠纷，并最终恢复生产，保证国有资产保值增值。

一、认真做好前期准备工作，谨慎收集证据材料

本案的案情时间跨度达5年。鉴于本案是炜衡律师事务所沈阳分所成立后接手的第一起标的额过亿元的民事诉讼案件，本所应委托人的请求成立了纠纷解决小组，针对案情历史脉络、纠纷解决途径、请求权基础、具体诉求设计等方面进行了论证，并和委托人的工作人员一同探讨和完善了各项案件解决预案。承办律师亲自到委托人的风力发电厂进行调研，整理和收集证据。这些前期准备工作为本案胜诉奠定了基础。

二、承办律师密切与技术人员合作，针对技术问题进行攻坚

本案合同标的物是风力发电机组，属于大型、精密、高端技术设备。案件纠纷双方之间的争议焦点涉及电力行业以及机械制造行

业的专业技术知识和法律规范。

在承办案件期间，承办律师与委托人的技术人员多次通过联席工作会议、专项交流会、远程视频会等形式进行沟通交流。承办律师通过查阅资料和学习行业技术知识，掌握了本案争议焦点的行业技术要点，在案件审理前制作了技术讲解视频，作为本案的辅助参考资料，提交给了合议庭，对承办法官形象、快速地进入本案案情、理解本案涉及的技术要点起到了很大的作用。

三、开展模拟法庭，多次推演审理过程，反复推敲各项细节问题

本案中，委托人方面提交的证据材料就包含 18 组共计 74 份证据，被告在审理期间也提交共计 24 份证据。

委托人的大部分诉求之所以能够得到人民法院的支持，主要得力于承办律师多次推演案件审理过程，反复修改证据目录、代理意见，不断完善我方的诉讼思路和庭审预案。

综上，承办律师通过严谨细致的工作态度，帮助委托人顺利解决本案纠纷，为委托人及时止损，避免了国有资产流失。同时，本案承办律师及专项小组成员通过本案的办理积累了解决大型诉讼案件的经验，为以后办理同类型案件积累了宝贵财富。

【结语和建议】

通过本所与委托人对被告资产状况的调查，被告已经没有任何履行能力。因此，在一审判决作出后，本所及时建议委托人依照《最高人民法院关于适用〈中华人民共和国民事诉讼法〉的解释》向一审人民法院提出诉讼保全申请，并且成功在一审法院向二审法院报送案件前查封涉案 48 台风力发电机组，确保委托人能够获得有效赔偿。

A资产管理股份有限公司某分公司与抚顺市B建材有限公司、C企业集团有限公司、叶某寨、赵某丹、赵某贵、包某茶、丰某斌、范某仙金融借款合同纠纷案[①]

北京市炜衡（沈阳）律师事务所　张曼莉律师　王传波律师

【关键词】

民事　银行　金融借款合同　诉讼　承兑汇票

【案情简介】

本案原告为A资产管理股份有限公司某分公司（以下简称A资产管理公司），被告为抚顺市B建材有限公司（以下简称B建材公司）、C企业集团有限公司（以下简称C集团公司）、叶某寨、赵某丹、赵某贵、包某茶、丰某斌、范某仙。

2012年6月27日，D银行与B建材公司签订《汇票承兑合同》，承兑汇票金额1.6亿元，50%保证金，付款期限6个月，保证人为C集团公司和叶某寨等6名自然人。合同履行期间，因B建材公司、C集团公司与案外人有纠纷，河北省廊坊市中级人民法院将保证金账户冻结8000万元并予以扣划。D银行于2015年1月向辽宁

① 案件来源：最高人民法院民事判决书（2018）最高法民终835号。

省高级人民法院提起诉讼，请求判令B建材公司及保证人偿还垫付银行承兑汇票本金8000万元及相应利息（本案二审期间D银行将诉争债权转让给A资产管理公司）。

【代理意见】

受本案被上诉人C集团公司、叶某寨、赵某丹、赵某贵、包某茶、丰某斌、范某仙委托，北京市炜衡（沈阳）律师事务所指派张曼莉、王传波律师，在本案中担任前述委托人的诉讼代理人。被上诉人认为本案诉争的2012年《汇票承兑合同》已经全部履行完毕，故本案的全部被上诉人均不再就该合同承担任何责任。现就本案的事实与法律依据阐述如下：

一、本案已经查明的无争议事实

（一）本案共涉及三笔《汇票承兑合同》，出票人均为B建材公司，付款人均为D银行，保证金账户均为10128825100××××，具体内容按时间顺序陈列为：

1. 第一笔《汇票承兑合同》。出票日期为2011年12月6日，汇票到期日为2012年6月6日，汇票金额合计8000万元，100%保证金，B建材公司已支付保证金。

2. 第二笔《汇票承兑合同》。出票日期为2011年12月22日，汇票到期日为2012年6月22日，汇票金额合计1.6亿元，50%保证金，B建材公司已支付保证金。

3. 第三笔《汇票承兑合同》。出票日期为2012年6月27日，汇票到期日为2012年12月27日，汇票金额合计1.6亿元，50%保证金，B建材公司在出票日向保证金账户支付了8000万元，后B建材公司在汇票到期日支付了敞口资金8000万元。

（二）本案还存在一个相关联的案外人纠纷（案外人为郑某旭），具体内容按时间顺序简要整理为：

1. 2011年12月6日，B建材公司向郑某旭借款8000万元，借款后于当日与D银行签订了第一笔《汇票承兑合同》。

2. 2012年5月，郑某旭分两次以B建材公司为被告向廊坊市中级人民法院提起诉讼，共要求B建材公司偿还借款8000万元及利息，同时申请了财产保全。廊坊市中级人民法院于2012年5月28日裁定冻结了B建材公司在D银行开立的保证金账户10128825100××××中的保证金8000万元。该纠纷经一审、二审后，法院判令B建材公司应当向郑某旭偿还借款8000万元并支付利息。

3. 在郑某旭借款案件执行期间，D银行提起了执行异议，被裁定驳回。2013年11月1日，D银行以B建材公司、案外人郑某旭为被告向廊坊市中级人民法院提起案外人执行异议之诉，该诉讼经一审、二审、再审后，法院认为D银行在第一笔《汇票承兑合同》的履行过程中对廊坊市中级人民法院查封的8000万元保证金享有质权，判决D银行优先受偿。

二、上诉人已认可的观点

代理人认为，结合上诉人在一审的起诉状及庭审陈述，上诉人已表达并认可了以下主要意见：

（一）这三笔《汇票承兑合同》至今产生的未清偿的承兑逾期垫款为本金8000万元。

（二）B建材公司与案外人郑某旭的纠纷，导致河北省廊坊市中级人民法院将保证金账户10128825100××××冻结并扣划了8000万元，是D银行8000万元承兑逾期垫款未能清偿的主要原因。

（三）第一笔和第二笔《汇票承兑合同》均已经全部履行完毕。

（四）2012年6月26日、27日，B建材公司保证金账户10128825100××××收到的8000万元款项，并非第三笔《汇票承兑合同》项下的8000万元保证金，而是B建材公司补足的第二笔《汇票承兑合同》项下的8000万元资金敞口，所以B建材公司始终未就第三笔《汇票承兑合同》支付8000万元保证金。

三、代理意见

本案系上诉人与B建材公司及担保人叶某寨等之间的金融借款合同纠纷，故本案的争议焦点为：1. 2012年6月27日的1.6亿元《汇票承兑合同》是否已经全部履行完毕；2. 担保人应当承担的担保责任范围。代理人从以下几个方面进行分析：

（一）承兑逾期垫款8000万元的具体指向。

在D银行以B建材公司、案外人郑某旭为被告提起的案外人执行异议之诉中，D银行以其在第一笔《汇票承兑合同》中的承兑逾期垫款8000万元始终未能得到清偿为由，要求确认其对10128825100××××保证金账户内的共计8000万元享有优先受偿权。最高人民法院对该事实进行审理后，作出（2015）民提字第174、175号民事判决书，认可并支持了D银行的上述事实和主张。

根据《最高人民法院关于适用〈中华人民共和国民事诉讼法〉的解释》第九十三条规定："下列事实，当事人无须举证证明：……（五）已为人民法院发生法律效力的裁判所确认的事实……"既然法院在上述执行异议之诉中，认为D银行在第一笔《汇票承兑合同》的履行过程中对廊坊市中级人民法院查封的8000万元保证金享有质权，进而判决D银行优先受偿，因此代理人认为本案有且仅有第一笔《汇票承兑合同》存在未清偿的承兑逾期垫款8000万元，第三笔《汇票承兑合同》已经全部履行完毕。至于原告坚持认为第一笔《汇票承兑合同》已经全部履行完毕，代理人不予认可，如果D银行在案外人执行异议之诉中陈述的观点和事实对原告造成损害，上诉人可以向D银行另案主张权利。

（二）第三笔《汇票承兑合同》项下的保证金是否已经实际支付。

代理人认为第三笔《汇票承兑合同》项下的保证金已经实际支付，理由是：

1. D银行已经就第三笔《汇票承兑合同》开具了1.6亿元承兑汇票，并出具了户名为B建材公司的共计8000万元《保证金冻结通知书》，冻结期限为6个月。

2. 上诉人始终未能提供D银行对于保证金账户的相关管理规范，也未能提供相关凭证以证明保证金账户支出8000万元的具体去向及用途，更没有提供载明款项用途指向的原始凭证。

3. 上诉人在原一审审理中称B建材公司已经支付了第三笔《汇票承兑合同》的8000万元保证金，但由于B建材公司与案外人郑某旭的纠纷导致该保证金被河北省廊坊市中级人民法院冻结并扣划，使得D银行在第三笔《汇票承兑合同》项下的承兑逾期垫款未能清偿。上诉人在二审审理中变更了前述理由和事实，认为B建材公司并没有实际支付第三笔《汇票承兑合同》项下的8000万元保证金，而且坚持认为本案诉争的承兑逾期垫款与河北省廊坊市中级人民法院的冻结及扣划8000万元保证金无关。而在本案发回重审后的一审审理中，上诉人再次变更了前述理由和事实，认为河北省廊坊市中级人民法院的冻结及扣划8000万元保证金是导致本案诉争的承兑逾期垫款的主要原因，同时还认为B建材公司并没有实际支付第三笔《汇票承兑合同》项下的8000万元保证金。鉴于上诉人在三次诉讼程序中，对于B建材公司是否实际支付了第三笔《汇票承兑合同》项下的8000万元保证金、本案诉争的承兑逾期垫款与河北省廊坊市中级人民法院的冻结及扣划8000万元保证金是否有关的理由和事实，前后自相矛盾，明显无法自圆其说，故对于上诉人所称B建材公司没有实际支付第三笔《汇票承兑合同》项下的8000万元保证金的意见，应当不予采信。

（三）担保人应当承担的担保责任范围。

代理人认为，根据《无限责任担保承诺书》的内容，叶某寨等保证人仅对2012年6月27日的1.6亿元《汇票承兑合同》中的部分债务承担担保责任，而非全部债务。在二审质证中，上诉人明确承认，《无限责任担保承诺书》所担保的8000万元指向的是B建材公司依约应当缴存的8000万元保证金以外的剩余敞口资金，并非8000万元保证金，而上诉人已经认可B建材公司支付了剩余8000万元敞口资金，故本案争议的承兑逾期垫款不应属于叶某寨等保证人的担保责任范围。

根据保证合同的内容，C集团公司对第三笔《汇票承兑合同》中的全部债务承担担保责任，但由于第三笔《汇票承兑合同》事实上已经全部履行完毕，故本案中C集团公司无须承担担保责任。

综上，代理人认为本案诉争的2012年《汇票承兑合同》已经全部履行完毕，故本案的全部被上诉人均不再就该合同承担任何责任，请求法院驳回上诉人的诉讼请求。

【判决结果】

一、一审判决结果

一审期间全部被告经合法传唤均未到庭，辽宁省高级人民法院经缺席审判，于2015年6月判决支持了D银行的全部诉讼请求。

二、二审裁判结果

叶某寨提起上诉。二审期间A资产管理公司受让了D银行的诉争债权，成为了诉讼主体，在庭审中改称B建材公司始终未能支付诉争汇票承兑合同的8000万元保证金。最高人民法院第二巡回法庭经审理后认为A资产管理公司在二审诉讼中变更了原诉讼主张所依据的事实和理由，未经过一审法院的审理和认定，且二审中出现了新的事实和新的证据，一审法院应进一步查明事实，于2016年11月裁定将本案发回辽宁省高级人民法院重审。

三、发回重审后一审判决结果

辽宁省高级人民法院经重审后，认为诉争的汇票承兑合同已经全部履行完毕，于2017年12月判决驳回A资产管理公司的诉讼请求。

四、终审判决结果

A资产管理公司提起上诉。最高人民法院第二巡回法庭经审理后认为，本案共涉及三笔汇票承兑合同：第一笔出票日期为2011年12月6日，汇票金额为8000万元，100%保证金；第二笔出票日期为2011年12月22日，汇票金额为1.6亿元，50%保证金；第三笔出票日期为2012年6月27日，汇票金额为1.6亿元，50%保证金。本案二审争议焦点为B建材公司是否交付了第三笔汇票承兑合同的8000万元保证金。结合保证金账户的资金往来情况、D银行出具的《银行承兑汇票》《保证金冻结通知书》，可以认定B建材公司已经交付了第三笔汇票承兑合同的8000万元保证金。尽管案涉保证金账户中有8000万元被廊坊市中级人民法院冻结，也存在D银行将保证金账户中的款项转出用于兑付前两笔到期汇票的事实，但不能因D银行对保证金账户中资金的使用或安排而否定B建材公司已经履行了保证金交付义务的事实，因此，判决驳回上诉，维持原判。

【案例评析】

本案共涉及三笔汇票承兑合同，保证金均为8000万元，使用同一个保证金账户，共发生8000万元逾期垫款本金。争议焦点为第三笔汇票承兑合同是否发生了8000万元逾期垫款本金。结合案件中已查明的相关事实，驳回A资产管理公司诉讼请求的主要理由如下：

一、D银行在原审中的诉讼主张丧失事实基础

D银行在原审要求B建材公司及保证人就第三笔合同偿还逾期垫款本金，称原因系B建材公司、C集团公司与案外人有纠纷，导致河北省廊坊市中级人民法院将保证金账户冻结8000万元并予以扣划。但后来经审理查明，D银行就上述扣划8000万元已经提起了执行异议之诉，理由是第一笔合同有8000万元的资金缺口，故D银行对保证金享有质权、不得扣划。该执行异议之诉经最高人民法院再审，改判支持D银行的诉讼请求。基于以上情形，D银行在原审主张的第三笔合同保证金被扣划已不存在事实基础。

二、A资产管理公司在二审、重审一审、终审中的诉讼主张仍然不具备事实基础

A资产管理公司在二审中改称B建材公司始终未能支付诉争第三笔合同的8000万元保证金，B建材公司于2012年6月27日向保证金账户付款8000万元的指向是用于第二笔合同的到期还款。但审理中已查明有如下事实：1. D银行在当日出具了《银行承兑汇票》

《保证金冻结通知书》；2. D银行在原审中明确承认已经收到了第三笔合同的保证金；3. D银行从未在汇票到期日前要求B建材公司补交款项；4. D银行在执行异议之诉中主张第一笔合同存在逾期垫款本金8000万元，并得到最高人民法院再审生效判决支持。

综合以上情形，辽宁省高级人民法院、最高人民法院第二巡回法庭均认为A资产管理公司的主张不能得到支持，在判决中予以明确表述，认定其“有悖诚实信用”，“并没有足以令人信服的理由”。

【结语和建议】

本案系基于银行承兑汇票业务而引发的金融借款合同纠纷。由于我国目前没有就承兑汇票业务的操作和管理出台明确的具体法律规定，而且D银行在本案中始终未能提供其关于保证金账户的操作管理规范，使得资金收支明细无法在表面上与涉案的三笔合同形成明确的对应关系，再加上备注为“补敞口”的模糊表述，客观上增加了本案的审理难度。考虑到承兑汇票业务目前已经在金融业务中广泛使用，如果监管部门能就承兑汇票业务的操作和管理出台明确、具体的法律规定，则既可以避免发生承兑汇票相关的很多潜在纠纷，也将更有利于维持我国的良性金融秩序。

另外，关于案外人纠纷中廊坊市中级人民法院扣划的8000万元保证金，由于D银行已经就此提起了执行异议之诉并得到了最高人民法院的生效再审判决支持，故D银行具备申请执行回转的救济途径。

A公司与B公司、C公司申请诉中财产保全损害责任纠纷案[①]

北京市炜衡律师事务所　杨明律师　胡晓欣律师

【关键词】

诉讼财产保全　财产保全损害责任纠纷　申请保全错误　保全错误赔偿

【案情简介】

一、项目合作、发生争议、诉讼及诉中财产保全的基本事实

2008年4月3日，A公司与包括B公司在内的A公司的各原股东及D公司签订了《合作框架协议》，约定D公司受让取得A公司92%的股权，并有权向A公司投资，进行项目的开发经营，享受项目销售的收益。股权转让完成后，B公司保留A公司8%的股权，A公司其他原股东全部退出。

2008年4月13日和5月9日，D公司、B公司、A公司又签订了《补充协议》和《投资合作协议》，约定了B公司回购股权的前提条件，以及项目达到预售条件后，A公司即行销售，销售回款首先应偿还D公司投资本金及收益。

① 案件来源：最高人民法院民事判决书（2017）最高法民终118号。

之后，D公司开始介入A公司管理，陆续投入和筹集资金，推动了项目的开发建设。2011年1月19日，A公司召开董事会会议，对其开发的某国际贸易中心项目价格策略方案进行审议。会议以五名董事中四名同意，一名反对（B公司委派），通过了该价格策略方案，同时责成公司经理层办理项目预售许可证，并授权其择机确定开盘时间。2011年3月7日，A公司取得了某国际贸易中心的预售许可证。

2011年1月24日，B公司以D公司、A公司、E公司（销售代理公司）为被告提起诉讼，要求回购D公司对A公司所享有的92%股权，立即停止对项目任何形式（包括但不限于销售、停止施工、抵押、资金占用等）的恶意处置行为，并承担因此所造成的损失约30亿元人民币，暂主张1.2亿元（此案件以下简称原案）。

2011年1月26日，原案审理期间，根据B公司的申请，山东省高级人民法院裁定对A公司财产进行了诉讼保全，并实际查封了某国际贸易中心项目的土地使用权。C公司以其名下房产就财产保全提供担保。为保证项目正常销售，A公司以1.2亿元的存款作为担保，申请解除上述查封。2011年2月23日，山东省高级人民法院裁定解除了对土地使用权的查封，同时冻结了该1.2亿元存款。2011年3月7日，A公司取得了商品房预售许可证。但2011年2月25日，B公司将诉讼请求标的额增加至2.4亿元，申请提高财产保全额度，C公司相应提供担保。2011年3月2日，山东省高级人民法院再次裁定查封项目土地使用权。此后，B公司又多次变更诉讼请求，申请增加财产保全的数额，直至2011年6月29日，最终将其诉讼请求标的额提高到4.8亿元。在C公司的担保支持下，原案财产保全的限额被提高到3.9亿元。

2011年9月13日，山东省高级人民法院作出原案一审判决，以证据不足为由，判决驳回B公司的诉讼请求。B公司提起上诉，最高人民法院判决驳回其上诉请求。

二、诉中财产保全损害责任纠纷案件诉讼请求及一审判决结果

2012年3月27日，A公司委托北京市炜衡律师事务所杨明、胡晓欣律师代其提起诉讼，要求B公司因错误申请财产保全赔偿其损失1.93亿元，要求C公司因错误提供担保承担连带赔偿责任。

一审判决认为B公司的财产保全申请，尤其是屡次增加保全申请数额的行为，不但主观上存在过错，客观上也给A公司造成了经济损失，该损害结果与B公司的行为之间具有直接的因果关系，因此B公司应当承担赔偿责任。赔偿数额包括1.2亿元资金被冻结的利息损失和迟延销售楼房的利息损失。针对B公司不断提高财产保全额度的行为，C公司自愿不断提供担保，且其对提供担保可能造成申请错误而需承担的赔偿责任，应当是明知的，故依法应当承担连带赔偿责任。综上，一审法院依法判决：1. B公司于本判决生效之日起十日内赔偿A公司因申请财产保全错误造成的损失66694624.35元；2. C公司对本判决第一项承担连带赔偿责任；3. 驳回A公司的其他诉讼请求。

B公司和C公司不服一审判决，以本案应当中止审理、申请保全没有错误、保全期间房价上涨没有造成损失、不应承担连带责任等理由向最高人民法院提起上诉。

【代理意见】

北京市炜衡律师事务所杨明、胡晓欣律师再次接受A公司的委托，针对上诉理由，就本案几个焦点问题提出了如下二审代理意见：

一、本案是否应中止审理

对于上诉人提出的中止审理申请，因上诉人另行提起的部分股权回购案与本案并无任何关联性，本案审理所涉案件事实已齐备，无须以另案的审理结果为依据，故应依法驳回其申请，继续审理程序。

二、B 公司申请财产保全是否错误

（一）关于财产保全错误的判断依据

如果申请人的诉请最终并没有获得法院的支持，则申请人先前的财产保全申请失去应有的基础，保全了被申请人不应承担实体责任的财产，保全申请必然是错误的。

（二）本案中上诉人申请财产保全的目的就是阻碍项目销售，其主观过错与其先前一系列阻碍被上诉人项目销售的行为是一脉相承的，而其诉讼请求最终被全部驳回，充分证明上诉人的财产保全申请是错误的

1. 从上诉人另案诉讼背景情况看，其财产保全目的就是查封被上诉人的土地使用权，阻止项目正常销售，并非保证胜诉判决的执行。

2. 上诉人在另案中始终希望并追求被上诉人项目土地使用权被查封的结果，而滥用财产保全措施，其主观过错极其典型和严重。

三、上诉人的错误保全申请是否给被上诉人造成了损失，损失应如何计算

1. 上诉人的错误保全申请直接造成被上诉人 1.2 亿元资金被冻结半年，土地使用权被查封逾一年两个月之久。

2. 因上诉人的错误保全申请造成的仅被上诉人资金被冻结、项

目不能销售而产生的利息损失至少达到193063873.1元。案涉某国际贸易中心项目是已建成并具备预售条件、需通过销售而获取房地产开发利润的房地产项目，由于土地使用权被查封，房屋不能销售，被上诉人作为开发商不能及时回笼售房款，同时还要负担投资成本的贷款利息，已实际遭受财产利益损失。

根据损害赔偿的“填平原则”，赔偿责任的大小要与损失的大小相适应。由于B公司的恶意诉讼和错误保全申请，造成已达预售条件的项目不能及时取得预售许可证，而取得预售许可证后又再次被查封，导致项目不能开盘销售达一年两个月之久，错过了最佳销售时机，并造成被上诉人1.2亿元存款被冻结半年，造成了严重的经济损失和恶劣的社会影响。其中，仅项目销售迟延一年的销售款利息的直接损失最低就达189553873.1元，1.2亿元资金被冻结半年的直接利息损失达3510000元，以上经济损失合计193063873.1元。

3. 一审判决两上诉人赔偿被上诉人66694625.35元的经济损失，仅仅是被上诉人全部损失中的很小部分。

项目土地使用权被查封后，遭遇房屋限购令出台，房地产项目成交情况陡然低迷，项目销售错过了最佳的开盘时机，实际销售时不得不下调销售价格，降价又将导致逾20亿元人民币的巨额损失。另外，因项目不能及时销售而同时造成被上诉人对项目施工方、贷款银行、供货商等合同相关方的违约责任损失等各项惨重损失。因此，一审判决酌情确定的经济损失，仅仅是被上诉人全部损失中的很小部分。

【判决结果】

最高人民法院二审判决认为，B公司提起山东省高级人民法院

（2011）鲁商初字第 2 号案的诉讼请求缺乏合理性，B 公司的诉讼保全行为缺乏适当性，主观上明显存在过错，客观上也给 A 公司造成损失，按照《民事诉讼法》第一百零五条的规定，B 公司应因其申请财产保全错误而赔偿 A 公司所遭受的损失。B 公司不断增加诉讼请求标的额及查封限额，其错误的财产保全行为阻却了 A 公司的房屋销售，应赔偿 A 公司在此期间遭受的实际损失。另外，二审法院认为 C 公司为 B 公司提供保全担保，并不属于共同侵权行为，C 公司出具的担保书中没有承担无限连带责任的意思表示，A 公司关于 C 公司应按照担保书承诺而承担连带责任的主张与事实不符。

据此，最高人民法院判决：一、维持一审判决第一项、第三项；二、变更一审判决第二项为 A 公司有权就本判决第一项确定的债权对 C 公司提供担保的房产折价或者拍卖、变卖价款优先受偿。

【案例评析】

本案在庭审答辩策略上，代理律师在进攻的同时进行防守，对上诉人的辩解进行了有效的反驳。

一、本案是否应因为部分股权回购案而终止审理

B 公司二审提出，部分股权回购得到支持后，其保全就不存在错误，其将与 A 公司构成母子公司关系，本案诉争将因双方利益一致而没有实质意义。

对此，代理律师答辩认为，判断申请保全是否错误，是要看在本案中其诉讼行为是否存在过错。另案结果如何均不影响本案的裁判。另外，本案判决结果确定的损失赔偿属于 A 公司独立的财产，不仅与其股东利益相关，还涉及债权人的利益。因此，即使今后双方构成母子公司关系，本案诉争仍需作出判决。

二、B公司认为其没有过错，不应赔偿的理由是否成立

对此，代理律师从原案的认定和判决入手予以否定。B公司在项目没有销售的情况下起诉项目公司大股东要求回购股权，不符合合同约定。而且，其在没有证据证明的情况下，将A公司列为共同被告，要求停止对项目任何形式的处置，缺乏事实基础。同时，B公司的保全行为缺乏适当性。一方面，其在可以冻结A公司房屋销售账户的情况下，申请查封土地使用权，阻止了项目的正常销售。另一方面，在A公司已提供了1.2亿元存款作为担保置换解封了项目土地使用权的情况下，其不断增加诉讼请求标的额及查封限额，导致项目土地使用权长达一年多处于被查封状态。因此，在原案中，不仅B公司的实体诉讼请求被全部驳回，而且其申请保全措施也缺乏适当性，应就其申请保全错误承担赔偿责任。

三、B公司提出房产价格2011年以来持续上涨，故保全并没有给A公司造成损失的理由是否成立

首先，某国际贸易中心项目由于土地使用权被查封，A公司作为开发商不能及时回笼售房款，同时还要负担投资成本，存在财产利益的实际损失。其次，B公司无法证明，10%的项目房屋在查封结束时的实际销售价款或市场价值减去查封开始时预计销售的价款，再减去保全查封期间的融资损失，大于一审判决酌定的房款利息损失。

四、将责任推给法院的理由是否成立

法院是根据保全申请而采取的查封措施，并不存在超标的、超限额查封的问题，故应由申请人自负其责。

【结语和建议】

代理律师在接手本案之初，即敏锐地意识到本案的诉前准备将对后期诉讼产生重大影响。因此，代理律师在提起诉讼前即确定赢得原案，是奠定本案索赔的基本事实基础。为了取得原案的胜利，代理律师帮助 A 公司设计了一次总经理办公会、三次董事会，并及时对 B 公司发出催促函，从而掌握了主动权，为原案的胜诉做好了充分的前期准备。

同时，代理律师认为本案诉前应当及时提出复议申请，要求对保全的项目进行处分，并提供了 1.2 亿元存款作为担保置换项目土地使用权，建立损失与保全行为之间的因果关系，这一布局成为最高人民法院判决认定 A 公司在保全过程中并无过错的重要依据。而二次取得销售许可证被查封后顺水推舟，又奠定了错误赔偿的基础。代理律师的上述布局，客观上完成了本案证据的及时固定和收集。

诉前的充分准备为本案诉讼打好了坚实的基础，在案件诉讼过程中，代理律师根据前期收集的有利证据有效地反驳了对方提出的上诉理由。在庭审过程中，针对如何确定项目迟延销售的损失数额这一焦点问题，代理律师充分利用预售许可证载明的内容确定项目全部销售后的总价值、查封期可能达到的销售进度及利息损失等，该计算方式最终被最高人民法院接受和认可，作为酌定项目迟延销售损失额的重要标准。

本案的重要启示是，申请保全人在有可能败诉的情况下，应当慎用保全措施，申请保全的方式及额度应当适当，避免远超胜诉额进行查封，以降低赔偿的风险。被保全人应当及时就财产保全申请复议，奠定损害赔偿的程序基础，并对保全造成的损失的相关证据进行固定，在原案胜诉后，及时以申请诉讼财产保全损害责任纠纷提起诉讼，并对原案保全担保的财产采取保全措施。

Y 市国土局与 A 公司国有土地出让合同效力纠纷案①

北京市炜衡律师事务所　杨明律师　邹新文律师

【关键词】

土地使用权　出让合同　成交确认书　挂牌　拍卖　恶意串通

【案情简介】

2003 年，A 公司在 Y 市投资进行市政道路建设，Y 市政府承诺以向其出让土地使用权的方式进行补偿。后因国家土地政策调整，Y 市政府将原定的协议出让改为招拍挂出让。2007 年 10 月 2 日，Y 市国土局委托 Y 市土地交易中心发布了挂牌出让公告，出让××路以北面积 17 万平方米的土地，用途为居住用地，起拍价 5548.84 万元。A 公司和另一竞买人陈某（系曹某、吴某、陈某三名自然人合伙）报名参加竞投，A 公司以 5569 万元价格竞得土地。A 公司办理土地证后，用上述土地证分别在当地银行办理了借款抵押担保。2009 年 12 月 15 日，Y 市检察院出具×检函（2009）42 号文，称：A 公司在上述土地竞买过程中，利用阮某等黑恶势力，威胁利诱曹某等人退出竞拍，事后 A 公司法定代表人支付了 20 万元给阮某私

① 案件来源：最高人民法院民事判决书（2015）民一终字第 143 号。

分，其父先后付给曹某等人300万元。请政府督促国土部门依法撤销上述土地的拍卖成交确认书，对土地重新公开拍卖。2011年5月13日，Y市国土局向广东省高级人民法院提起诉讼，要求法院判决确认《土地使用权交易成交确认书》和《国有土地使用权出让合同》无效，由A公司返还土地。

一审判决认为，虽然A公司和陈某均辩称是误以为受到黑社会的威胁而支付或收取相关款项，但其并没有对此提供足够的证据予以证明，故应承担举证不能的不利后果，可以确认A公司和陈某存在恶意串通的行为。根据我国《拍卖法》第三十七条、第六十五条规定，竞买人之间、竞买人和拍卖人之间不得恶意串通、损害他人利益，否则拍卖无效，应当依法承担赔偿责任。据此，一审判决依据《拍卖法》的上述规定，认定Y市国土局与A公司签订的《土地使用权交易成交确认书》和《国有土地使用权出让合同》无效。

A公司不服一审判决，委托我所律师代理其提起上诉。二审判决认定，本案中没有充分证据证明有关当事人在案涉土地使用权挂牌出让过程中的行为构成恶意串通，其行为内容和结果也不损害国家、集体和第三人的利益；案涉《土地使用权交易成交确认书》《国有土地使用权出让合同》合乎当事人的真实意思表示，签订程序正当合法，不存在导致其无效的法定情形，故依法应当确认其合法有效。最终，二审依法判决撤销一审判决，驳回Y市国土局的诉讼请求。

【代理意见】

北京市炜衡律师事务所杨明、邹新文律师接受A公司的二审委托后，认为一审判决适用《拍卖法》作出判决属于适用法律错误，遂紧紧抓住本案几个焦点问题提出了如下上诉理由：

一、案涉土地出让方式究竟是挂牌还是拍卖

代理律师认为，招标、拍卖、挂牌方式是出让国有土地使用权的三种不同方式，三种出让方式程序不同，不能将挂牌中的现场竞价等同于独立的拍卖。

根据《招标拍卖挂牌出让国有土地使用权规定》（国土资源部发布，自 2002 年 7 月 1 日起施行，本案涉案土地出让时适用，2007 年 11 月 1 日起施行对该规定予以修改后的《招标拍卖挂牌出让国有建设用地使用权规定》），招标、拍卖、挂牌方式是出让国有土地使用权的三种不同方式，三种出让方式程序不同，不能将挂牌与拍卖混为一谈。拍卖出让与挂牌出让体现了不同的竞价程序，不容混淆。根据案涉土地使用权的挂牌公告，案涉土地出让程序显然为挂牌而非拍卖。

二、挂牌中的现场竞价是否就是拍卖

代理律师认为，挂牌中的现场竞价仍是挂牌程序的组成部分，而非独立的拍卖出让方式。理由是：

首先，无论是《招标拍卖挂牌出让国有土地使用权规定》第十九条的规定，还是 Y 市土地交易中心的挂牌公告，都明确了“在挂牌期限截止时仍有两个或者两个以上的竞买人要求报价的，出让人应当对挂牌宗地进行现场竞价，出价最高者为竞得人”。显然，本案中 2007 年 10 月 31 日在 Y 市国土局进行的现场竞价会是挂牌程序的组成部分，而非独立的拍卖行为。

其次，2007 年 11 月 1 日起施行的《招标拍卖挂牌出让国有建设用地使用权规定》第二条第四款更明确规定“本规定所称挂牌出让国有建设用地使用权，是指出让人发布挂牌公告，按公告规定的期

限将拟出让宗地的交易条件在指定的土地交易场所挂牌公布，接受竞买人的报价申请并更新挂牌价格，根据挂牌期限截止时的出价结果或者现场竞价结果确定国有建设用地使用权人的行为”。这再次印证了现场竞价是挂牌出让程序的一个组成部分，而不是独立的拍卖。

最后，2007 年 10 月 31 日现场竞价会的参与人数印证了当时是挂牌中的现场竞价程序而非独立的拍卖出让土地使用权方式。如果强行认定 2007 年 10 月 31 日的现场竞价会是独立于挂牌的拍卖程序，则按照《招标拍卖挂牌出让国有土地使用权规定》第十六条关于拍卖中“竞买人不足三人，或者竞买人的最高应价未达到底价时，主持人应当终止拍卖”的规定，由于当日仅有 A 公司和陈某两名竞买人，故当日的拍卖实际上是无法进行的，竞价结果仍应以此前的挂牌报价为准。而按照 Y 市国土局提交的《国有土地使用权竞买报价表》，2007 年 10 月 30 日 11 时，陈某提交的竞买报价为 5558. 84 万元，当日 11 时 48 分 A 公司提交的竞买报价为 5569 万元。在此情况下，仍然是 A 公司在挂牌竞价中成交。反过来说，如果是独立的拍卖出让方式，则基于当日竞买人人数为 2 人，拍卖会无法进行的客观情况，当天是否存在串通行为都不会对此前的挂牌竞价结果产生实质性影响，更谈不上损害国家利益。

三、恶意串通是否是另案生效刑事判决所载明的事实

代理律师认为，另案一审刑事判决对三名犯罪嫌疑人涉及的对三块土地非法干扰拍卖的行为进行了集中评判，重点是阐明其不构成犯罪的理由，既没有区别是挂牌出让还是拍卖出让，也没有载明 A 公司、陈某恶意串通的事实。而一审判决采用另案刑事判决中的部分内容时加入了其主观推理，且其推断出本案当事人存在恶意串通的结论与本案大量证据和生效法律文书相悖。

四、否认恶意串通的消极行为人是否要承担举证责任

一审判决认定“A 公司和陈某在本案均辩称是受胁迫支付收取相关款项”，但又认为双方“并未对此提供足够的证据予以证明，显然，A 公司与陈某的举证无法推翻刑事判决认定的违法事实”。代理律师认为，一审判决的这一认定存在一个明显的逻辑错误，即假定刑事判决已认定 A 公司和陈某存在恶意串通行为，而事实上，刑事判决并不存在这样的事实认定，刑事判决仅认定了阮某、阮某秋非法干扰涉案土地拍卖的违法事实。但是，阮某、阮某秋非法干扰涉案土地拍卖的违法事实与 A 公司和陈某存在恶意串通行为不能直接画上等号。按照谁主张、谁举证的基本诉讼原则，在 A 公司和陈某等人均否认恶意串通的情况下，A 公司对该消极事实并不承担举证责任。该举证责任在于原告，而原告依据的仅仅是 Y 市人民检察院 × 检函（2009）42 号《关于对 × × 路北侧三幅国有土地重新拍卖处理的意见函》，在该函已被上级检察机关所否定的情况下，一审法院将此消极事实的举证责任分配给 A 公司显然是错误的。这种情况下要求 A 公司对没有恶意串通这一消极事实进行举证，显然属于举证责任分配不当。

【判决结果】

最高人民法院判决，撤销一审判决，改判土地使用权出让合同有效，驳回 Y 市国土资源局的诉讼请求。

【案例评析】

最高人民法院全面采纳了代理律师提出的上述代理观点，首先，关于确认案涉《土地使用权交易成交确认书》及《国有土地使用权

出让合同》的效力所应当适用的法律，最高人民法院认为，根据本案各方当事人确认并经一、二审查明的事实，案涉土地使用权出让交易是以挂牌出让的方式实施的。挂牌出让土地使用权交易作为一种特定的民事行为，应当按照国家有关土地使用权挂牌出让的规定执行并受合同法的规制。虽然土地使用权挂牌出让与拍卖出让两种方式在部分操作程序上有近似之处，但在交易的主体资格、竞买人人数要求、竞报价方式、成交条件等方面存在重大差异，而《拍卖法》约束和规范的只是拍卖行为。《拍卖法》第二条明确规定，该法只适用于由拍卖企业所组织实施的拍卖行为，国家相关管理部门在执法实践中，不但对于土地使用权的挂牌出让行为不适用《拍卖法》，而且对于不属于拍卖企业的土地管理部门组织实施的土地使用权拍卖行为，亦明确强调不适用该法。本案中，《土地使用权交易成交确认书》及《国有土地使用权出让合同》是基于土地使用权的挂牌出让而非拍卖出让行为而签署，并且其组织实施的主体是当地土地管理部门设立的土地使用权交易机构，该机构属于专门的事业单位而非拍卖企业，故对于本案所涉土地使用权挂牌出让行为，不应适用拍卖法的规定，而应依据合同法的相关规定进行审查认定。原审判决适用法律错误，法院予以纠正。

其次，最高人民法院采纳了代理律师提出的认定A公司与陈某恶意串通证据不足的观点，确认一审判决对举证责任的分配不当。最高人民法院认为，原审判决在没有足以证明A公司与陈某等人存在串通、共谋之事实的其他有效证据的情况下，针对“A公司与陈某在本案均辩称是受胁迫支付或收取相关款项”的主张，仅以其“并未对此提供足够的证据予以证明”为由，判令双方承担举证不能的不利后果，进而认定其行为构成恶意串通，属于举证责任分配不当。

再次，最高人民法院采纳了代理律师提出的 A 公司的行为并没有损害国家利益的观点。确认在案涉土地使用权挂牌出让前，A 公司为 Y 市的市政工程建设投入了大量资金，Y 市政府一直承诺以向其出让案涉地块的土地使用权的方式对其投资进行补偿。后因土地使用权管理政策调整，政府落实补偿计划前，须改协议出让方式为招拍挂方式出让。将案涉地块以有偿出让的方式交由 A 公司开发建设，符合 Y 市政府有关当地经济建设的具体部署以及其就该宗土地进行开发建设的合理预期，无损于国家、集体及第三人的利益。相反，如果仅因 A 公司向陈某等人给付钱款的事实而认定出让合同无效，势必使趋于平稳的社会关系再次陷入不确定状态，土地资源长期不能合理、有效利用，社会管理成本徒然增加，无益于国家和社会公共利益。故而二审确认《土地使用权交易成交确认书》及《国有土地使用权出让合同》合法有效。

最后，最高人民法院在本案诉讼费的承担上，认为本案并非财产型案件，故 160 余万元的案件受理费应按 100 元收取。考虑到 A 公司向陈某等人给付钱款的事实，即使是迫于黑恶势力的恐吓所为，但这毕竟不是一种适当、合理的解决问题的方式，他人因此而产生竞买人之间恶意串通的怀疑亦属正常。而 Y 市检察院、Y 市国土局分别提出检察建议、提起本案诉讼的行为，正是基于合理怀疑而作出的，是为了维护市场秩序、保护国家利益而履职尽责的正当行为，并无过错，故而 100 元案件受理费应由 A 公司承担。应当说，最高人民法院对本案的判决既维护了法律的正确实施，又有效地平衡了各方利益，堪称一份经典判决。

【结语和建议】

代理律师在接手本案之初，即敏锐地意识到本案的处理虽然是个案，但将会对土地招拍挂中的法律适用产生重大影响。因此，确定本案的诉讼策略至关重要。

凡事预则立，不预则废。本案在一审认定土地使用权出让合同无效，且土地挂牌竞价环节确实出现 A 公司人员支付另一竞买人 300 万元的情况下，确定何种上诉策略扭转乾坤呢？

代理律师抓住焦点问题即法律适用错误的问题，采取层层递进论证方式，得出了本案的合同效力不适用《拍卖法》的结论。在具体论证过程中，代理人通过图表的方式对以下五个问题进行了富有说服力的分析：一是本案是否涉及政府与社会资本合作？由此得出了 A 公司取得土地是基于政府土地补偿为前提，并未损害国家利益的结论。二是案涉土地使用权出让方式究竟是挂牌还是拍卖？对此，从挂牌公告上得出了案涉土地出让方式为挂牌出让的结论。三是挂牌中的现场竞价是否就是拍卖？通过分析，得出了现场竞价不改变挂牌出让方式的结论。四是土地招拍挂是否适用拍卖法？通过分析，得出了土地招拍挂不应适用拍卖法的结论。五是举证责任分配是否适当？由此角度得出了一审认定恶意串通缺乏证据的结论。通过上述层层递进的论证，最高人民法院采纳了律师代理意见，认定土地招拍挂不适用拍卖法，撤销一审判决，改判土地使用权出让合同有效。个案胜诉的同时，本案的处理对于规范土地招拍挂流程中的法律适用具有普遍性的示范意义。

重庆某石化公司与北京某建设公司合同纠纷案①

北京市炜衡（重庆）律师事务所　隋宜径律师　杨雅婷律师

【关键词】

可预期利息　附期限合同　合同解除

【案情简介】

北京某建设公司（以下简称北京公司）通过公开投标形式承接了重庆某工程 EPC 总承包项目（以下简称该项目）的工程建设，为该项目合法的总承包人。北京公司中标后，按照规定将该项目需要采购的材料（柴油）在中国交建采购平台发布招标公告，包括重庆某石化公司（以下简称重庆公司）在内的 3 家公司通过合法审查参与竞争性谈判，最终由报价排名第一的重庆公司中标。2017 年 12 月 15 日双方签订了《柴油买卖合同》（以下简称合同）。合同中对供货数量、交货时间和方式等均作出约定。

合同签订后，北京公司分别 2017 年 12 月 26 日、2018 年 1 月 24 日、2018 年 3 月 24 日、2018 年 4 月 21 日与重庆公司签订了《柴油采购合同补充协议》，协议中明确原合同采购数量发生了变更，以本次采购实际供货数量为准。

2018 年 11 月 28 日，北京公司向重庆公司发出《合同终止及最

① 案件来源：北京市第四中级人民法院民事裁定书（2020）京 04 民特 380 号。

终结算协议》，协议中写明“合同已于2018年11月18日履行完毕，甲乙双方所有结算已办理最终清算手续，此合同于2018年11月18日终止”。

北京公司采购的柴油供给承担路基劳务板块的湖南某建设公司和武汉某建设公司。北京公司与两家建设公司分别签订了路基工程专业劳务分包合同，合同中明确规定柴油部分由甲方（北京公司）实行限额无偿供货给施工方，超出限额部分可选择北京公司有偿向其提供柴油或施工方自行采购柴油。

2019年6月11日，重庆公司向北京仲裁委员会提起仲裁，请求北京公司支付其可预期利益、律师代理费等费用。2019年11月29日，北京仲裁委员通过审理后作出裁决书，驳回重庆公司的所有仲裁请求。

重庆公司不服仲裁裁决，遂向北京市第四中级人民法院提起诉讼，请求撤销仲裁裁决。法院以重庆公司未提交证明北京公司存在符合法定撤销仲裁裁决情形的证据为由驳回重庆公司的请求。

【代理意见】

本案系买卖合同纠纷，主要争议焦点为：（1）北京公司未按合同约定供货数量进行采购是否构成违约；（2）北京公司与重庆公司签订的补充协议是否可以代替原合同约定的供货数量；（3）北京公司是否需要支付可预期利息；（4）合同是否解除。

一、双方签订的合同及4份补充协议明确，原合同采购数量为暂定，具体供货均另行签订补充协议，且双方签订合同为非排他性合同

北京公司发布在网上的柴油招标采购文件第一章2.2款明确载

明采购的物资及数量详见“第五章物资需求一览表”，明确提出：“本表中的招标数量为暂定数量，中标人的实际供货数量和结算数量以招标人的供货通知书为参考、经双方共同核验后的数量为准”，且“本次招标文件供货清单中提供的货物数量不作为支付和最终结算的依据”。另第四章合同范本中第十条第五款约定“本合同为非排他合同，乙方不得以任何理由干涉甲方与其他供应商的业务往来”。

双方签订的合同中第一条约定“供货暂定数量为2000吨”，第二条约定“具体供货实际以甲方提前3天书面或邮件、短信通知为准……甲方有权视工程进度进展及现场情况调整供货周期，调整决定以书面或邮件、短信形式通知乙方”。第四条货物数量与单价约定，“第一条供货清单所列供货数量仅为暂定数量，如遇工程变更或其他原因导致甲方数量需求发生变化，甲方有权进行总量调整，调整结果应及时以书面或邮件、短信形式通知乙方”。第十条第五款约定，“本合同为非排他性合同，乙方不得以任何理由干涉甲方与其他供应商的业务往来”。

因此，无论是招标文件中，还是双方签订的合同均明确规定了供货数量为暂定数量且为非排他性合同，重庆公司在投标中提供的承诺书证明其知晓此项约定并愿意执行此规定。

二、柴油供应数量发生变化，北京公司已履行了告知义务，并签订了书面补充协议

根据双方签订合同第二条，“具体供货实际以甲方提前3天书面或邮件、短信通知为准……甲方有权视工程进度进展及现场情况调整供货周期，调整决定以书面或邮件、短信形式通知乙方”。北京公司提供的证据一可证明，双方签订的4份《柴油采购合同补充协议》对价格和数量达成了新的共识。从《柴油采购合同补充协议》（编号：补01）第一条供货清单可知，补充协议已将数量调整为“-2000吨”并供货“22.02吨”。第二条约定，“月度供货数量甲方有权视工程需要及现场存储情况进行调整，乙方应予配合”。由此可见对于供货数量已经作出了调整，且重庆公司已在补充协议上签字盖章。由后续的《柴油采购合同补充协议》（编号：补02、03、04）的供货清单可知，如需重庆公司供货，均需先签订补充协议并确定供货的数量和价格。由此相互印证了原合同约定的暂定数量已经发生了变更，北京公司已经履行了告知义务，重庆公司与北京公司均签订了书面的补充协议，可证明重庆公司已知晓该情况。

三、柴油并非特定种类物，重庆公司无证据证明采购的柴油是为本项目工程准备，因此其主张的预期损失无事实和法律依据

根据合同法第一百一十三条之规定，预期利益损失的构成要件为：1. 合同合法有效；2. 必须有违约行为存在；3. 可期待利益损失必须是纯利润，而不包括为取得这些利益所支付的费用和必须缴纳的税收，赔偿的范围也应是违约方所能够预见或应当预见的，且必须与因违约造成的损失相当。首先，由前所述，北京公司不存在违约的行为，损失赔偿的范围也并不是可预见的。重庆公司也无法佐证其提出的损失是其与北京公司合作中所产生的纯利润，因此北京公司无须支付重庆公司预期利益的损失。其次，重庆公司并无证据证明采购的柴油仅为本项目工程所准备，重庆公司作为石化公司，完全有理由为其他合作项目或其他合作商所需而采购柴油。再者，柴油本身并非特定的种类物，即使购买后，也能用作其他工程项目。因此，重庆公司没有充分的证据证明其所遭受的预期利益损失。

四、从合同履行的时间看，本合同已终止

关于合同履行期限，双方签订的合同中规定“预定供货周期为

2017 年 12 月 1 日至 2018 年 6 月 1 日”，北京公司于 2018 年 11 月 28 日向重庆公司发出《合同终止及最终结算协议》（以下简称终止协议），根据《合同法》第四十六条：“当事人对合同的效力可以约定附期限……附终止期限的合同，自期限届满时失效。”因此，北京公司发出的终止协议仅仅再次书面确认双方合同终止及确认相关结算金额，并非重庆公司所述违约行为。

五、北京公司付款节点并未严重延期并导致违约

关于付款节点的问题，根据合同第六条第六款之规定：“甲方在取得乙方合规的增值税专用发票并认证合格后，经甲方公司结算中心及资金管理中心审批同意后，甲方将视资金到位情况进行资金支付。甲方全部工程竣工验收前累计向乙方支付材料款不超过累计结算金额的 60%，剩余 40% 按照业主实际支付的工程进度款占经业主批准的计量款的比例，同比例支付给乙方货款。乙方充分理解上述工程款支付方式，同时不会向甲方提出相关费用要求。”北京公司为央企，有严格复杂的资金报批手续，同时北京公司也是项目的总承包方，因此付款节点北京公司无法控制与确认，而是取决于北京公司结算中心、资金管理中心和业主方。

【裁判结果】

北京仲裁委员会仲裁裁决驳回重庆公司的全部仲裁请求。

北京第四中级人民法院裁定驳回重庆公司撤销仲裁裁决的申请。

【裁判文书】

北京仲裁委员会认为，本案争议焦点有三：（1）合同是否解除；（2）北京公司是否违反本案合同关于由重庆公司向北京公司供应暂定2000吨柴油的约定，构成违约；（3）采购柴油是否为独家采购。

就第一个争议焦点问题，仲裁庭认为无论是否构成违约，均不会影响本案合同关于预定供货周期的约定。依本案合同约定，该周期截至2018年6月1日已经终止。就该周期内已订购柴油货物，被申请人已经支付货款，申请人亦未提出任何其他索赔要求。对此，仲裁庭支持《合同终止及最终结算协议》中关于本案合同于2018年11月18日终止的主张。

就第二个争议焦点问题，仲裁庭认为：双方签订的合同条款约定以及招标要求，可以体现出重庆公司与北京公司达成以下几个合议：（1）2000吨的柴油供货仅为暂定数量；（2）甲方有权进行订购数量的总量调整；（3）调整的原因可以为“工程变更”或“其他原因”；（4）调整结果甲方及时以书面或邮件、短信方式通知乙方；（5）重庆公司的实际供货数量和结算数量以北京公司的供货通知书为参考。合同条款规定，通知可以为书面或邮件、短信方式。补充协议亦为“书面”方式的一种，双方分别于2017年12月26日、2018年1月24日、2018年3月24日及2018年4月21日签署四份补充协议，分别确定了与原合同相比，变化之后的供货数量及合同价款，尤其是2017年12月26日签订的第一份补充协议中关于数量变化一栏处，标注了新增加的“22.02吨”及减少的“2000吨”，也可佐证合同中数量为暂定数量，重庆公司在补充协议上的签名显示其了解补充协议规定的所有内容。同时，重庆公司也未举证证明其为北京公司某批紧急供货囤货的具体数额，以及后来北京公司不再需要而对申请人造成的损失。

就第三个争议焦点问题，仲裁庭认为：合同中第十条第五款约定，“本合同为非排他性合同，乙方不得以任何理由干涉甲方与其他供应商的业务往来”，因此即使北京公司从别的供应商处购买柴油货物，亦为合同条款允许，不构成违反合同约定。综上所述，仲裁庭认为，重庆公司仲裁请求不成立，不予支持，驳回重庆公司的全部仲裁请求。

在撤销仲裁裁决一案中，北京市第四中级人民法院认为重庆公司并未提供证明北京公司存在符合民事诉讼法第二百三十七条第二款第五项“撤销仲裁裁决”法定要件情形的证据，故重庆公司提出的申请撤销仲裁裁决理由并不成立，依法驳回其申请。

【案例评析】

本案中重庆公司所主张的损失是一种可预期利益，接下来就可预期利益的概念、类型、认定规则及适用条件等进行分析。

一、有关可预期利益的法律法规

根据《民法典》的规定，可预期利益是指合同履行后可以获得的利益。而根据最高人民法院民二庭庭长就《全国法院民商事审判工作会议纪要》中提出的若干疑难问题答记者问中对可预期利益损失的定义，可预期利益损失是指在生产、销售或提供服务的合同中，生产者、销售者或服务提供者因对方的违约行为而受到的预期纯利润的损失。

在我国法律中，关于可预期利益的规定主要源于《民法典》第五百八十四条：“当事人一方不履行合同义务或者履行合同义务不符合约定，造成对方损失的，损失赔偿额应当相当于因违约所造成的损失，包括合同履行后可以获得的利益；但是，不得超过违约一方订立合同时预见到或者应当预见到的因违约可能造成的损失”，以及《最高人民法院关于审理买卖合同纠纷案件适用法律问题的解释》第二十二条："买卖合同当事人一方违约造成对方损失，对方主张赔偿可得利益损失的，人民法院在确定违约责任范围时，应当根据当事人的主张，依据民法典第五百八十四条、第五百九十一条、第五百九十二条、本解释第二十三条等规定进行认定"。前一条明确了可预期利益的定义和适用条件，后一条明确了可预期利益的适用规则。

二、可预期利益损失的类型

最高人民法院于2009年发布的《关于当前形势下审理民商事合同纠纷案件若干问题的指导意见》中第九条规定，可预期利益损失主要分为以下三种：1. 生产利润损失。在生产设备和原材料等买卖合同违约中，因出卖人违约而造成买受人的可预期利益损失通常属于生产利润损失。2. 经营利润损失。在承包经营、租赁经营合同以及提供服务或劳务的合同中，因一方违约造成的可预期利益损失通常属于经营利润损失。3. 转售利润损失。在先后系列买卖合同中，因原合同出卖方违约而造成其后的转售合同出售方的可预期利益损失通常属于转售利润损失。

从上述分类可以看出，可预期利益损失属于纯利润的损失，应当扣除相应的成本费用。本案中，重庆公司所请求的可预期利益损失类型应属于第三种转售利润损失。

三、可预期利益损失的认定规则

根据《最高人民法院关于当前形势下审理民商事合同纠纷案件若干问题的指导意见》第十条以及《民法典》第五百九十二条、《最高人民法院关于审理买卖合同纠纷案件适用法律问题的解释》第二十三条，可预期利益损失的认定规则主要分为以下四种：

1. 可预见规则。《民法典》第五百八十四条中规定了可预期利益损失不得超过违约一方订立合同时预见到或者应当预见到的因违约可能造成的损失，因此可预见规则是认定可预期利益损失的首要规则。对于违约方在订立合同时不能预见到的损失，法院一般不予支持。需注意，违约方在缔约时只需要预见到或应当预见到损害的类型，不需要预见到损害的程度或具体数额。从司法实践来看，是否属于可预见的损失需要考虑以下几点：(1）可预期利益损失是否合理。可预期利益损失最基本的性质即为可预见性，而损失是否合理则为基本前提。(2）可预期利益损失是否排除了经营风险。(3）可预期利益是否具有客观确定性。

2. 减损规则。《民法典》第五百九十一条第一款规定，当事人一方违约后，对方应当采取适当措施防止损失的扩大，没有采取适当措施致使损失扩大的，不得就扩大的损失要求赔偿。即法律规定在合同一方违约后，守约方有义务防止损失的扩大，该规定也适用于可预期利益损失的认定。因采取减损措施而产生的费用可以要求违约方承担，但减损措施必须适当并且成本不能过高，否则可能不会得到法院的支持。实践中，对于减损的义务，如在违约行为发生后，守约方还存在未支付的合同价款，其应当可以采取其他合理方式使用该合同款项，避免扩大损失。

3. 与有过失规则。《民法典》第五百九十二条规定，当事人都违反合同的，应当各自承担相应的责任。当事人一方违约造成对方损失，对方对损失的发生有过错的，可以减少相应的损失赔偿额。

4. 损益相抵规则。《最高人民法院关于审理买卖合同纠纷案件适用法律问题的解释》第二十三条规定，买卖合同当事人一方因对方违约而获有利益，违约方主张从损失赔偿额中扣除该部分利益的，人民法院应予支持。民事责任的承担主要是补偿性质，因此守约方因违约行为受益的，其收益部分应当从损失赔偿额中予以扣除。通常而言，可以扣除的利益包括标的物毁损的残余价值、本应支付但因违约行为的发生而免予支付的费用、守约方本应缴纳的税收等。

基于上述规则，可以初步推导出可预期利益损失数额的计算方式：可预期利益损失数额 = 可预期利益损失总额 - 不可预见的损失 - 扩大的损失 - 因自身过错造成的损失 - 受害方因违约获得的利益 - 必要的成本。

四、可预期利益损失的适用条件

1. 当事人之间存在合同关系，可以是已生效的合同或者已成立但未生效的合同，守约方已经履行了一定的合同义务，并且合同不存在无效的情形。

2. 在合同关系中，合同一方或者双方存在根本违约行为或者存在缔约过失行为，该行为是导致合同不能继续履行或者不成立的主要原因。

3. 存在违约行为或缔约过失行为的一方导致另一方遭受可预期利益损失，该损失是合理、可预见的，并且已考虑到经营风险。

4. 可预期利益损失可以通过一定形式进行计算或者根据一般常理确认存在。

本案中，重庆公司与北京公司签订的柴油采购合同，系双方真实意思表示，内容合法有效，且不违反法律强制性规定，因此双方签订的柴油采购合同合法有效。在履约过程中，北京公司并无违约行为，其变更供货数量及终止与重庆公司的合同均是依据合同之约定，因此重庆公司不存在可预期利益的请求基础。同时重庆公司也未能举证证明其专门为北京公司囤货而遭受的损失具体数额，以及北京公司与其解除合同造成的损失。

【结语和建议】

本案虽然是一起常见的买卖合同纠纷，但是重庆公司的诉讼请求是基于可预期利益的损失。就该争议请求，除需证明违约方存在根本违约行为外，还需要对可预期利益的存在以及数额进行举证，否则法院一般不支持可预期利益损失赔偿。

因此，建议在合同制定过程中，对可预见的合理利益或者损害赔偿作出明确的表述并明确计算方式，或者在违约责任条款中考虑到可预期利益损失、合理确定违约金，尽可能地增加违约方的违约成本。由于可预期利益损失与违约金之间属于包含关系，不能同时适用。因此，在合同中约定了违约金的情况下，如果无其他证据证明违约金低于可预期利益损失，法院可能按照违约金数额认定赔偿数额。

A集团诉H市国土资源局等建设用地使用权合同纠纷案[1]

北京市炜衡（南京）律师事务所　栾云根律师　李晶晶律师

【关键词】

土地使用权　中标　成交确认书　毛地挂牌转让　解除合同　继续履行　项目公司

【案情简介】

A集团于2011年7月21日通过招拍挂方式，以总价28680万元取得了位于H市S新区某乡境内某地块，并按照招拍挂文件一次性缴纳了保证金24219万元。当日，A集团与H市国土资源局签订《成交确认书》。

H市国土局招拍挂文件中，提供了H市S新区管理委员会2011年6月28日出具的《关于按时拆除某地块地上附着物的承诺函》，该承诺书称，本建设用地已经经过批准征地并依法补偿到位，只是部分房屋未拆除，并承诺全部拆除完毕。但事后才发现该地实为“毛地”，存在着巨大的拆迁障碍。

因政府无法交地，A集团经济损失重大。多年来，A集团一直

① 案件来源：安徽省高级人民法院（2015）皖民四初字第00027号民事判决书、（2016）最高法民辖终160号民事裁定书。

在与H市政府各方交涉，从催告履约到要求退地赔偿均没有获得答复。

2014年年底，A集团再次发函要求退地赔偿。2014年12月30日，S新区管委会向A集团出具《关于某地块的复函》，承诺“在2015年3月31日之前完成全部拆迁工作，并将场地平整交付A集团”。

2015年8月5日，南京公证处现场调查结果显示，地块西南角仍有大量房屋未被拆除。

基于H市国土局一再违约，A集团于2015年4月3日向H市国土局发送《关于某地块无法交付要求退地赔偿的告知函》，要求解除合同并退地赔偿，后又多次通过律师发函催促退地赔偿均无果。

2015年12月8日，A集团以H市国土局、H市S新区管理委员会、H市人民政府为被告，向安徽省高级人民法院提起建设用地使用权出让合同纠纷之诉，诉讼请求如下：1. 请求确认原告与H市国土局建设用地使用权出让合同关系解除；2. 请求判令H市国土局返还244874000元及利息74948232元（利息从2011年7月19日暂算至2015年11月30日，2015年12月1日之后的利息以244874000元为基数，按中国人民银行同期贷款利率标准计算至实际给付之日止）；3. 请求判令H市国土局赔偿损失18902814.58元；4. 请求判令H市S新区管委会和H市政府对H市国土局上述债务承担连带责任；5. 诉讼费用、保全费用由三被告承担。

2016年1月6日，被告方以《竞买人须知》中约定由H市仲裁委管辖以及本案属行政诉讼为由提出了管辖权异议申请。我方答辩称：第一，《成交确认书》确定了合同主要条款，土地使用权出让合同关系成立。第二，H市国土局向A集团出具了土地权属证明，进一步说明土地已拍卖成交，拍卖程序已经结束。第三，A集团的诉讼请求是确认合同解除，系合同履行中的纠纷，而非拍卖过程中产生的纠纷，故《竞买人须知》中的仲裁条款不能适用。第四，双方虽未签订《出让合同》，但A集团支付了84.4%的土地价款，履行了主要义务，H市国土局也开具《土地权属证明》，说明双方合同成立且已实际履行，所有保证金均应转化为土地出让金。第五，本案是由于土地交付问题发生的纠纷，符合建设用地使用权出让合同纠纷的基本特征，应属民事诉讼案件受案范围。我方观点全部被安徽省高级人民法院采纳，并于2016年2月24日作出的《民事裁定书》，驳回被告对本案管辖权提出的异议。被告提起上诉，2016年12月，最高人民法院作出驳回上诉，维持原裁定的民事裁定书，最终案件确认由安徽省高级人民法院审理。

诉讼中，该宗地块情况发生了重大变化，地价飞速上涨，而且该地块已经拆平，具备了交付的条件。管辖权确立后，H市政府自信受挫，A集团代理律师乘胜追击，数次前往H市政府谈判，并与法院进行有效沟通，引导法院组织调解、释明裁判尺度，H市政府最终主动提出和解方案，引进国企B公司，通过B公司收购项目公司100%股权和债权的方式实现A集团的项目退出和损失弥补。

鉴于客观情况发生变化，A集团认为项目转让的和解方案更有利于我方，故A集团与H市政府、B公司、项目公司四方达成《备忘录》，由H市国土局与项目公司签订土地出让合同后，B公司收购项目公司。各方积极推进和解过程中，H市国土局突然提出，《成交确认书》中竞买人是A集团，不同意与项目公司签订土地出让合同。在和解陷入僵局、政府可能面临再次违约的情形下，代理律师提出变更诉请为向项目公司交地的诉讼策略，遂于2017年11月6日向法院申请追加项目公司为第三人参加诉讼，并申请变更诉讼请求如下：1. 请求 H 市国土局依法向项目公司履行交地义务；2. 请求判决 H 市国土局承担延期交付土地的利息损失 92920500.19 元（利息损失从 2011 年 7 月 19 日暂算至 2017 年 10 月 31 日，2015 年 12 月 1 日之后的利息损失以 244874000 元为基数，按中国人民银行同期贷款利率标准计算至实际给付之日止）；3. 请求判令 H 市国土局赔偿其他损失 18902814.58 元；4. 请求判令 H 市 S 新区管委会和 H 市政府对 H 市国土局上述债务承担连带责任；5. 诉讼费用、保全费用由三被告承担。

2017 年 11 月 23 日，H 市国土资向安徽省高级人民法院提出反诉，反诉请求：1. 依法解除 H 市国土局和 A 集团 2011 年 7 月 21 日签订的《成交确认书》，A 集团已缴纳的土地出让金不予退还。2. 依法判令 A 集团承担逾期缴纳出让金的利息损失计人民币约 1558.2 万元（按中国人民银行同期贷款利率标准计算，自 2011 年 8 月 18 日计算至 2017 年 11 月 17 日止）。3. 本案本诉和反诉各项诉讼费用均由 A 集团承担。

H 市国土局提出反诉之后，我方递交《答辩状》，认为 H 市国土局无法明确净地交付时间，多次违约在先，我方是依法行使同时履行抗辩权，不构成违约。且 H 市国土局出具的《权属证明》载明，A 集团交纳的竞买保证金转化为土地出让金，尚欠土地出让金也未明确交纳时间，故反诉请求不能成立。安徽省高级人民法院完全认可我方观点，并立即向 H 市国土局和 H 市政府释明反诉将无法得到支持。在法院释明后，H 市国土局提出只要 A 集团撤回损失赔偿诉请，判决后将不会上诉并履行判决。但 A 集团对 H 市政府多次违约已失去信任，不同意先行撤诉。为化解信任危机，代理律师提出就交地诉请先行判决的思路，并向法院递交附条件（法院作出一审判决且H市国土局履行生效判决后）的撤回损失赔偿诉请申请书押在法院，引导法院作为双方信任的桥梁，该方案得到法院支持和认可。2017年12月8日，A集团以损失尚待进一步调查，为避免损失扩大为由向法院申请先行判决：请求先行判决H市国土局向项目公司履行交地义务，并与项目公司签订《国有建设用地使用权出让合同》。待一审判决生效并履行完毕后，法院作出准予A集团撤回损失赔偿诉请的裁定。

【代理意见】

一、本案属于民事案件受案范围

最高人民法院（2016）最高法民辖终160号民事裁定书认定，"后由于土地交付问题发生纠纷，符合建设用地使用权出让合同纠纷的基本特征。是否订立书面合同，不影响对双方是否构成合同关系的认定。本案符合《中华人民共和国民事诉讼法》第一百一十九条规定的民事诉讼受理条件"，生效的民事裁定书确认了本案属于民事诉讼受案范围。

二、第三人具备签订土地出让合同的主体资格

被告提供以下证据：2011年7月18日原告申请书，明确原告在竞得土地使用权后将成立新公司对该地块进行开发建设；2011年7月20日，被告向原告出具的《竞买资格确认书》，确认原告具备竞买资格；2011年7月20日《关于公司投资H市S新区项目的会议纪要》，再次明确将成立项目公司及其持股比例。

原告和第三人提供以下证据：2011年8月30日《关于签订某地

块〈国有建设用地使用权出让合同〉的请示》，告知 H 市国土局已经按之前汇报注册成立了项目公司；2017 年 4 月 14 日《备忘录》，约定与第三人签订土地出让合同是收购前提。

上述证据均表明，原告从竞买申请至今，一直主张以第三人为主体履行出让合同的权利和义务，被告明知且默认同意。H 市国土局对 A 集团竞买申请资料进行审查后，确认了竞买资格，对 A 集团设立新公司对该地块进行开发未提出异议，应视为认可该经营模式。国土资源部关于《招标拍卖挂牌出让国有土地使用权规范（试行）》第 10.2 条规定："……（6）申请人竞得土地后，拟成立新公司进行开发建设的，应在申请书中明确新公司的出资构成、成立时间等内容。出让人可以根据招标拍卖挂牌出让结果，先与竞得人签订《国有土地使用权出让合同》，在竞得人按约定办理完新公司注册登记手续后，再与新公司签订《国有土地使用权出让合同变更协议》；也可按约定直接与新公司签订《国有土地使用权出让合同》。"故 A 集团起诉要求 H 市国土局向项目公司交付净地并与项目公司签订土地出让合同符合上述规定，也符合市场通行做法。

三、被告反诉的事实和理由不能成立

原告虽然未按约定时间签订出让合同、支付剩余土地价款，但根本原因和责任在被告 H 市国土局，理由如下：

1. H 市国土局出让案涉土地时，土地尚不具备净地出让条件。H 市国土局未如实披露且提供虚假《承诺书》误导原告，H 市国土局重大违约在先。

2. 原告签订《成交确认书》后才发现涉案土地为毛地，存在重大拆迁障碍，交付土地时间不能保证。履行合同条件发生了重大变化，并因此必将导致合同内容发生实质性变更，此时，仍然要求当事人按照《成交确认书》内容签订出让合同并缴纳剩余土地价款，明显有违诚实信用和公平原则。

3. 被告不能明确交付土地时间这一土地出让合同中非常重要和关键的条款，原告未按约定时间签订土地出让合同并支付剩余土地出让金，也是属于依法行使《合同法》第六十六条规定的“同时履行抗辩权”，原告不构成违约。

4. 原告此后也多次与被告交涉，催告要求签订《出让合同》，H市国土局未予理睬。

四、被告应当履行交地义务并赔偿原告损失

1. 目前涉案地块已经拆迁完毕，具备净地交付条件。

2. 2017年3月，原、被告各方同意继续履行合同、交付土地，由被告H市国土局与第三人签订《国有建设用地使用权出让合同》，并引进案外人B公司收购第三人的股权，由第三人继续实施房地产开发。2017年4月14日，各方签署《备忘录》。

3. 原告和B公司为履行《备忘录》做了大量工作，双方股权转让行为获得两省国资主管部门同意批复，原告作为上市公司也依法进行公告。原告也已经收取B公司履约保证金和首期股权转让款。目前，不履行合同的成本远远高于继续履行合同的成本，从民法公平和诚实信用原则出发，也应当维护合同的有效性，判定被告方继续履行合同。

4. 被告H市国土局已迟延交付土地长达近7年，现在具备交付条件后，再次违反诚信，不按《备忘录》约定履行签订义务。原告已为本项目前期投入了巨额土地出让金及设计、规划等前期费用，造成了已付土地出让金等资金的利息和已投入其他费用等损失，被告应当承担赔偿责任。

5. 虽然原告曾发函要求解除合同，但当时是基于被告长期不能提供净地，该地块客观上不具备交付条件。原告起诉后发现，被告已经具备了交地条件，作为守约方，自然有权选择是继续履行合同还是解除合同。

【判决结果】

2017 年 12 月 8 日，A 集团向安徽省高级人民法院申请就交付土地的诉讼请求先行作出判决。

2017 年 12 月 26 日，安徽省高级人民法院就交付土地作出先行判决：一、H 市国土资源局于本判决书生效之日起 15 日内就 H 市 S 新区某乡某地块与项目公司签订《国有建设用地使用权出让合同》，并交付该地块。二、驳回 A 集团对 H 市 S 新区管理委员会和 H 市人民政府的诉讼请求。三、驳回 H 市国土资源局的反诉请求。本案反诉案件受理费 1553710 元，减半收取 776855 元，由 H 市国土资源局负担。

一审判决后，原、被告均未上诉，因 H 市国土局履行了生效判决，2018 年 2 月 7 日，A 集团撤回利息和损失赔偿的主张。安徽省高级人民法院裁定如下：准许 A 集团撤回对利息及赔偿损失的起诉。案件受理费 1735425 元，减半收取 867712.5 元，由 A 集团承担。

【案例评析】

本案系国土局“毛地”挂牌转让引发的纠纷，因政府无法完成净地交付长达七年之久，土地使用权出让合同也未能签订。经多次催促后，基于政府一再违约，A 集团不得已通过诉讼主张退地赔偿。本案的特殊性在于：其一，原告中标后，并未与被告签订合同，仅有中标通知书，是否能认定合同已经成立，H 市国土局违约，本案是民事案件还是行政案件？其二，A 集团起诉后，被告提出反诉，原告并未交齐所有的土地使用权出让金是否构成违约？其三，被告迫于诉讼压力，主动提出和解方案，是陷阱还是机遇？其四，土地价格上涨，原告发出的解除合同通知已生效，原告能否主张继续履行合同，以创造和解的机会？本案是一起巧用诉讼策略化解危机，将诉讼与和解完美配合的经典案例。

代理律师在本案各方沟通、谈判，诉讼方案的制定以及诉讼技巧的运用中均发挥了比较重要的作用。

第一，本案被告系政府方，如由仲裁委管辖则不利于我方，故我方管辖权异议的胜利先声夺人，重挫政府方的自信，也是本案得以胜诉的基础。

第二，管辖确定后，代理律师又通过庭前有效的沟通，引导法院向对方传达可能的裁判尺度，迫使 H 市政府方主动提出和解，引入国企 B 公司收购项目公司。

第三，在政府方不同意与项目公司签订土地使用权出让合同，和解陷入僵局、政府面临再次违约的情形下，代理律师迅速论证并调整诉讼方案，提出追加项目公司为第三人并变更诉请，诉讼请求由退地赔偿变更为向项目公司交地赔偿。

第四，诉请变更为 H 市国土局与 A 集团设立的项目公司（孙子公司）签订《国有建设用地使用权出让合同》尚无先例，看似一步险棋，实际上是建立在代理律师反复论证的基础上。有多份证据表明，A 集团从竞买申请至今，一直主张设立项目公司为主体履行出让合同的权利和义务，H 市国土局也对竞买身份予以确认，依据《招标拍卖挂牌出让国有土地使用权规范（试行）》第 10.2 条之规定，与项目公司签订出让合同具备事实和法律依据。

第五，在对方要求我方先撤回损失赔偿诉请，我方又担心对方上诉，陷入信任危机的情形下，代理律师提出先行判决的建议，并向法院递交附条件的撤诉申请，引导法院作为双方信任的桥梁。这一方案得到法院支持，最终化解矛盾，促成全案的成功代理。

【结语和建议】

本案从立案到管辖权异议，到追加第三人并变更诉请，到被告反诉开庭审理，再到最终判决生效并执行，历经整整两年的时间。本案的成功代理，离不开代理律师的精心策划、关键环节的果断抉择以及与各方积极有效的沟通，当然也离不开当事人的充分信任、积极配合，以及法院和交易对手的大力支持。本案既是诉讼判决结案，也是和解结案，是诉讼与和解的完美配合，不仅化解了矛盾，也实现了各方共赢的友好局面。

周某与陈某、张某财产损害赔偿纠纷案[①]

北京炜衡（杭州）律师事务所　底世清律师　钱思洋律师

【关键词】

有限合伙　财产损害赔偿　一致行动　抛售股票　损失界定

【案情简介】

A合伙企业系于2014年10月31日成立的专项投资B证券公司的有限合伙企业，投资总额3亿元。陈某、曹某、张某于2014年10月29日签署的《合伙协议》约定：陈某为普通合伙人，认缴出资3000万元，占出资比例的10%，曹某为有限合伙人，认缴出资1.2亿元，占出资比例的40%，张某为有限合伙人，认缴出资1.5亿元，占出资比例的50%；企业的利润和亏损，由合伙人依照出资比例分配和分担，企业每年年底进行一次利润分配或亏损分担；全体合伙人共同委托陈某作为企业执行合伙事务的合伙人，其他合伙人不再执行合伙企业事务，执行合伙企业事务的合伙人对外代表企业；合伙人对合伙企业有关事项作出决议，实行合伙人一人一票表决权，除法律、法规、规章和本协议另有规定外，决议应经全体合伙人过半数表决通过，但转让或者处分合伙企业的知识产权和其他财产权利等事项应当经全体合伙人一致同意。

---

① 案件来源：浙江省高级人民法院民事判决书（2020）浙民终465号。

此外，陈某、曹某、张某还签署《补充协议》一份，在利润分配一节中明确约定，B证券公司上市后，将对陈某按股价倍率进行不同比例的奖励：如出让时股价在认购价2.98元每股三倍以内的，则奖励全部利润部分的10%；如出让时股价在认购价2.98元每股三倍以上，则奖励全部利润部分的12%。

2015年4月28日，因曹某将其持有的A合伙企业认缴出资中的部分份额转给周某，故陈某、曹某、张某、周某又签署变更后的《合伙协议》一份，对合伙人的组成及出资金额进行了部分修改，并最终确定陈某为普通合伙人，认缴出资3000万元，占出资比例的10%；曹某为有限合伙人，认缴出资8325万元，占出资比例的27.75%；张某为有限合伙人，认缴出资1.5亿元，占出资比例的50%；周某为有限合伙人，认缴出资3675万元，占出资比例的12.25%。

同日，陈某、曹某、张某、周某还签署了全体合伙人决定书，即关于同意周某入伙的决定书一份，周某在该决定书中承诺：（1）对本合伙企业已作出的投资、经营决策、决议等已经知晓并无条件同意，相关书面文件由新合伙人签字确认并作为本决定书的附件；（2）不参与本合伙企业经营决策，除故意损害合伙企业或新合伙人利益外，新合伙人对其余合伙人所作经营决策无条件同意；（3）本合伙企业对外投资项目如上市后，就该项目新合伙人不得独立发表股票、资产处置等相关意思表示，作为其余三位合伙人的一致行动人，遵从其余三位合伙人的一致决议。该决定书还约定“本决议与工商登记的文件如有冲突的，以本决议内容为准”。

2016年9月12日，因曹某将其持有的剩余出资份额分别转让给杨某和张某，为此，陈某、张某、周某、杨某签署变更后的《合伙协议》一份，对合伙人的组成及出资内容进行了确认，即陈某为普通合伙人，认缴出资3000万元，占出资比例的10%；张某为有限合伙人，认缴出资2.1033亿元，占出资比例的70.11%；周某为有限合伙人，认缴出资3675万元，占出资比例的12.25%；杨某为有限合伙人，认缴出资2292万元，占出资比例的7.64%。

2016年9月20日，陈某、张某、周某、杨某在上述协议基础上签署了《补充协议》一份，约定合伙企业各方一致同意实行每个投资项目单独核算，利润单独结算分配，亏损单独结算承担原则，并明确B证券投资项目利润分配前需先扣除国家规定费用、各合伙人按出资比例收回的出资额、支付给普通合伙人的业绩报酬等。

A合伙企业经工商行政管理部门备案的最新合伙协议为2017年4月26日的《合伙协议》，除记载各合伙人出资均已到位外，其余内容均与2016年9月12日的《合伙协议》一致。

2014年12月，A合伙企业按2.98元/股的价格合计出资2.682亿元，认购了B证券公司定向增资发行股份9000万股。2017年10月24日，B证券公司在上海证券交易所挂牌上市。2018年7月，A合伙企业收到B证券公司2017年度分红1620万元。同年10月24日，B证券公司股票解禁可以上市流通。第一批可交易股票为3587万股。A合伙企业在2018年11月5日至12月3日期间将该部分股票通过二级市场进行抛售，抛售金额为29048.8219万元，抛售均价为8.1元/股。2019年1月，B证券公司第二批可交易股票为3584万股，A合伙企业在2019年2月11日至3月11日期间又将该部分股票进行抛售，抛售金额为34156.7720万元，抛售均价为9.53元/股。

截至2019年5月28日，A合伙企业仍持有B证券公司股票1829万股未抛售。A合伙企业已对B证券公司2017年度分红及第一批股票抛售款一并进行分配，款项于2019年1月至2月分两次支付给各合伙人。第二批股票抛售款因周某提起诉讼暂未分配。

后周某以陈某、张某、A合伙企业在未经其同意的情况下低价抛售B证券公司股票私自进行分配，侵犯其财产权益为由，向某市中级人民法院提起财产损害赔偿诉讼，要求判令：1. 被告陈某、张某、杨某、A合伙企业共同赔偿原告周某损失计104051292.50元（计算依据为：被告未经原告同意擅自抛售A合伙企业持有的B证券公司股票7178万股，按照起诉前一日即2019年3月12日B证券公司盘中最高价14.85元并结合其持有的12.25%的出资比例进行计算，扣除原告已经收到的分红款2851万元）；2. 判令本案诉讼费用由四被告承担。

一审期间，被告陈某、A合伙企业共同委托我所代理本案。后经开庭审理，一审法院判决驳回周某的诉讼请求；周某不服一审判决提起上诉，二审继续由我所代理，该案经二审终审，某省高级人民法院依法驳回其上诉，维持一审判决。

【代理意见】

一审中，本所代理律师认为：陈某及A合伙企业出售B证券公司股票的行为是合法的，也未给周某造成任何损失，周某无权就此主张赔偿损失。

一、陈某及A合伙企业并不存在损害周某利益的任何主观故意

1. 陈某作为A合伙企业的普通合伙人，负责合伙事务的执行，决定出售B证券公司的股票及对款项进行分配属于其履行本职工作义务，并不需要取得包括周某在内的其他有限合伙人的同意。根据

《合伙企业法》的规定，有限合伙企业由普通合伙人执行合伙事务，有限合伙人不执行合伙事务，不得对外代表有限合伙企业。由于出售有限合伙企业持有的股票及对款项进行分配属于执行合伙事务的行为，作为普通合伙人的陈某有权根据合伙企业的经营情况，决定是否对外出售 B 证券公司的股票，该行为是正常的经营管理行为。同时，根据《合伙协议》第十九条第三款的约定，本协议中的各条款与法律、法规、规章不符的，以法律、法规、规章的规定为准。在此情况下，若存在《合伙协议》中对于普通合伙人的权限规定与《合伙企业法》不符的情况，则《合伙企业法》的规定应当优先于《合伙协议》适用。2. 陈某及 A 合伙企业在出售 B 证券公司股票及对款项进行分配时已经告知了周某，包括周某在内的所有合伙人当时对此也是认可的。2018 年 12 月，周某与包括陈某在内的其余合伙人（杨某由其委托人潘某出席）在某大厦开会。会上，陈某向周某及其他合伙人通报了 B 证券公司股票第一批出售情况及金额等，并对款项的分配听取了各合伙人意见。各合伙人同意将第一批出售的 B 证券公司股票以及红利在 2019 年年初进行分配，并同意在对应的款项未分配前，可以 12% 的年利率出借给某集团公司，以避免款项的浪费。2019 年 1 月，陈某将第一批出售的股票款及分红款在扣除管理费及税费后，计算出各合伙人可分配的金额，其中周某可分配金额为 2851 万元。陈某将该情况通知各合伙人，周某也及时提供了相应的账户。各方在收到首期款项后，并未提出过任何异议。此后，陈某又将解禁的 B 证券公司股票 3584 万股全部出售，出售金额为 34156.772 万元，并据此计算出了包括周某在内的各合伙人的款项。后由于周某起诉，该部分款项没有进行分配。从以上可知，周某对于陈某出售 A 合伙企业持有的 B 证券公司股票行为是知情同意的，现其因看到该股票后期价格上涨，以不知情为由欲推翻其之前的意思表示，明显违背了诚实信用原则。3. 周某在成为合伙人时曾明确承诺，如A合伙企业投资的股票上市，其放弃股票处置的决定权。根据陈某提供的2015年4月28日签署的全体合伙人决定书，周某在成为合伙人时已经明确承诺“就该项目，周某不得独立发表股票、资产处置等相关意思表示，作为其余三位合伙人的一致行动人，需遵从其余三位合伙人的一致决议”。很显然，周某已经明确放弃了对此表决和处置资产的权利。

由此可见，周某在成为合伙人时，已明确表示放弃其对A合伙企业持有的股票如何处置的决定权。因此，即使陈某在出售A合伙企业持有的B证券公司股票时并未征询周某意见，该行为也不会对周某的权利造成任何损害。

二、陈某出售A合伙企业持有的B证券公司股票的行为，并未损害A合伙企业以及其他合伙人的利益

1. 陈某作为A合伙企业普通合伙人，其利益与其他有限合伙人的利益是完全一致的，主观上不存在通过抛售股票损害A合伙企业以及其他合伙人利益的故意。陈某自身利益的实现是通过A合伙企业持有的B证券公司股票抛售后获利来实现的。如果陈某故意以较低价格抛售股票，也将导致自身利益受到损害，这是不符合常理的。2. A合伙企业是以投资为目的持有B证券公司股票的。因当时B证券公司股票一直未解禁，故A合伙企业不能将自己持有的股票进行出售。在解禁可以上市交易后，陈某以执行合伙人身份将该部分股票对外出售，完全是为了实现A合伙企业对B证券公司股票的投资目的；且2018年正值股市整体趋势向下，在此情况下，尽快将持有的股票抛售变现也有利于投资人的利益价值最大化。3. B证券公司股票解禁后，其他大股东也纷纷抛售 B 证券公司股票。这也导致 B 证券公司股票的价格有一定程度的下跌，如陈某不及时对外出售该部分股票，则可能导致股票价值下降，这对 A 合伙企业及全体合伙人而言均是不利的。4. 从 B 证券公司其他大股东对外出售股票的价格以及陈某出售 B 证券公司股票前 30 日的市场均价来看，陈某出售股票的价格均远高于其他大股东的出售价格及当时市场均价，该出售行为并未损害 A 合伙企业及全体合伙人的利益；任何人都不能对未来发生的股票行情作出绝对客观全面的判断，不能以此后的股票价格上涨或下跌来判定此前的出售行为是否合理，或以此评价是否给其造成了损失。否则，下跌了可以要求被告赔偿损失，是否也意味着今后若上涨了还要对被告进行补偿?

三、根据《合伙协议》约定，合伙企业利润的分配需在每年年底进行，周某目前无权要求分配第二批 B 证券公司股票出售款

截至目前，A 合伙企业共计出售 B 证券公司股票 7171 万股，其中 2018 年出售 3587 万股，2019 年出售 3584 万股。2018 年出售的 B 证券公司股票对应款项，已经分配给了周某。目前 2019 年出售股票的利润分配期未到，而在合伙企业经营过程中也可能会出现导致合伙企业亏损的情况，2019 年 A 合伙企业是否存在利润也尚未确定。因此，周某无权要求 A 合伙企业在 2019 年利润及亏损情况尚未确定的情况下，提前将 2019 年出售 B 证券公司股票所得款项进行分配。至于 A 合伙企业目前持有的 B 证券公司 1829 万股股票，由于该部分股票尚未对外出售，周某无权要求分配。A 合伙企业注册资金为 3 亿元，周某对应的出资为 3675 万元，实缴 90%，在 A 合伙企业存续期间，周某也有义务保证合伙企业实缴出资的充足，无权要求将其对 A 合伙企业的全部出资进行分配。

此外，代理人重点强调：周某一共起诉四个被告主体，个别主体非适格被告，原告的诉求与《合伙协议》的约定和《合伙企业法》的规定相冲突。特别是：周某主张赔偿损失的请求权基础混乱不清，需要其明确是基于合同违约产生的赔偿还是基于侵权造成的赔偿。

综上，周某的诉请没有事实和法律依据，应当依法予以驳回。

二审中，我们认为：根据合伙协议约定，在合伙协议与法律法规不符时，以法律法规为准，故本案应适用合伙企业法的规定。A合伙企业出售股票的行为符合《全体合伙人决定书》的约定，由于杨某不是决定书的签订人，故不享有决定书约定的相应权益。而周某作为一致行动人也已经放弃了相关权利，该行为应得到法庭的尊重。

陈某、张某是根据市场规律和股票市场的即时价格作出抛售股票决定的，没有侵害周某的权益。周某已经取得高于出资额三倍以上的收益，其也根本不存在实际损失一说，更何况其所讲的损失是以未来发生的情况作为评判依据的。是否存在损失，应该以股票抛售前的价格与抛售时的价格进行比对，而非以未来可能发生的价格进行比对，因为谁都不能对股票市场绝对地做到未卜先知。抛售股票是陈某作为普通合伙人的权利，不存在陈某与张某串通的情况。陈某在抛售股票前征询了其他合伙人的意见。A合伙企业抛售的股票系属于A合伙企业的财产，并非周某的个人财产，其无权要求陈某、A合伙企业、张某进行赔偿。

根据合伙企业法的规定，只有在故意或重大过失的情况下，才能要求执行事务合伙人承担责任。将出售股票的资金出借给某集团公司属于普通合伙人的经营行为，且未损害各合伙人的利益，也是合法的。请求驳回上诉，维持原判。

【判决结果】

一审判决驳回原告诉讼请求；二审判决驳回上诉，维持原判。

【裁判文书】

一审法院认为：周某系以侵权责任提起财产损害赔偿诉讼的，其主张陈某、张某、A合伙企业在未经其同意的情况下低价抛售B证券公司股票且私自予以分配，侵犯其财产权益，属于一般侵权行为，根据侵权责任构成要件，需同时满足侵权行为、损害后果、因果关系及过错的存在。

（一）关于侵权行为一节。陈某作为执行事务合伙人在B证券公司股票解禁后将A合伙企业持有的部分股票对外出售，系处分合伙企业财产的行为，根据合伙协议的约定应当经全体合伙人一致同意，而A合伙企业并未对此形成有效决议。但本院亦注意到，周某在入伙时承诺其在B证券公司上市后不得独立发表股票、资产处置等相关意思表示，作为其余三位合伙人的一致行动人，遵从其余三位合伙人的一致决议。由此可见，周某在成为合伙人时明确表示放弃对A合伙企业持有的股票如何处置的决定权，该承诺系周某对自己权利的处分，属于对合伙协议表决权条款的特别约定。虽嗣后A合伙企业的合伙人有所变更，但在周某未与其他合伙人签订具有相反意思表示的其他协议的情况下，该承诺对周某仍具有约束力。故即使陈某在出售A合伙企业持有的B证券公司股票时未征询周某意见，也不构成对周某权利的侵害。周某主张张某、A合伙企业与陈某相互串通构成共同侵权，亦缺乏充足证据予以佐证，本院不予采信。

（二）关于损害后果一节。周某要求按其在A合伙企业对应份额的股票在起诉时的价值赔偿损失，但作为实时灵活交易的金融产品，股票价格受到供求关系变化而时时波动，不能从股票抛售后某一时间节点股价上涨来反推当初抛售股票时的价格不公允导致周某的投资利益受损，也即周某所述的损失是否存在具有不确定性，无法认定因案涉股票抛售行为对其造成实际损害后果。

另，A合伙企业对股票抛售款的分配属于股票抛售行为的延续。目前第一批股票抛售款已与B证券公司2017年度分红一并进行分配，第二批股票抛售款因周某提起本案诉讼尚未分配。考虑到股票出售后款项的分配属于合伙企业内部的利润分配事项，应当依照合伙协议及补充协议的相关约定处理，周某就此所提的异议不属于本案侵权责任纠纷的审理范畴。

综上，本案不符合侵权责任的构成要件，周某主张因案涉抛售股票行为导致其在有限合伙企业中的利益受到侵害依据不足，本院对其诉讼请求不予支持。依照《中华人民共和国侵权责任法》第六条、《中华人民共和国民事诉讼法》第六十四条第一款之规定，判决如下：驳回周某的诉讼请求。

二审法院认为：关于A合伙企业的民事责任问题。《中华人民共和国合伙企业法》第二十条规定，合伙人的出资、以合伙企业名义取得的收益和依法取得的其他财产，均为合伙企业的财产。第二十一条规定，合伙人在合伙企业清算前，不得请求分割合伙企业的财产；但是，本法另有规定的除外。据此，A合伙企业名下的B证券公司股票应属于A合伙企业的财产，周某仅依据合伙协议及其出资份额，享有相应权利。A合伙企业处分自有财产并不构成对合伙人权益的损害，因此，A合伙企业不应承担相应民事责任。

关于普通合伙人（执行事务合伙人）陈某及有限合伙人张某的民事责任问题。《中华人民共和国合伙企业法》第三十条规定，合伙人对合伙企业有关事项作出决议，按照合伙协议约定的表决办法办理。第六十七条规定，有限合伙企业由普通合伙人执行合伙事务。执行事务合伙人可以要求在合伙协议中确定执行事务的报酬及报酬提取方式。第九十七条规定，合伙人对本法规定或者合伙协议约定必须经全体合伙人一致同意始得执行的事务擅自处理，给合伙企业或者其他合伙人造成损失的，依法承担赔偿责任。第九十八条规定，不具有事务执行权的合伙人擅自执行合伙事务，给合伙企业或者其他合伙人造成损失的，依法承担赔偿责任。

具体到本案，周某在入伙时承诺其不参与本合伙企业经营决策，除故意损害合伙企业或新合伙人权益外，新合伙人对其余合伙人所作经营决策无条件同意，在 B 证券公司上市后不得独立发表股票、资产处置等相关意思表示，作为其余三位合伙人的一致行动人，遵从其余三位合伙人的一致决议。该承诺系周某对自己权利的处分，属于对合伙协议表决权条款的特别约定。此后 A 合伙企业的合伙人变更不影响周某作出该承诺的效力。原判认定周某在成为合伙人时明确表示放弃对 A 合伙企业持有的股票如何处置的决定权，并无不当。陈某作为执行事务合伙人在 B 证券公司股票解禁后将 A 合伙企业持有的部分股票对外出售，该行为属于处分合伙企业财产的行为，根据合伙协议的约定应经全体合伙人一致同意。虽然 A 合伙企业并未对陈某出售 A 合伙企业持有的 B 证券公司股票的行为形成有效决议，但因周某在入伙时即表示放弃对 A 合伙企业持有的股票如何处置的决定权，故陈某出售 A 合伙企业持有的 B 证券公司股票的行为并不构成对周某权利的侵害。

同时，由于股票价格跟随市场行情不停波动，故不能以股票抛售后某一时间节点股价上涨来反推此前抛售股票行为导致周某的投资利益受损。本案也不存在陈某明知股票处于价格上升通道，故意低位抛售股票的情形。事实上，所有合伙人已经自陈某出售A合伙企业持有的B证券公司股票的行为中获得巨额利益。故周某主张其受有实际损失不能成立。

综合以上分析，本案陈某出售A合伙企业持有B证券公司股票的行为既不存在损害周某权益的故意或过失，也不能认定因该处分行为致使周某受有损失。周某主张陈某、张某应按照起诉前一日即2019年3月12日B证券公司盘中最高价14.85元扣除已取得的款项赔偿其损失，缺乏事实和法律依据。

综上，上诉人周某的上诉请求不能成立，应予驳回；一审判决认定事实清楚，适用法律正确，应予维持。依照《中华人民共和国民事诉讼法》第一百七十条第一款第一项之规定，判决如下：驳回上诉，维持原判。

【案例评析】

本案主要争议有：1. 在有限合伙企业中，合伙协议约定执行事务合伙人处分合伙企业财产是否需要经全体合伙人一致同意的问题，以及该约定是否合法有效。2. 在合伙人发生变更的情况下，原合伙人之间的决定书中有关合伙人放弃合伙企业股票处置权的承诺是否依然有效的问题。3. 在没有合伙人决议或约定的情况下，如何评价股票抛售的损失。

针对第一个问题，本案陈某出售B证券公司股票的行为属于执行事务合伙人转让合伙企业财产的行为。

根据《合伙企业法》第六十八条明确规定，有限合伙人不执行合伙事务，不得对外代表合伙企业，并对有限合伙人可以实施的几种不视为执行合伙事务的行为进行了明确的规定，其中对合伙企业处分其财产进行表决并不属于有限合伙人可以实施的行为，因此根据《合伙企业法》的规定，出售股票行为本身应属于普通合伙人的权利而不需要全体合伙人一致同意。本案中，A合伙企业设立的目的即为专项投资B证券公司，执行事务合伙人的主要事务也即对合伙企业对外的投资事项进行管理，并在适当的时候出售股票以获取投资收益，这本身就是普通合伙人也即执行事务合伙人的权利。但在各合伙人签署的《合伙协议》中，却又约定了执行事务合伙人处分合伙企业财产的行为需要全体合伙人一致同意。因此，该《合伙协议》与《合伙企业法》的规定相矛盾，实际上相当于变相剥夺了《合伙企业法》赋予普通合伙人的相关权利，与立法本意并不完全吻合。

虽然《合伙协议》的约定与《合伙企业法》规定不一致，但一、二审法院考虑到保护其他合伙人，尤其是有限合伙人的利益，基于尊重意思自治的原则还是采取了更为严格灵活的观点，即认为出卖股票属于处分合伙企业财产，需要根据《合伙协议》约定来判定该行为是否合法，也即出售股票应经过全体合伙人的一致同意。该约定是有效的，而非执行事务合伙人所能单方面决定的。

针对第二个问题，周某在入伙时承诺其“不参与本合伙企业经营决策，除故意损害合伙企业或新合伙人利益外，新合伙人对其余合伙人所作经营决策无条件同意；在B证券公司上市后不得独立发表股票、资产处置等相关意思表示，作为其余三位合伙人的一致行动人，遵从其余三位合伙人的一致决议”。

此处可作两种解释：1. 周某在入伙前完全放弃了自己对于股票处置的权利，对股票处置行为不发表意见或需尊重其他合伙人的意见；2. 周某放弃对股票的处置权，但附有限定条件，即针对签订该决定书的三位合伙人，放弃其表决权，遵从该特定三位合伙人的一致决议。

在第二种解释下，周某对于股票处置权的放弃其实是基于对特定三位合伙人能力的信任而作出的决定。当该三位合伙人全部更换为其他主体时，毫无疑问周某可主张不再受其放弃处置承诺的约束，自主行使其表决权。

但是，当该三位合伙人中的其中一位或两位发生变化时，周某是否仍受其一致行动承诺的约束值得讨论：周某的一致行动承诺是基于对三位合伙人中每位合伙人作为独立个体的信任，还是基于对三位合伙人相互之间的制衡关系所最终达到的平衡结果的信任，两种不同的理解将会产生不同的结果。在第一种理解下，即便其中一位或两位合伙人发生变更，基于对每位合伙人独立的信任，周某仍应遵从剩余特定合伙人的表决意见；而在第二种理解下，周某承诺遵从的是该特定三位合伙人合意后一致同意作出的决议，一旦该稳定的三角关系被打破，周某即不再受其一致行动承诺的约束。

但本案中，一、二审法院均采第一种解释，即周某完全放弃了自己对于股票处置的权利，这种承诺放弃行为本身就是单方的，而不管其他合伙人是否发生变化。不论嗣后 A 合伙企业的合伙人发生怎样的变更，都与周某的承诺无关。周某想要不再受该承诺约束，必须作出明确的声明。代理人对此观点比较认可。

针对第三个问题，从举证的角度，周某需证明其实际损失的存在。然而客观上，股票市场瞬息万变，股票的价格涨跌极易受到宏观经济发展与调控、行业发展与政策、国际关系与国际事件等个人所无法预知，也无法控制的突发事件的影响，这些都天然决定了投资人基本上不可能在投资标的物价格最高点时全部完成套现。

因此，除非能够证明该部分股票是被恶意低价出售，否则仅从股票抛售后价格的上升或下跌来评价是否存在损失显然不具有客观性。本案中，周某以未来的价格上涨来认定陈某此前的抛售价格过低，显然不足以将该部分增值定性为投资人的实际损失。

从一、二审法院对此评价的态度也可以看出作为投资人，若主张有实际损失，必须在举证上更进一步，夯实所谓的“损失”在获得上的确定性。同时，本案的请求权基础也值得商榷，若认为是侵权之诉，必须符合侵权的四个要件，至少在损失评价方面就是个难点。

【结语和建议】

本案中除了上述几个主要争议外，还有一点值得注意：周某在没有提出要求退伙的情况下，就要求合伙企业和合伙人向其赔偿损失，混淆了合伙人的权益与合伙企业的财产。

当合伙人向合伙企业缴纳完毕出资，该部分出资即成为合伙企业的财产。作为对价，出资的合伙人获得的是依据《合伙企业法》与合伙协议所享有的作为合伙人的权益。合伙人对合伙企业财产是不能直接享有权利的。

此外，在以有限合伙的形式进行投资活动的过程中，由于投资活动的特殊性，合伙人也要注意与从事非投资活动的区别。

作为普通合伙人，不能想当然地认为处分投资标的物就是在行使执行合伙事务或是普通合伙人的权利，而不征求其他合伙人的同意。相反，在作出这类决定时应更谨慎，程序要更完备，以降低自己的风险。

作为有限合伙人，在作出类似一致行动等承诺时，需要对承诺遵从的对象表述清晰，必要时加以强调。此外，在作出一致行动承诺的同时即应对相应的退出方法以及损失补偿等作出约定，以掌握对于投资活动的主动权。

张小美与李丽婚姻家庭纠纷案[1]

北京炜衡（杭州）律师事务所　底世清律师　杨振威律师

【关键词】

墓碑　署名　认祖权　公序良俗

【案情简介】

原告张小美（化名）系死者张某某与其第一任妻子吴大美（化名）的女儿，吴大美已于1958年病故，坟墓在1959年作无主处理。被告李丽（化名）系死者张某某生前最后一位合法配偶，于1998年就骨灰安放位置在某革命烈士陵园办妥手续并予以确认。

张某某去世后，张某某和被告的子女于2010年就骨灰迁移事项与前述烈士陵园签订协议，将张某某骨灰迁移至该陵园生态公墓。墓位对应的墓碑上署张某某及被告的名字，并无子女署名。在张某某去世后，原告时常至烈士陵园祭奠、追思其父。

后原告向法院提起诉讼，请求准许在父亲张某某墓碑上添加母亲吴大美的名字，添加名字的费用和购买墓穴的费用由原、被告共同承担。

一审法院以墓穴具有特定性、墓碑上的名字应为墓穴特定的使用人为由判决驳回原告的诉讼请求。后原告不服一审判决提起上诉。

---

① 案件来源：浙江省高级人民法院民事裁定书（2019）浙民申4815号。

二审法院以墓碑上的署名应以尊重逝者生前意愿为前提、优先考虑逝者生前最后合法配偶意愿为由，驳回上诉、维持原判。

原告仍不服某中级人民法院的二审判决，依法向某省高级人民法院提起再审申请。

【代理意见】

一、墓碑上的名字应为墓穴特定的使用人，被答辩人的诉请违背了我国传统的殡葬礼仪，亦违背我国目前一夫一妻制的法律法规

首先，案涉生态公墓墓位是张某某和答辩人的亲生子女依照父母意愿，按照一定的手续办理的，是为了用以安放张某某和答辩人的骨灰，具有特定性。

案涉墓位对应的墓碑上所刻的也是张某某和答辩人的名字，因答辩人尚在世，根据我国传统的殡葬礼仪，先将答辩人的名字刻在墓碑上但不进行上色，这也证明了张某某和答辩人是特定使用人。

而被答辩人生母吴大美于 1958 年病故，坟墓早在 1959 年就作了无主处理。且吴大美也并非案涉墓位的特定使用人，被答辩人要求在对应的墓碑上添加吴大美名字的诉请既无事实依据，也无法律依据，更与传统的殡葬礼仪、风俗习惯不符，依法不应得到支持。

其次，答辩人不否认吴大美为张某某原配的地位，但该事实与被答辩人诉请要求答辩人在墓碑上刻吴大美之名没有关联。

《婚姻法》第二条规定我国实行一夫一妻制。张某某与吴大美的事实婚姻关系自吴大美去世之时即终止。此后，张某某与答辩人于 1958 年通过合法程序结为夫妻，至张某某去世时，答辩人系张某某合法且唯一的妻子。被答辩人有意混淆视听，以古时一夫一妻多妾制下的礼法制度强加于生活在现代法治社会下的答辩人，明显不妥。

最后，在当代法治社会下，审判案件是以事实为依据，以法律为准绳，古代礼制或道德不是人民法院裁判的依据。被答辩人通篇引用的古代礼法制度于法无据，也不应得到法院支持。

被答辩人在申请书中通篇论述其生母为张某某“原配”，并以其需认祖归宗、履行孝道等理由主张其生母名字应刻在墓碑上，理由根本不能成立。答辩人从未否认过其生母是张某某第一任妻子的事实，但答辩人认为该事实与其生母的名字是否应刻在墓碑上没有必然联系。

被答辩人强行将两者联系起来，其实就是以古代中国的传统礼法制度凌驾于当代中国的法治制度之上，是有悖于现代法律、法治理念的。被答辩人认为应区分“元配”“续弦”，并认为“结发夫妻理应共葬一墓”的上述观念，不是良俗，而是应当摒弃的陋习弊法。

按其“元配”应当享有高于“续弦”地位的意见，相当于认定一段婚姻比另一段婚姻更优越、更值得保护。如此观点，严重违反了《民法总则》第四条、《婚姻法》第二条规定的平等原则。人人平等是当代社会的基础，平等原则是民事法律制度的基石，必须被尊重和保护。

再退一步讲，就从被答辩人所说的孝道来看，其生母于1958年病故，之后，其父亲张某某与答辩人结合，答辩人成为其继母，这是不争的事实。

答辩人早于1998年就已就张某某骨灰安放相关事宜办妥手续且予以确认，并在2011年将骨灰迁移至案涉墓位，这也是不争的事实。被答辩人称自己时常去祭奠，可以推定她是认可或者至少是知晓案涉墓位对应墓碑的碑文内容的。

在过往这么多年中，被答辩人都未曾提出过异议，而选在答辩人也是其继母被确诊患癌症的前后提起诉讼，无论是对其生母或是其继母，都难谓孝道。

二、墓碑上的署名应以尊重逝者生前意愿为前提，并优先考虑逝者生前最后合法配偶的意愿，被答辩人的主张侵害了答辩人的合法权利，系对答辩人的伤害

首先，答辩人不同意加刻再审申请人生母名字是基于答辩人与张某某的共同意愿，且并不违反公序良俗。

答辩人认为：墓碑上的署名应以尊重逝者生前意愿为前提，并优先考虑逝者生前最后合法配偶的意愿。被答辩人要求将其生母名字刻在墓碑上的诉请只是其个人意愿，结合一审、二审的证据来看，张某某在生前从没有表达过该意愿，答辩人作为张某某生前最后的合法配偶对此也是明确拒绝的。因此，不同意加刻代表了张某某与答辩人的共同意愿。

同时，答辩人也从未阻挠过被答辩人对其生父母的祭奠。答辩人认为，不同意加刻其生母名字并不会对其祭奠、缅怀生父母产生任何不利影响，因此并不违反公序良俗。

其次，相关证据也没有显示张某某想同吴大美合葬。

本案中，被答辩人从未提交任何证据证明张某某本人留有书面材料或口头遗嘱表达希望合葬的意愿；与之相反，其生前行为足以推知其并不同意进行合葬。

本案的事实是：张某某生于1929年11月，1980年51岁时，在某军区在任期间因健康原因申请离职休养，并于1983年去世。张某某系部队离休干部，且去世时年仅54岁，头脑清醒敏锐，明知其前妻吴大美早已于1958年去世，且其坟墓也已于1959年作无主处理。

若张某某想与前妻吴大美合葬，一定会将合葬的想法向家人提出，也会让其家人定期维护吴大美的坟茔，不至其被无主处理。

但事实上，张某某去世前被答辩人未在其身边进行照料，张某某的后事也由答辩人操办；张某某也未要求被答辩人为其操办后事。以上种种情况足可以说明，张某某从未想和吴大美合葬。

同时，被答辩人也没有提供任何证据证明吴大美生前有想和张某某合葬的意思表示。答辩人有理由相信，被答辩人提出要求张某某和吴大美合葬的主张，既不能代表吴大美，也不能代表张某某，仅能代表被答辩人的自身意愿。

与之相反，答辩人作为逝者生前最后的合法配偶，已明确拒绝将吴大美名字刻入墓碑；其在庭审过程中明确表达了想和张某某合葬的意愿，并于2019年4月25日出具了书面说明。

因此，在此情况下将逝者吴大美名字刻入墓碑不但有违生者的意愿，也有违当今社会的公序良俗。

三、答辩人改嫁与否与本案无关，也不能成为被答辩人主张的理由

被答辩人提出答辩人另行组建家庭之事，以期达到混淆视听之目的。但答辩人在张某某去世之前是其最后的合法配偶是不争的事实，至于是否在张某某逝世后改嫁，与本案争议的是否能在张某某墓碑上加刻被答辩人之母吴大美名字之间缺乏关联。

四、被答辩人所谓“归宗权”“认祖权”“行孝权”的说法均没有任何法律依据，更不存在所谓“受侵害”一说，被答辩人的相关申诉理由同样不能成立

答辩人注意到：被答辩人提出墓碑上未篆刻吴大美的名字对吴

大美的归宗权、认祖权等构成了侵害。答辩人认为其理由不能成立。

首先，法律上并没有相关规定，被答辩人不能把学理或民间的意见上升到法律层面。

其次，墓碑上没有吴大美之名，也不等于否认张某某和吴大美之间曾有的婚姻关系。

亲属关系不以墓碑为准，被答辩人与张某某、吴大美的血缘关系，也并非一纸判决书所能够切断的；答辩人也从未否认该关系。另外，墓碑上是否篆刻了吴大美的名字也不是被答辩人行孝的必要条件。案涉墓碑上即使未篆刻吴大美的名字，也并不妨碍被答辩人来此祭奠其父，更无人阻止被答辩人在坟茔或灵堂祭奠其母。答辩人也从未阻挠过被答辩人对其生父母的祭奠。

答辩人认为，不同意加刻被答辩人生母名字并不会对其祭奠、缅怀生父母产生任何不利影响。因此，并不违反公序良俗。反倒是被答辩人在答辩人重病时对其继续提起诉讼，有悖善良风俗。

五、原一审、二审法院的判决认定事实清楚，适用法律正确，理应得到尊重

本案经过一审、二审两次开庭，最终认定了本案相关事实。答辩人也充分注意到：《再审申请书》所述的情况与上述判决所认定的事实也没有冲突，故被答辩人认为相关判决事实认定不清的说法不能成立。

原一审、二审判决也不存在法律适用不当的情况。答辩人认为，对于本案所述情况，没有明确的法律进行规定，原审法院引用相关公序良俗的做法并无任何不妥。故也不存在适用法律不当的情况。

【裁决结果】

驳回申请人的再审申请。

【裁判文书】

一、一审

公民的民事活动应当尊重社会公德，公民的祭奠权是为寄托对死者的哀思，是生者对死者表达缅怀情意的方式之一，行为的具体实施应当遵守社会普遍认可的公序良俗，也应以当地的风俗习惯为考量。按照我国传统的殡葬礼仪，墓碑上的名字即为墓穴特定的使用人，本案中墓碑对应的墓穴系由其子女按照父母意愿，按照一定的手续办理并购买，故具有特定性，原告生母于 1958 年病故，坟墓在 1959 年作无主处理，并非案涉墓位的特定使用人，故原告的诉请无事实和法律依据，也与传统的殡葬礼仪、风俗习惯不符，故对该诉请不予支持。

二、二审

墓碑是逝者安葬地的标志，是立碑人对亡故者祭奠、哀思的物化。墓碑上的署名应以尊重逝者生前意愿为前提，优先考虑逝者生前最后合法配偶的意愿，且不能有悖于法律精神和善良风俗，现无证据证明上诉人生母生前有合葬意愿，且被上诉人作为逝者生前的合法配偶并不同意加刻上诉人生母的名字，本院予以尊重，且被上诉人的意愿也符合社会普遍认可的善良风俗。综上，一审判决认定事实清楚，适用法律正确，予以维持。

三、再审

再审申请人张小美与被申请人李丽婚姻家庭纠纷一案，不服某民事判决，依据《中华人民共和国民事诉讼法》第二百条第二项、第六项的规定，向本院申请再审，本院依法组成合议庭对本案进行了审查，现已审查终结。

本院经审查认为，原审生效判决认定事实清楚，适用法律正确，审理程序及实体处理均无不当，再审申请人提出的再审申请事由不能成立。依法裁定如下：

驳回申请人的再审申请。

【案例评析】

本案争议焦点在于：

第一，墓碑上没有刻吴大美的名字是否违背公序良俗。在我国传统习俗中，墓碑上的名字应为墓穴的特定使用人，即便该墓穴尚未使用，也应当尊重已经葬在该墓穴的死者生前的意愿。

第二，原告要求在墓碑上刻字，可能被支持的前提条件是什么。在检索类案时，笔者发现涉及墓碑署名的案件中，多数情况系死者与其前任配偶所生的子女要求将自己的名字刻在死者墓碑上，只有极少数是本案的情形。在第一种情况下，法院多倾向于支持将子女名字刻在死者墓碑上，理由为子女对父母寄托哀思与祭奠的权利应当受到保护。而在第二种也即本案情形下，尚无具有参考性的案例。由于本案历经了一审、二审、再审，且各级法院均持一致态度，驳回原告/上诉人/再审申请人的诉讼请求。因此，本案为以后类似纠纷提供了一个具有一定借鉴性的解决方案。

【结语和建议】

中国古代的传统道德与现代的公序良俗已经发生了若干变化。

在现代社会，还是需要按照现代社会公众所认可的善良风俗处理案件，才能和睦各方关系。

诚如二审法院在其判决中所言，亲属之间在处理祭奠问题时应本着互谅互让、互相尊重的原则。特别是在目前对本案情况尚未有具体法律规定的情况下，人民法院也仅能从公序良俗这一法律原则出发进行评判。但法律原则的概括性也导致在具体适用时，容易产生不同的理解进而发生争议。因此，在处理该类纠纷时，宜采取互谅互让的态度，遵循社会公德、善良风俗的原则进行协商处理，尽量避免诉讼。

某海外有限公司与杭州某经济联合社合资、合作开发房地产合同纠纷案[①]

北京炜衡（杭州）律师事务所　底世清律师　王晓妍律师

【关键词】

合资合作开发　留用地招拍挂　解除合同　定金　诉讼时效　新要约　承诺　要约失效

【案情简介】

2010年12月8日，原告某海外有限公司与被告杭州某经济联合社签订《某项目合作开发协议书》，约定被告拟利用下属社区的留用地指标约45亩，建设一个综合性商业项目；原告具有商业项目投资经营管理经验和开发项目的资金实力，甲乙双方同意就该留用地的开发与利用进行合作；同时，该留用地项目的土地使用权由杭州市国土资源局采用招拍挂方式出让。

双方采用成立项目公司合作开发的模式进行开发。具体合作模式为：由原告某海外有限公司在下沙街道辖区范围内注册成立一家投资公司，原告以该投资公司的名义参加土地招拍挂；摘牌成功后投资公司再与被告共同出资成立一家项目公司，由项目公司具体负

① 案件来源：杭州经济技术开发区人民法院民事判决书（2017）浙0191民初1708号。

责实施项目的开发运作。项目建成后的商业、综合用房的房屋产权，按照建筑面积，被告享有51%的房屋产权，原告享有49%的房屋产权。

为保证该协议的履行，原告应向被告支付人民币918万元作为定金，其中在签订协议之日起10日内向被告支付人民币200万元作为第一期定金，第二期定金718万元于项目公司注册前一周内支付。同时，双方还在协议中对投资公司的注册资金要求等进行了约定，即首期注册资金为4000万美元，其中1000万美元于2010年12月20日前到位；剩余3000万美元在土地招拍挂摘牌前一周到位。此外，协议书还对甲乙双方的相关权利义务进行了详细约定：由被告负责办理土地招拍挂前的立项等相关手续，原告负责以投资公司名义参加土地招拍挂进行摘牌及后续土地建设、建筑施工、综合竣工交付等全过程操作。双方还对违约责任进行了明确约定：若原告怠于履行义务，拒绝组建项目公司合作开发的，被告有权没收原告200万元人民币定金。

同日，双方又签订了《某项目合作开发补充协议书》，就投资公司及项目公司的注册资金，招拍挂土地出让金缴纳、返还，以及被告名下51%部分物业的再分配和项目的经营管理、协议失效条件等进行了具体约定。

合同签订后，2010年12月30日，原告向被告支付定金200万元。2010年11月26日，原告出资注册杭州某投资管理有限公司（即协议约定的投资公司），注册资本为1000万美元。

2012年1月17日，原告致函被告告知其决定不再与被告合作开发该项目；同时将注销投资公司，并将按照双方签订的协议书约定要求被告及时承担相关法律责任。

2012年2月16日，被告回函原告已收悉其送达的《关于要求终止某项目合作开发协议的函》，并同意终止该项目合作开发，同时要求其严格按照协议书的内容承担合同解除后的相关违约责任。

上述函件发出后，原告又提出要求并希望能继续履行合同。为此，2012年5月30日，被告又根据原告的请求，再次回函给原告，同意继续与其合作，但同时提出了新的合作条件：1. 希望原告能积极筹备土地招拍挂工作，并给出落实各项工作的具体时间及设计方案；2. 为保障项目的开发进度，特要求原告再向被告支付一笔“项目进度保障”资金，金额为人民币1000万元；3. 自土地摘牌成功之日起三年内，该项目必须竣工验收并运营，如未营利运作，社区将此“项目进度保障”资金抵冲租金收入。函末要求原告须于6月30日前明确答复。

上述函件发出后，原告未在2012年6月30日前针对被告提出的新合作条件进行回复，却又在7月1日复函，并在函件中重新提出了新的合作条件：要求将投资公司后续到位的3000万美元变更为全部以内资到位，并要求将投资公司由外资公司改为内资公司。此后，被告未再给予理会。

2017年7月4日，原告向法院提起诉讼并要求：1. 判令解除原、被告于2010年12月8日签订的《某项目合作开发协议书》《某项目合作开发补充协议书》；2. 判令被告返还原告人民币200万元、利息人民币822356元（自2010年12月30日起算，暂算至2017年5月31日），2017年6月1日起至判决确定付清之日止的利息按年利率6.40%继续计算；3. 判令被告赔偿原告因履行协议产生的前期费用投入损失人民币313500元、原告出资的1000万美元外汇汇率下跌损失人民币393.50万元；4. 本案诉讼费用由被告负担。

上述期间，被告杭州某经济联合社更名为某经济合作社。

被告某经济合作社委托我所代理该案，我所经办律师代其进行了书面答辩。凭借我所代理律师专业细致的调查取证和诉讼策略，最终法院判决驳回原告的全部诉讼请求。

【代理意见】

一、本案《某项目合作开发协议书》《某项目合作开发补充协议书》已经于2012年1月20日解除，原告诉请解除上述协议没有法律依据

原告于2012年1月17日致函被告终止项目合作，被告于1月20日收到，根据《合同法》第九十六条规定，自解除通知到达对方时合同解除，故涉案协议已于1月20日解除。退一步讲，即使被告收到日不能视为解除日，那么被告在收到原告函件后，为了避免损失扩大，也在2012年2月16日进行了书面回复，表示同意解除并要求承担违约责任。因此，涉案协议早在2012年就已经因双方协商一致解除。

二、被告已积极全面履行了合同约定义务，完成涉案地块挂牌前的立项、做地、收储等全部工作，达到了公开挂牌出让的条件，被告在整个合同履行过程中不存在任何违约行为，依法也不应承担任何责任

本案所涉及的村级留用地具有特殊性，是国家在征收农村的集体土地时，按征收建设项目核发给被征收集体组织的一定数量的被征土地，一般为征收用地面积的10%。根据杭州市相关政策规定，村集体组织需要合作开发留用地项目，要采取招拍挂方式出让。留用地挂牌出让主要包括四个流程，即纳入征地计划、做地、收储以及挂牌出让。

根据双方签订的协议约定，被告的主要义务是负责办理土地招拍挂的立项等相关手续。根据被告提交的证据能够明确，被告已经完成了挂牌前的立项、规划、用地等出让手续，并取得了做地验收联系单，完全符合公开挂牌出让的全部条件。并且在挂牌出让条件具备后，被告通知原告要求其积极配合办理摘牌相关工作，并缴纳5%的土地预约金，以确保涉案地块的按时出让。很显然，被告的合同义务已全部履行完毕，不存在任何违约行为。

三、原告存在多项严重违约行为，违反合同约定义务，直接导致双方合作开发协议的终止及最终解除，被告有权没收原告200万元定金，且不赔偿原告任何损失

原告的违约行为主要体现在：1. 原告设立的投资公司出资不到位，不符合《某项目合作开发协议书》以及政府部门对涉案地块出让条件要求的4000万美元，达不到涉案地块的摘牌条件，违反协议约定的出资义务。2. 原告在涉案地块符合挂牌出让条件后，未进行摘牌申报，也没有交付土地预约金。3. 原告发函明确提出要求终止合作开发案涉项目，以自己的实际行动表明其主动违约。比如，其于2011年11月8日主动向工商部门提交注销投资公司的申请，要求停止该公司的营业并成立清算组进行清算，并于2011年12月8日专门函告被告明确其不再进行摘牌申报，要求注销原先设立的投资公司；在此基础上，原告又于2012年1月17日再次发函给被告，明确不再与被告合作开发某项目，同时注销投资公司，均以自己的行为表明不再履行合同义务，以解除双方签订的合作协议。

因此，导致案涉项目终止的原因在于原告的主动违约，根据双方签订的《某项目合作开发协议书》第十二条关于违约责任的约定、《合同法》第一百一十五条及《担保法》第八十九条之规定，被告有权依法没收原告交付的200万元定金，且不予任何赔偿。

四、退一步讲，即使被告应当赔偿原告损失，原告主张的外汇汇率下跌损失393.50万元也没有法律依据

《合同法》规定的损失是指在订立合同时已经预见或应当预见到的损失。本案中，即使不考虑原告违约、被告无过错等情况，由于外汇汇率的下降与上升属于正常的商业风险，被告对此无法预见也不可能预见，因此，原告要求被告赔偿汇率下跌损失没有法律依据。

五、原告的诉讼请求超过2年诉讼时效①，其主张缺乏事实与法律依据，应依法予以驳回

原告主动发函被告要求终止项目合作的时间是2012年1月17日，被告也于2012年2月16日回函同意终止。此时，原告对自身权益是否被侵害是非常清楚的，如果原告认为自身权益受到侵害，或者有其他合同争议没有解决，最迟也应在2014年2月15日之前向法院提起诉讼。原告在时隔近6年之久才向法院提起本案诉讼，显然已经超过2年的诉讼时效。

六、被告于2012年5月30日向原告发送的《关于商洽某项目继续合作事宜的函》，对继续该项目的合作提出了新的合作条件，属于新要约，且在函件中明确要求原告在6月30日前答复

原告未在6月30日前回复，而是在7月1日复函被告，并在复函中对合作条件提出了新的要求，即要求投资公司后续到位3000万

---

① 《民法典》施行后，普通民事案件的诉讼时效已调整为3年。

美元变更为全部以内资到位，以及投资公司由外资公司改为内资公司。该复函对被告的要约内容已经进行了实质性变更，根据《合同法》第二十四条、第三十条规定，承诺的内容应与要约的内容一致；受要约人对要约的内容作出实质性变更的，要约失效。

原告对被告发出的继续合作的内容又提出了新的要求而导致实质性变更，也未在约定期限 6 月 30 日前回复，依法该要约已经失效。故被告发出的新要约因原告提出新的合作条件已经失效。

退一步来说，即便原告复函没有过期，其也根本未按照函件合作条件执行，也以行为表明不继续履行合作事项，导致了新要约的失效。

【判决结果】

驳回原告某海外有限公司的诉讼请求。

【裁判文书】

本案争议焦点为原、被告签订的《某项目合作开发协议书》《某项目合作开发补充协议书》是否已于 2012 年解除。原告认为，双方虽然曾有终止项目合作开发的意思表示，但是 2012 年 5 月 30 日被告根据原告的意愿提出继续合作，并致函原告，同年 7 月和 9 月原告回函表示同意继续项目的合作开发，双方提出继续合作意愿相当于否定了之前解除合作协议的意见，故案涉合作协议及其补充协议至今尚未解除。被告则认为，其在收到原告送达的关于要求终止某项目合作开发协议的函后，已于 2012 年 2 月 16 日书面回复原告同意解除合同并要求原告承担违约责任，故案涉合同已于 2012 年解除。本院认为，当事人协商一致，可以解除合同。具体到本案，原告于2012年1月17日致函被告，明确表示不再与被告履行案涉合同；被告收到上述函件后，于2012年2月16日书面回复原告，明确表示同意终止案涉合同，至此案涉合同因双方当事人协商一致而解除。

虽然被告于2012年5月30日致函原告，表示愿意继续履行案涉合同，但是，案涉合同已于2012年2月解除，且根据函件内容，被告要求增加“项目进度保障”资金1000万元并要求原告在2012年6月30日前答复，故被告于2012年5月30日发送的函件应视为新要约。因原告在2012年6月30日前未作出承诺，被告的上述要约失效。

综上，原告要求判决解除案涉合同的诉讼请求，缺乏事实和法律依据，本院不予支持。

关于原告要求被告返还200万元并支付利息损失及其他损失的诉讼请求，本院认为，向人民法院请求保护民事权利的诉讼时效期间为二年，诉讼时效期间从知道或者应当知道权利被侵害时起计算。案涉合同已于2012年解除，按照上述法律规定，如果原告认为其与被告之间因案涉合同解除存在权利被侵害的情形，其应当在合同解除后的二年内向法院提起诉讼。原告于2017年6月13日向本院提起诉讼，被告提出诉讼时效抗辩，因本案不存在诉讼时效中止、中断的情形，原告的起诉已经明显超过诉讼时效。

【案例评析】

本案争议焦点在于：

一、原、被告双方的合作开发协议是否已于2012年解除

根据《合同法》第九十三条、第九十七条①规定，当事人协商一致，可以解除合同。合同解除后，尚未履行的，终止履行。本案中，原告主动于2012年1月17日发函被告告知终止项目合作，被告在收函之后，在合理时间内于2月16日回函表示同意，符合“当事人协商一致，可以解除合同”的情形，涉案协议书和补充协议书应视为在2012年已经解除。根据《合同法》第九十七条关于合同解除的效力的规定，案涉两份协议已经终止，尚未履行的权利义务终止履行。

二、原告要求返还200万元定金并支付利息损失及其他损失是否超过诉讼时效

根据我国当时的法律规定：向人民法院请求保护民事权利的诉讼时效期间为二年，诉讼时效期间从知道或者应当知道权利被侵害时起计算。涉案协议已于2012年解除，原告如认为因涉案协议解除其权利受到侵害，应当于合同解除后的二年内向法院提起诉讼，即原告至迟应于2014年2月15日前向法院起诉请求保护，实际上原告于2017年6月13日才向法院提起诉讼，已经明显超过诉讼时效。

三、原、被告双方之间是否达成了新的合作协议也值得注意

根据《合同法》第二十条、第二十三条②规定，承诺应当在要约确定的期限内到达要约人；承诺期限届满，受要约人未作出承诺，要约失效。

本案中，双方关于案涉项目的合作已经在2012年2月解除，不

① 相关内容现规定于《民法典》第五百六十二条、第五百六十六条。
② 相关内容现规定于《民法典》第四百七十八条、第四百八十一条。

因被告于2012年5月向原告发出的函件而自动恢复效力。该函件虽提出继续项目合作，但对项目合作提出了新的合作条件和要求，应视为新的要约；同时该函件也明确了答复的时间，即6月30日前。只有原告对该新要约作出内容完全一致的承诺，且在承诺期限届满前答复方为有效。实际上，原告未在承诺期限内作出有效承诺，也未以其行为表明作出承诺。被告发出的新要约因原告的消极对待而失效，双方之间并未成立新的合同，更不存在解除合同之说。

四、在该留用地项目合作中，原、被告哪一方存在违约行为同样是本案需要重点关注的问题

村级留用地的开发合作受当地政策的影响具有特殊性。根据杭州市留用地相关政策，村集体经济组织如需合作开发留用地项目，一律采取招拍挂方式公开出让。由各区政府提出合作开发的挂牌出让条件，经市国土资源局审核后报市政府批准。项目建成后，村集体经济组织应持有不低于地上总建筑面积51%的房产。双方签订的合作开发协议书很多内容也是需要参照当地政府政策来拟定。

就本案来说，被告作为村集体经济组织，已经完成涉案地块挂牌前的立项、做地、收储等工作，达到公开挂牌的条件，但原告并未按照协议进行摘牌、缴纳土地预约金，设立的投资公司注册资金也达不到摘牌要求，同时注销了投资公司，这一系列违约行为导致了合作的终止。

【结语和建议】

本案涉及合资合作开发房地产纠纷，应重点关注留用地项目合作开发的流程及所在地政府的特殊政策，这些因素对合同签订及条款的设计具有指导作用。同时，合同的履行和解除也是本案的争议要点。

本案提醒我们，除重点关注合同效力、条款内容外，还应对合同的成立多加留心，对于要约的生效，承诺的生效、失效等细节问题进行区分，做好全面专业且细致的诉讼策略，庭审才能游刃有余，为客户争取最大的权益。

A 公司与 B 公司建设用地使用权转让合同纠纷案[①]

北京市炜衡律师事务所　彭逸轩律师　罗琼律师

【关键词】

建设用地使用权转让　土地使用权转让款　顾问咨询费　合同拆分

【案情简介】

因 A 公司对革命老区建设有贡献，在革命老区获得了大量土地使用权进行建设以及相关配套招商引资政策，这些土地除用于建设会议中心、酒店、办公楼外，其余的土地使用权，A 公司转让给了多家企业开发房地产使用。

2011 年，A 公司将其拥有的一处建设用地使用权转给 B 公司，双方对土地使用权转让费用商定为每亩 100 万元。但在实际签订合同时，将每亩 100 万元价格拆分成《建设用地使用权转让协议》和《顾问咨询协议书》两份协议。在《建设用地使用权转让协议》中，约定 B 公司应支付建设用地使用权转让价 3300 万元，按照每亩 60 万元的价格计算。而在《顾问咨询协议书》中，又约定 A 公司对区内新建项目进行整体把控，并对具体开发提供必要监管、引导、指

① 案件来源：江西省高级人民法院民事判决书（2016）赣民终 628 号，最高人民法院民事裁定书（2017）最高法民申 1214 号。

导等服务，B 公司应当支付顾问咨询费暂定为 2200 万元。

后双方又签订《补充协议》，确认了实测地块面积，双方均同意按照实测面积办理土地使用权证，并以此作为土地转让款计算依据。

上述协议签订后，A 公司协助 B 公司办理了国有建设用地使用权证的变更登记手续。2012 年 6 月，B 公司向 A 公司支付 3520 万元。后续 A 公司就欠款事宜向 B 公司发函及协商，B 公司对欠款事实未提出异议。

2015 年 8 月，A 公司一审代理律师与 B 公司总经理在某地餐厅进行会面协商，B 公司总经理对《顾问咨询协议书》中约定的咨询费实际为涉案土地使用权出让款项的表示，并没有予以否定，只是提出减免。该代理律师对此次谈话进行了录音。

2015 年 9 月 25 日，A 公司向某市中级人民法院提起诉讼，要求 B 公司支付欠付的 2200 余万元。B 公司收到起诉状后，向 A 公司发函要求解除《顾问咨询协议书》，并且提出反诉：要求 A 公司退还超付的土地使用权转让款 90 余万元；要求 A 公司赔偿损失 5400 余万元（未实现三通一平，未进行地下箱涵建设、地上杆线迁移、低洼地势回填和林木清表工作）；要求 A 公司赔偿未完全履行转让建设用地承诺及政府审定规划的建设方案造成的损失 200 余万元。

一审法院认定：争议双方签订的《建设用地使用权转让协议》合法有效，双方已经履行完毕。争议双方签订的《顾问咨询协议书》并未实际履行，A 公司主张名义上为顾问咨询费但实际为土地使用权转让款缺乏依据，且 A 公司在催款函上自书“土地使用权转让款及咨询费”，可见二者并非同一款项。

退而言之，即使确如 A 公司主张，上述协议涉嫌逃避纳税义务、损害国家利益，系以合法形式掩盖非法目的，故对于 A 公司要求支付土地使用权转让款2200余万元的诉讼请求不予支持。B公司超付的土地使用权转让款90余万元应予以退还。

关于B公司主张的损失，法院认定A公司在约定中，承诺完成的通电、低洼地势回填、林木清表工作未按照约定进行施工，上述工程均由B公司完成，故A公司应赔偿B公司因此造成的损失130余万元。

一审判决后，A公司提出上诉。本所律师在二审阶段，代理了A公司在某地高级人民法院的诉讼。

【代理意见】

我方认为，本案最主要的争议焦点就在于——案涉《顾问咨询协议书》所约定的价款应否认定为土地使用权转让款？双方各执一词，争执不下，而反观法院的态度，一审法院认为《建设用地使用权转让协议》和《顾问咨询协议书》应该分开讨论，由此判决原告败诉。而我方坚持两份协议实为指向土地使用权转让之同一目的，两份合同的价款之和方为土地使用权转让价款。

本案是因交易架构风险过大而被利用导致的土地使用权转让合同纠纷，致使产生了一审判决对A公司完全不利的结果。我方认为，本案无论从法理依据、证据体系、政策导向上来看，A公司均占据绝对优势，相信本案将完全能够取得改判或发回重审的结果。

检视一审判决，其存在选择性适用法律及认定事实的问题，即对A公司不利的证据和理由进行详细表述，而对于B公司不利的部分则弱化或不予表述。

此外，一审判决在“审理查明”和“本院认为”部分有较大矛盾和出入，根据“审理查明”的事实应当能得出与“本院认为”完全不一样的审理结果，但一审判决违反常理和商业逻辑，对“名为顾问咨询费，实为土地转让价款”的基本事实视而不见，最终驳回了 A 公司的全部诉讼请求。

在接受二审代理后，我方以及 A 公司法务人员通过积极查找新的有利证据，如周边地价、税务局的纳税证明、其他开发商的证言等一系列证据，结合一审已有证据，在六个方面提出了我方的上诉意见：

一、我方认为，一审法院对《顾问咨询协议书》的定性有违常理和商业交易习惯

本案中《顾问咨询协议书》约定的咨询费高达 2200 余万元，而双方约定的咨询服务内容笼统含糊，并无具体事项约定，明显不同于一般的顾问咨询协议。该协议书约定的内容显然有违一般商事交易的等价有偿及公平原则，亦有违普通人正常认知中的合理性。但一审法院对该协议的效力及与本案的关联性未进行明确评价。

二、对 B 公司“超付”土地使用权转让款 90 余万元的认定极为牵强

B 公司作为一家法人单位，应具有严格的财务审核制度，该公司自 2012 年 6 月“超付”土地使用权转让款 90 余万元至 A 公司 2015 年 9 月起诉，在长达 3 年多的时间内竟然没有发现上述问题并向 A 公司提出返还，显然有违常理，但法院对此未进行审查，反而对 B 公司自认同意超付的费用判令 A 公司返还，明显属于事实认定错误。

三、明显忽略 A 公司对 B 公司的催款行为

如前所述，《建设用地使用权转让协议》项下的土地使用费，B

公司早在2012年6月就已经支付，但在此之后A公司多次发函催收，B公司并非否认欠款事实存在，只是因清表等事宜要求核减相关费用，而一审判决未将此事实作为定案依据。

四、未予置评2015年8月28日的谈话录音

前述谈话录音是A公司的核心证据，上述录音系B公司负责人总经理与A公司一审代理律师的谈话录音。一审判决在事实认定部分认可了双方曾进行协商，但对于上述证据的认定未进行任何评述。

五、未对《建设用地使用权转让协议》和《顾问咨询协议书》的效力作出明确判断，且未对因此所产生的法律后果予以处理

一审判决回避合同效力，在没有认定协议无效的情况下径自驳回A公司的诉讼请求。同时，如果根据一审判决对于“以合法形式掩盖非法目的”的认定，两份协议均属无效协议，在此基础上当处理因合同无效而产生的法律后果，即将土地使用权返还给A公司或对土地使用权进行评估并以此作为公允交易价格。

六、加重A公司的履约责任

《建设用地使用权转让协议》第5.2条仅约定“保证受让方在开发该地块时相应与外部链接的管道、线路和道路畅通”，并没有明确约定接通用电系永久用电还是临时用电，而一审判决却直接认定A公司应当为B公司接通永久用电。《建设用地使用权转让协议》第5.7条约定“转让方承诺该地块地下箱涵建设、地上杆线迁移及低洼地势回填与林木清表工作”，这一工作的前提是“受让方应及时提供相应设计需求及图纸指引”，一审中B公司未有充分证据证明曾及时向A公司提供相应设计需求及图纸指引，一审判决在没有充分证

据的情况下酌定 A 公司担负 100 万元赔偿费依据不足。

【判决结果】

二审法院判决：撤销一审判决，B 公司应依约向 A 公司支付土地使用权转让款 2200 万元。

再审法院裁定：驳回 B 公司的再审申请。

【裁判文书】

对于案涉争议焦点，即案涉《顾问咨询协议书》所约定的价款应否认定为土地转让款的问题，二审法院的评述非常精彩，简述如下：

关于案涉土地使用权转让单价是每亩 100 万元还是每亩 60 万元的问题。A 公司认为，案涉土地使用权的转让价款应包括《建设用地使用权转让协议》约定的价款与《顾问咨询协议书》约定的价款之和，即每亩 100 万元。B 公司认为，《顾问咨询协议书》未履行，案涉土地使用权的转让价款为每亩 60 万元。本院认为，综合分析本案以下事实和证据，案涉土地使用权的转让价款应认定为每亩 100 万元。理由如下：

1.《建设用地使用权转让协议》与《顾问咨询协议书》同时签订。《建设用地使用权转让协议》约定建设用地使用权实际转让总价以最终国有土地使用证所载面积计算为准，按每亩 60 万元的价格计算得出。《顾问咨询协议书》约定的顾问咨询费为建设用地使用权转让合同实际结算金额的 67%，即两份协议相加的数额为每亩 100 万元。

2.《顾问咨询协议书》约定了 B 公司需向 A 公司支付 2200 万

元（暂定价）的巨额顾问咨询费，但对于A公司应当履行的义务却只有简单、原则的约定，没有明确、具体的约定，有违商事交易常理。

3. A公司与案外人签订的《建设用地使用权转让协议》《顾问咨询协议书》等证据表明，A公司与案外人就案涉土地使用权转让也采取了类似模式将土地转让款拆分为两个合同。案涉地块交易期间，周边地块的转让价格均超过了每亩100万元。在此情况下，案涉土地转让价格认定为每亩60万元，与当时的土地交易行情不符。

4. 某市地方税务局出具的《完税证明》《A公司土地使用权转让营业收入缴税表》载明的数据可以推导出，案涉地块使用权转让税费是按每亩100余万元的成交价缴纳的。如果成交价为每亩60万元，A公司却按每亩100余万元缴纳税费，于情不通，于理不合（当地政府的政策是对于该转让费税费全额返还的）。

5. 一审中，A公司提供了两份其公司负责人与B公司法定代表人总经理分别于2014年8月4日、2015年8月28日会谈的录音。在会谈中，B公司总经理对案涉土地交易价格为每亩100万元左右，以及B公司尚欠A公司土地转让款并无异议，只是强调因形势发生变化，A公司未履行协议约定的义务导致其遭受重大损失，要求以欠付的土地转让款冲抵部分损失等。

虽然录音未经该总经理同意，但并不属于《最高人民法院关于适用〈中华人民共和国民事诉讼法〉的解释》第一百零六条规定的以严重侵害他人合法权益、违反法律禁止性规定，或者严重违背公序良俗的方法形成或者获取的证据，可以作为认定本案事实的证据。

综上，上述证据可以相互印证，形成较为完整的证据链，足以证明案涉地块的转让价款为每亩100余万元，而非每亩60万元。一审判决关于案涉地块的转让价款认定错误，二审予以纠正。

B 公司不服省高级人民法院二审判决，向最高人民法院第三巡回法庭申请再审。同时还向最高人民检察院提出抗诉申请，最高人民法院受理后依法组成合议庭进行审查，认定如下：

从合同履行的实际情况来看，虽然 B 公司主张 A 公司未履行合同约定的“三通一平”等义务，但其已经根据合同约定在 2012 年 6 月 28 日履行了土地价款的支付义务，其向 A 公司支付的 3520 万元比《建设用地使用权转让协议》约定的土地转让价款多出 90 余万元。B 公司虽然未按《顾问咨询协议书》的约定支付合同价款 10% 的当期费用，亦未按照该协议约定在 2013 年 9 月底之前付清全部款项，但从双方就该款项问题的往来函件及会谈录音的内容来看，双方反复磋商的重点是款项的数额和支付方式，B 公司的真正诉求是要求 A 公司调减该部分费用，而不是主张不应支付该部分咨询费用。

因此，虽然 A 公司在诉讼中未能举证证明讼争地块的土地行情在双方交易时确实达到了 100 万元/亩，但从合同中关于咨询费用的付款时间比土地价款的支付时间晚 1 年 3 个月、B 公司对该 2200 余万元咨询费用实际上仅支付了 90 余万元，以及讼争地块的土地使用权价值逐年增值趋势等实际情况来看，二审判决关于案涉土地使用权的转让价款应认定为每亩 100 余万元的认定，难言不公。

综上，最高人民法院驳回了 B 公司的再审申请。

【案例评析】

我们在处理建设工程合同纠纷案件中，即便存在阴阳合同，也能够有法律依据或者按照实际履行合同来判明事实。司法实践中，陆续遇到几起这种名为咨询费或者其他费用，实为土地转让款的合同，却因为没有一定的裁判标准，从而容易给违约方造成可乘之机。

本案诉讼亦是一波三折，险象环生，直到最高人民法院再审裁定出具，才终于尘埃落定。下面对本案进行分析和评述：

一、土地使用权转让法律关系中拆分出性质不同的两份合同，或者名为各种费用，实际是土地使用权转让款或者股权转让款，对此类合同应该如何认定其实质法律关系

将一份合同拆分为两份合同进行签署，实务中不乏此类情形，正如本案当中土地使用权转让的法律关系被拆分为《建设用地使用权转让协议》与《顾问咨询协议书》两份合同。合同拆分时双方固然有着自身的考量，但在交易架构风险过大的情况下，防范意识不足、所签合同架构不清、条款约定不明等失误，都有可能被恶意利用，酿成不必要的法律风险。

本案中双方各执一词，争执不下，而反观法院的态度，除了一审法院认为《建设用地使用权转让协议》和《顾问咨询协议书》应该分开讨论之外，二审的省高级人民法院以及再审的最高人民法院都坚持两份协议实为指向土地使用权转让之同一目的，两份合同的价款之和方为土地使用权转让价款。可以看出，二审法院与再审法院都牢牢把握住了合同的实质，对法律关系以及各方权利义务作出了正确认定。

这样对当事人有利的裁判，是二审及再审过程代理人积极围绕着合同实质进行举证与论证的结果。二审判决正确地把握了合同实质，从基本事实和证据出发，面对最核心的争议焦点从五个方面进行论证，对一审判决进行了纠正。再审裁定和二审判决思路基本类似，驳回了B公司的再审申请。

法院提及的合同中关于咨询费用的付款时间比土地使用权价款

的支付时间晚 1 年 3 个月、B 公司对该 2200 万元咨询费用实际上仅支付了 90 余万元、讼争地块的土地使用权价值逐年增值的趋势以及至关重要的录音证据等依据，均需要进行精心组织、详细论证，从而被法院采纳，成为重要的裁判理由。

二、面对所签合同架构不清、条款约定不明等不利因素时，如何组织证据反败为胜

证据对于民事诉讼之重要性不言而喻，我们认为，本案一、二审判决之所以取得完全不同的结果，与二审阶段我方对证据组织所作的努力是密不可分的。案件的认定往往在于细节，二审阶段从细节入手寻找对我方有利的证据及陈述，通过深入访查寻找新证据，组建本案证据体系，取得了良好的效果。二审挖掘了更多的关键细节，如税务缴纳问题、合同签订的初衷、双方来往函件整理、合同履行中争议协商、笔录中 B 公司对于超付款项的自认、其他公司的土体使用权受让价款均超过 100 万元等。对上述问题进行核查整理并加以组织，使得 A 公司提交的证据形成完备的证据链条，进而使法院能够得出最终的裁判结论。

此外，二审与再审都对 A 公司提交的录音证据的效力进行了认定。从证据的种类角度而言，录音证据一般被归为视听资料。该证据实际上成为非常关键的一环，在整个证据链体系中发挥了十分重要的作用。A 公司提供的录音资料，客观、完整地记录了 A 公司和 B 公司之间关于“顾问咨询费就是土地转让款”的双方共识。

从内容上来看，B 公司法定代表人总经理对于《顾问咨询协议书》的签订目的、出让土地的价款问题均作出了明确陈述。关于土地使用权转让款被拆分及欠款 2200 余万元的陈述与 2013 年 12 月 16 日、17 日的往来函等其他证据相印证。

有关土地使用权转让款被拆分的缘由，也与总经理本人的陈述相吻合。从录音资料取得的方式上看，该录音的场所系某市饭店，B公司注册地本就位于某市，且见面地点位于饭店，属于公开场所，谈话内容涉及本案争议的欠款支付问题。虽该录音未取得总经理事先同意，但该录音未侵害他人隐私等合法权益，未采取暴力、胁迫、非法拘禁等禁止性手段，亦非违反社会公共利益、社会公德的偷拍偷录行为。该证据符合真实性、关联性与合法性的要求，故法院最终也认定了该录音资料的真实有效性，将其作为定案依据。

【结语和建议】

本案涉及合同拆分的情形，将一份合同拆分为两份合同进行签署，或者明明是土地转让款，却签署咨询费、清表费等其他合同内容，实务中不乏此类情形，在交易架构风险过大的情况下，容易产生不必要的法律风险。

因此，在合同签订的过程中，必须做好法律风险防范工作。合同条款系对双方权利义务关系的确定，直接关系双方之间的利益安排。对于一项技术性要求高、风险性较强的经营行为而言，如果合同草拟不当，很有可能陷于对方设置的法律陷阱，己方需要承担更多的义务和责任，明显权利和义务不对等。

如若产生纠纷，对方会以合同的约定系双方自愿达成的结果进行抗辩，使得己方遭受巨大的经济损失。因此，无论是如何将谈判内容以文字的形式体现在合同文本上，还是以其他备忘录形式作为协议补充，抑或从法律的角度对合同文本存在的预期风险进行评估和应对处理，从而做到疏而不漏，都需要法律专业人员的参与并作出审慎处理，这样才能更好地避免履行合同中的风险，预防合同纠纷。

杭州A节能科技有限公司与陕西B化工有限公司、陕西C矿业有限责任公司EMC合同纠纷案[①]

北京市炜衡（西安）律师事务所　王小涛律师

【关键词】

合同能源管理　管辖权再审

【案情简介】

2012年4月17日，杭州A节能科技有限公司（以下简称A节能公司）与陕西B化工有限公司（以下简称B化工公司）签订《60万吨兰炭尾气余热发电装置合同能源管理（EMC）合同》（以下简称《EMC合同》），拟利用B化工公司年产60万吨半焦（兰炭）生产线收集到的尾气，由A节能公司投资建设一套兰炭尾气余热发电装置，以达到资源循环综合利用、节能减排、保护环境的目的。

合同约定：(1) 本项目所产生的收益，在归还完本项目投资后，由双方共同分享；(2) 项目投运后，B化工公司应尽量保证30000N/H，每年2.56亿N的兰炭尾气稳定供给A节能公司，实现发电净收益不低于4500万元人民币/年；(3) 还贷期内，当每月的发电净收益低于375万元时，B化工公司必须在向A节能公司支付时补足差额。

---

① 案件来源：浙江省高级人民法院民事判决书（2015）浙商初字第11号。

合同中约定，由A节能公司负责本项目从工程设计、设备及材料采购、工程安装、软件编程、调试、试车、达产达标、组织竣工验收、环保、消防、绿化、人员培训、运行、服务等全过程工作。

同时，陕西C矿业有限责任公司（以下简称C矿业公司）向A节能公司出具了《担保函》，承诺对“B化工公司保障六台焦化炉正常工作，以保证供气量不低于18000N/H，以及其在不能兑现最低供气量时应承担的义务和责任”承担一般保证责任。

2013年10月5日，B化工公司、A节能公司与安装单位、设计单位、总包单位、监理单位在60万吨/年兰炭发电装置工程竣工验收证明书上签字盖章。

2013年10月始至2014年4月，案涉发电装置项目进行了试生产，2014年4月1日停止兰炭生产供气。

2014年11月20日，A节能公司将B化工公司、C矿业公司起诉至浙江省杭州市中级人民法院，主张A节能公司依照合同约定，完成了兰炭尾气余热发电装置工程建设，于2013年10月5日通过竣工验收，并完成试运行。试运行期间，B化工公司断断续续供气一段时间，自2014年4月开始，彻底停止了供气。其既未按合同约定保证煤气供应，实现A节能公司发电净收益，也未按约每月支付补足最低发电收益款375万元，已经直接导致无法实现合同经济目的，已构成严重违约，请求判令：解除《EMC合同》，要求B化工公司立即支付A节能公司工程总投入、利息损失、可得利益损失，各项合计共4.3亿元，并且由C矿业公司承担一般担保责任。

B化工公司答辩称：（1）A节能公司应当按照《环评批复》完成环保设施建设。（2）A节能公司挪用约9000万元资金，没有按照《环评批复》完成环境保护设施建设，EMC发电装置未完工。（3）EMC发电装置未按照规定的条件和程序完成竣工验收。(4) EMC发电装置未完成环保设施等工程建设，受到神木县环保局行政处罚，B化工公司被迫停止兰炭生产供气。(5) A节能公司以B化工公司未履行供气义务为由要求解除《EMC合同》，理由不能成立，请求依法驳回A节能公司全部诉讼请求。

同时，B化工公司提起反诉，请求判令A节能公司继续履行《EMC合同》，按照《环评批复》完成环保设施等工程建设，判令A节能公司向B化工公司支付违约金、赔偿经济损失。

【代理意见】

王小涛律师代理B化工公司和C矿业公司，针对本案管辖与实体部分分别发表了代理意见。

一、案件级别管辖问题

本案诉讼标的额为4.3亿元，一审、二审均在原告住所地浙江省杭州市中级人民法院、浙江省高级人民法院审理，若案件能够提高审判级别管辖，一审由浙江省高级人民法院审理、二审由最高人民法院审理，将有助于案件公正审判。因此，代理律师查阅分析案件级别管辖的法律规定，提出管辖权异议，并申请再审，最终获得最高人民法院支持，保障了案件的公正审理。

(一)《浙江省高级人民法院关于第一审民事和商事案件级别管辖的规定》(浙高法〔2008〕361号) 经最高人民法院批准后印发，应当作为确定本案级别管辖的依据。

《最高人民法院关于审理民事级别管辖异议案件若干问题的规定》(法释〔2009〕17号) 第十条规定：经最高人民法院批准的第一审民事案件级别管辖标准的规定，应当作为审理民事级别管辖异议案件的依据。《浙江省高级人民法院关于第一审民事和商事案件级别管辖的规定》（浙高法〔2008〕361号），报经最高人民法院批准，自2009年1月1日起开始实施，应当作为确定本案级别管辖的依据。

（二）根据《浙江省高级人民法院关于第一审民事和商事案件级别管辖的规定》（浙高法〔2008〕361号）规定，本案依法应当移交浙江省高级人民法院审理。

《浙江省高级人民法院关于第一审民事和商事案件级别管辖的规定》（浙高法〔2008〕361号）第一条第一款规定：省高级人民法院管辖争议标的金额在人民币2亿元以上且当事人一方住所地不在本辖区或者涉外和涉港、澳、台的第一审民事和商事案件。本案争议标的额为4.3亿元，依法应当移交浙江省高级人民法院审理。

（三）《浙江省高级人民法院关于试行浙江省各级法院第一审民商事案件级别管辖标准的通知》（浙高法〔2012〕177号）未经最高人民法院批准，不得作为确定案件级别管辖的依据。

2012年7月18日，浙江省高级人民法院印发《关于试行浙江省各级法院第一审民商事案件级别管辖标准的通知》规定，省高级人民法院管辖：（1）争议标的金额在人民币2亿元以上的涉外和涉港、澳、台的第一审民事和商事案件；（2）最高人民法院指定省高级人民法院审理的第一审民事和商事案件。

该规定印发后，浙江省各级人民法院均作为确定案件级别管辖的依据，据此浙江省杭州市中级人民法院对本案有管辖权。但代理人认为，该规定未经最高人民法院批准，不得作为确定案件级别管辖的依据。

（四）B化工公司、C矿业公司依法向最高人民法院申请管辖权异议再审并获得支持。

鉴于浙江省杭州市中级人民法院、浙江省高级人民法院分别裁定驳回管辖权异议申请，B化工公司、C矿业公司向最高人民法院申请再审。

2015年4月23日至24日，浙江省杭州市中级人民法院对本案一审开庭审理，即将作出一审判决。2015年4月29日，最高人民法院书面通知受理再审申请，代理人紧急要求杭州市中级人民法院中止案件审理，挽回不利诉讼局面。

2015年11月17日，最高人民法院作出（2015）民提字第191号民事裁定：撤销原审管辖权异议裁定，将本案由浙江省杭州市中级人民法院移送浙江省高级人民法院审理。

二、案件实体部分争议焦点——《EMC合同》解除条件是否成就

初步审阅本案证据资料，似乎证明60万吨/年兰炭发电装置已经竣工验收完成，开始试生产并产生发电收益，因B化工公司停止生产供气，直接导致A节能公司无法及时收回项目投资，无法实现合同经济目的，已构成严重违约。似乎A节能公司请求解除合同，要求B化工公司支付各项损失4.3亿元，证据上占有一定优势。B化工公司、C矿业公司应诉压力非常大。

根据律师意见，B化工公司、C矿业公司组织参与兰炭尾气余热发电装置工程项目合作的工程人员、财务人员、现场管理人员进行多次座谈论证，充分了解案件事实，收集梳理证据材料，形成了以环境保护为切入点的完整的抗辩、反诉方案和证据链条。

（一）A节能公司应当按照《环评批复》完成环保设施建设。

《EMC合同》附件《技术协议》约定，A节能公司承包范围……包括脱硫系统，不包括脱硝系统。同时约定，根据我国《火电厂大

气污染物排放标准》规定，电厂锅炉排出的烟气采取脱硝措施。

2012年8月7日，A节能公司向B化工公司发送《关于B化工公司发电装置项目新增工程项目及要求核保的函》，说明新建发电建设项目脱硝属于强制验收内容，新增列支1500万元。

2013年9月3日，榆林市环境保护局作出《环评批复》，要求“发电车间锅炉烟气经氨法脱硫（后置脱硫），SCR法脱硝后由80M高烟囱达标排放”。

《中华人民共和国环境保护法》第四十一条规定，防治污染的设施应当符合经批准的环境影响评价文件的要求，不得擅自拆除或者闲置。

可见，兰炭尾气余热发电装置工程脱硫、脱销属于国家环保强制要求，A节能公司、B化工公司应当严格执行，按照《环评批复》要求完成环保设施建设。

（二）A节能公司挪用约9000万元资金，没有按照《环评批复》完成环境保护设施建设，EMC发电装置未完工。

《EMC合同》第二条约定，本发电装置项目总投资暂定23000万元人民币。《环评批复》规定，项目总投资2.4亿元，其中环保投资2442.31万元。2012年6月11日、2012年8月29日，A节能公司分别与民生银行、光大银行签订《流动资金贷款借款合同》，共计获得借款2.4亿元，专项用于B化工有限公司60万吨兰炭尾气余热发电装置项目的建设。根据A节能公司提交的《60万吨兰炭尾气余热电站总承包合同》及款项支付凭证，A节能公司支付的承包费为1.496亿元，挪用约9000万元资金。

根据工程现场勘查，A节能公司一是没有按照《环评批复》的“氨法脱硫”（后置脱硫），对原设计方案“干法脱硫”（前置脱硫）

进行设计变更，不符合《环评批复》规定；二是没有按照《环评批复》的“SCR 法脱硝”完成“脱硝系统”建设。

可见，A 节能公司已经取得 2.4 亿元银行贷款资金，但挪用约 9000 万元资金，没有按照《环评批复》完成环境保护设施建设，EMC 发电装置未完工。

（三）EMC 发电装置未按照规定的条件和程序完成竣工验收。

《环评批复》要求，项目竣工后，必须向我局书面提交试生产申请，经检查同意后方可进行试生产，试生产三个月内向我局申请验收，验收合格后，才能正式投入运行。

《建设项目（工程）竣工验收办法》第三条规定：进行竣工验收必须符合以下要求：……5. 环境保护设施、劳动安全卫生设施、消防设施已按设计要求与主体工程同时建成使用。

《火力发电建设工程启动试运及验收规程》第 5.0.1 条规定：凡新建、扩建、改建的火力发电工程，已按批准的设计文件所规定的内容全部建成，在本期工程的最后一台机组考核期结束，完成行政主管部门组织的各专项验收且竣工决算审定后，由建设单位按规定申请组织工程竣工验收。

目前，A 节能公司投资建设的 EMC 发电装置，尚未经过电力建设质量监督机构的检查监督，尚未完成行政主管部门组织的环境保护设施、劳动安全卫生设施、消防设施各专项验收，竣工验收尚未完成。

（四）EMC 发电装置不具备运行条件并受到行政处罚，A 节能公司无权要求解除《EMC 合同》，无权要求 B 化工公司承担违约赔偿责任。

2014 年 3 月 20 日，神木县环保局向 B 化工公司送达《环境违法行为限期整改通知书》，经查B化工公司余气发电厂，该厂无试生产批复，脱硫设施在线监测未通过环保部门批准验收，责令有关单位改正环境违法行为。2014年12月1日，神木县环境保护局向B化工公司送达《关于责令陕西B化工有限公司限期达标排放的通知》，内容提及“检查发现发电项目脱硝设施未完成建设，氮氧化物超标排放，责令限期整改，于2014年12月31日前完成脱硝设施建设，并实现达标排放”。

《建设项目环境保护管理条例》第二十三条规定：建设项目需要配套建设的环境保护设施经验收合格，该建设项目方可正式投入生产或者使用。可见，《EMC合同》履行期间，因A节能公司没有按照《环评批复》完成环保设施等工程建设，受到环保部门行政处罚，B化工公司被迫于2014年4月1日停止兰炭生产供气，A节能公司违约在先，无权要求解除《EMC合同》，无权要求B化工公司承担违约赔偿责任。

（五）B化工公司供应兰炭尾气的条件尚未成就，C矿业公司承担一般担保责任的条件也尚未成就。

EMC发电装置环境保护设施未完工，EMC发电装置不具备试运行条件，不具备竣工验收条件，不得进行试运行，也不得投入正式运行，且受到环保部门行政处罚。B化工公司供应兰炭尾气的条件尚未成就，C矿业公司承担一般担保责任的条件也尚未成就。

【判决结果】

2017年5月23日，浙江省高级人民法院作出（2015）浙商初字第11号民事判决书，依法判决：一、A节能公司与B化工公司签订的《EMC合同》继续履行。二、驳回A节能公司的诉讼请求。

三、驳回B化工公司的其他反诉诉讼请求。本诉案件受理费由A节能公司承担。

宣判后，A节能公司向最高人民法院提出上诉，后自行撤诉。一审判决生效。

【案例评析】

本案有两大处理难点，即管辖与案件事实。

一、对地方法院第一审民商事案件级别管辖标准的合法性提出合理质疑，通过最高人民法院管辖权异议再审，改变案件级别管辖

最初，杭州市中级人民法院、浙江省高级人民法院均依据《关于试行浙江省各级法院第一审民商事案件级别管辖标准的通知》（浙高法〔2012〕177号）认为，杭州市中级人民法院对案件有管辖权，但律师通过论证认为，该规定未经最高人民法院批准，不得作为确定案件级别管辖的依据。

管辖权异议裁定是否可申请再审的问题，法律没有作出明确规定。《最高人民法院关于适用〈中华人民共和国民事诉讼法〉的解释》第三百八十一条[①]规定：当事人认为发生法律效力的不予受理、驳回起诉的裁定错误的，可以申请再审。但代理人通过查阅大量案例，确定最高人民法院曾经受理管辖权异议再审并作出裁决。最终案件管辖权再审获得最高人民法院支持，最大限度地保障了案件的公正审理。

① 《最高人民法院关于适用〈中华人民共和国民事诉讼法〉的解释》已于2022年4月进行了修改，相关内容现规定于第三百七十九条。

二、详细梳理案件事实，完整收集证据材料，确定以环保设施未完工为突破点进行抗辩，最终获得人民法院支持

代理律师根据案件初步证据资料，在判断对 B 化工公司、C 矿业公司不利的情况下，建议 B 化工公司、C 矿业公司组织参与兰炭尾气余热发电装置工程项目合作的工程人员、财务人员、现场管理人员进行多次座谈论证，充分了解案件事实，收集梳理证据材料，了解合同能源管理，以及电力工程设计、规划、建设、验收的审批流程，结合多年服务于电力能源行业积累的知识和经验，最终形成了以环境保护为切入点的完整的抗辩、反诉方案和证据链条，为最终胜诉奠定了坚实基础。

【结语和建议】

本案承办律师在案件的办理和推进过程中，抽丝剥茧层层推进，经过多次论证与研讨设计了多种方案，最终找到突破口取得实质性进展和最后的胜诉。这一成功的经验告诉我们，律师法律服务工作应当做到极致。最高人民法院对于管辖的再审裁定，也告诉我们要树立对司法公正的信心、对中国法治的信心，坚定法治信仰、法治情怀，发挥律师提供法律服务的社会价值，为中国法治的建设作出积极贡献。

浙江某公司与山东某公司专利合同纠纷案[①]

北京市炜衡（烟台）律师事务所　王永顺律师

【关键词】

专利纠纷　合同纠纷　合同履行　解除合同

【案情简介】

山东某公司为某专利的权利人。2015 年 8 月 20 日，该公司独家授权给浙江某公司该专利及专有技术。授权区域为浙江、江苏、上海、福建、江西、广东，并提供相关设备选择、配方及制造技术文件，提供技术专家和人才指导。

本案原告浙江某公司于 2015 年 8 月 26 日登记成立。2015 年 8 月 28 日，原告浙江某公司与被告山东某公司签订了《项目协作协议》。协议规定：乙方（山东某公司）为保证本协议所涉项目能够正常生产经营及持续研发，应全面提供本协议所涉合作项目的生产经营及后续研发所需要的原材料信息、专有技术及专业技术人才等。

协议签订后，浙江某公司向山东某公司支付了 200 万元的技术转让费。之后，浙江某公司进入生产准备，山东某公司也派遣技术人员提供上门指导。

2016 年 5 月 9 日，浙江某公司发现山东某公司技术存在问题或

① 案件来源：最高人民法院民事裁定书（2019）最高法民申 3614 号。

者缺陷，导致浙江某公司无法正常生产。于是浙江某公司向山东某公司发送电子邮件，要求其履行协议中的“技术全面保障”义务。若无法解决问题，希望通过解约或者其他方式避免以后更大的损失。但山东某公司数月未回复。后山东某公司派工作人员至浙江某公司处，但仍无法解决技术问题和缺陷，经反复试验仍无法正常生产，致使浙江某公司无法实现合同目的。

2017 年 7 月 5 日，浙江某公司向山东某公司发送了通知书，要求终止合作事项，并退回已支付的许可使用费。山东某公司收到该通知后未回应。

浙江某公司委托我所律师向法院提起诉讼，要求解除《项目协作协议》、被告返还技术许可使用费并赔偿损失。一审法院以合同解除条件成就，浙江某公司已经履行付款义务可要求恢复原状为由，判决解除协议并返还许可费。

山东某公司不服，提起上诉。二审法院以山东某公司违反合同约定，符合《项目协作协议》约定解除条件为由驳回上诉。后山东某公司又申请再审，最高人民法院以山东某公司未能提供相应证据证明其已经履行了约定的必要的技术指导义务为由，驳回再审申请。

【代理意见】

我们认为，本案系专利合同纠纷，主要争议焦点为合同解除条件是否成就以及若《项目协作协议》可以解除，对方承担何种责任。具体而言：（1）合同约定的义务山东某公司是否已履行完毕；（2）若《项目协作协议》可以解除，山东某公司是否应退还浙江某公司已经支付的专利许可使用和再许可使用补偿费 200 万元。

一、山东某公司未履行合同约定义务，致使合同目的无法实现

1. 合同约定的根本目的是实现量产并在六地区再许可使用。

1.1 山东某公司以其拥有专利为条件，宣称其专利在国内独一，可获得非常可观的收益，如果在浙江、江苏、上海、福建、江西、广东等经济发达的大省范围内再许可使用，其经济效益更不可估量。浙江某公司未对其宣传及拥有的专利权利产生怀疑，便于2015年8月28日与山东某公司签订800万元巨额使用费的《项目合作协议》。

1.2 实际上该专利技术无法量产，一直处于试验、调试阶段，连满足12小时的连续开机都无法实现。

2. 合同约定的合作标的为山东某公司提供的“全部专利权利”“专有技术”和“专业技术人才”等支持，并保证甲方正常生产经营。

2.1 实际上山东某公司的技术人员到浙江某公司进行了多次测试都无法实现合同约定的产业化生产。

2.2 签约时山东某公司尚未获得上述专利权利，只是申请专利，但未向浙江某公司讲明，导致其支付了巨额使用再许可费。

二、山东某公司抗辩解除条件不具备的理由不成立

1. 《项目合作协议》是双方真实意思表示，合法有效。

1.1 合法有效是合同解除的前提，而法院判定解除合同是因为山东某公司未履行合同主要义务并导致合同目的无法实现。

1.2 按照山东某公司的逻辑，合同具有合法性就可以否定技术缺陷，就可以排除因果关系，就可以证明履行了义务。这是逻辑错误。

2. 合同解除条件成立，是依据《项目合作协议》的约定。

2.1《项目合作协议》第四条第十一项约定：乙方未全面履行本协议相关约定造成甲方损失的，甲方有权解除合同，且甲方有权主张乙方承担相应的赔偿责任。

2.2 浙江某公司已于2017年7月5日通知对方合同目的无法实现，要求终止合同。山东某公司收到后并未在法定期限内予以答复，也未提起诉讼，因此解除合同条件依法成就。

2.3 浙江某公司提交的证据足以证明山东某公司提供的技术、专业人才未能使浙江某公司正常生产经营。

三、山东某公司应退还浙江某公司已交付的专利许可使用和再许可使用补偿费200万元及利息，以及赔偿浙江某公司因专利缺陷造成的巨额损失

1. 根据《项目合作协议》第三条第四项的约定：甲方（浙江某公司）应分期向乙方（山东某公司）支付许可总费用800万元，作为乙方许可甲方独占实施乙方名下的于本协议签订时全部专利及再许可使用的补偿。首期支付200万元，剩余600万元应待甲方向第三方再许可收取专利合作费用时支付。签约后浙江某公司于2015年12月23日履行了合同约定的付款义务。

2. 前述证据证明浙江某公司未能实现签订《项目合作协议》的最终目的，其原因是山东某公司的专利技术不成熟，测试不成功，达不到产业化要求，无法实现合同约定的实现正常的生产经营。浙江某公司已支付的专利使用补偿费应予退还。

3. 鉴于因专利缺陷造成的损失赔偿计算较为复杂，我方在本案中仅要求返还已经支付的专利费及利息，专利缺陷给我方造成的巨大损失将另案起诉，以免本案战线过长。

【判决结果】

一审法院判决支持浙江某公司的诉讼请求。山东某公司不服，提起上诉和再审，其诉讼请求分别被省高级人民法院、最高人民法院驳回。

【裁判文书】

根据本案已查明的上述案件事实，结合各方当事人的诉辩主张，本案的争议焦点问题是：一、山东某公司是否履行了合同约定的技术指导义务。二、《项目合作协议》约定的解除条件是否成就。

一、山东某公司是否履行了合同约定的技术指导义务

《项目合作协议》第四条“乙方的权利义务”中第6条约定，山东某公司为保证本协议所涉项目能够正常生产经营及持续研发，应全面提供本协议所涉合作项目的生产经营和后续研发所需要的原材料信息、专有技术及专业技术人才等。第7条约定，该协议所称的专有技术，包含但不限于实施专利所需的技术、工艺、配方等能够保证本协议所涉合作项目的生产经营和后续研发的相关技术内容。第8条约定，该协议所称的专业技术人才，应负责向浙江某公司技术人员等相关人员传授相关技术内容，指导生产场地选址，生产厂房设备、生产设备选型、安装调试、更新换代等。第9条约定，协议正式签订后，山东某公司按浙江某公司业务发展的需要，不定期派技术专家，以保证浙江某公的正常生产经营。

根据上述合同约定，山东某公司在合同履行过程中，负有选派技术人员提供技术指导，使浙江某公司掌握相关技术、实现正常生产经营的义务。根据在案证据，在合同履行过程中，浙江某公司向

山东某公司提出存在造粒技术不成熟、无法完成水溶性粒子的制造、吹膜技术尚有欠缺、制袋技术不完善、南方湿度大导致封口困难的问题，山东某公司对此不持异议。但山东某公司仅通过邮件提出了建议，并未提交证据表明相关技术问题已经得到解决。相反，浙江某公司于6月15日发送的邮件中仍然提及制袋的问题有待解决。因此，二审判决认定山东某公司未提供符合合同约定的技术指导并无不当。山东某公司虽然抗辩其仅负有辅助的指导义务，并非全面技术指导义务。但如上所述，山东某公司同样未能提供证据证明，其已经履行了符合合同约定的、必要的技术指导义务，故本院对其相关抗辩主张不予采信。

二、《项目合作协议》约定的合同解除条件是否成立

从《项目合作协议》的合同目的来看，合同约定的“正常生产经营”应指具备生产出成品能力。浙江某公司提交的往来邮件能够证明其在生产过程中遇到技术问题，未能生产出相关产品并就此与山东某公司多次协商。山东某公司虽主张浙江某公司已经能够正常生产经营，但在案证据不足以支持其相关主张。理由如下：山东某公司在再审审查期间提交的公证书系事后形成，不能用以证明合同解除时浙江某公司具备生产能力，而且该公证书的内容系浙江某新材料科技有限公司的网页，山东某公司并未说明或者举证证明浙江某新材料科技有限公司与浙江某公司的关系，因此，上述证据不能用以证明浙江某公司在合同解除时是否具有正常生产经营的能力。山东某公司的产品检验报告及二审审理过程中展示的实物的形成时间均晚于合同解除的时间，无法证明浙江某公司行使合同解除权时的状态。浙江某公司办公场所的照片与浙江某公司是否能够正常生产经营缺乏关联关系。因此，上述证据均不足以证明，浙江某公司

在合同解除时，根据山东某公司的技术指导能够正常生产经营。据此，浙江某公司根据合同第十一条的约定，具有合同解除权，二审法院的相关认定正确。在此基础上，由于山东某公司在涉案合同履行过程中存在违约情形，故二审法院认定山东某公司应返还200万元技术许可费的结论并无不当，本院予以支持。

山东某公司提出的勘验申请与本案的待证事实即浙江某公司在行使合同解除权时是否能够正常生产经营无关，故对其主张本院不予准许。驳回山东某公司的再审申请。

【案例评析】

本案中，起诉对方首先要解决的问题就是确定诉讼角度，以求稳、准。本案的诉讼角度主要涉及以下几个方面：

一、合同违约的论证

双方签订的合同标的除了山东某公司提供的支持，更包括保证浙江某公司的正常生产经营。实际上因专利本身的缺陷导致我方无法实现合同目的。除合同依据外，我方更以严密的证据为切入点，证明对方在履行过程中实质违约。在缜密的证据目录之下，一、二审法院及最高人民法院的多位法官均支持我方解除合同的诉求。

二、对违约方的抗辩进行逻辑层面的反驳

按照山东某公司的逻辑，合同具有合法性就可以否定技术缺陷，就可以排除因果关系，就可以无视合同目的、证明其履行了义务。其逻辑不能自洽，必然得不到法官的支持。

三、违约方的赔偿问题

除了我方已经履行的金钱给付应返还以外，对方还应就我方因其违约造成的损失进行赔偿。但是鉴于该损失赔偿计算较为复杂，我方在本案中仅要求返还已经支付的专利费，专利缺陷给我方造成的巨大损失将另案起诉，以免本案战线过长。

面对山东某公司的专利缺陷导致的损失结果，一次性起诉可能使得纠纷因审查期过长而延误战机，以及因战线拉得太长牵扯过多的精力。另外，一次性起诉也难以一下子解决所有问题。因此，必须有所选择，根据请求的情况不同分批处理。

首先要以对方违约为由解除合同，溃其全线，使对方要求继续履行的借口立不住脚。其次，结合协议约定和相关法律规定，要求对方返还我方已经支付的专利费用。最后，因专利缺陷给我方造成的巨大损失另案起诉，可以本案的解约判决作为另诉损失赔偿的依据。违约、侵权双炮齐放，事实依据和法律依据齐足并驱，层层设防，不给对方狡辩和抵赖的空间和机会。

【结语和建议】

专利转让合同作为技术转让合同的一种，在促进专利变现、加快科技发展、推动产权贸易等方面发挥着重要作用。但是，专利转让合同作为双方意思自治的产物，在合同履行过程中，因主客观因素变化导致违约的情况屡见不鲜，而双方的利益失衡引发诉讼，不仅会耗费双方大量精力，更会对市场秩序造成潜在的干扰。据王燕所撰的《2005—2009 年北京市专利合同纠纷案件分析》，导致专利合同纠纷的主要原因是当事人违反合同约定，占一审专利合同纠纷案件总数的近3/4，其中近半数属于技术违约情形。近十年来，该现象仍未改善。由此可见，提高专利质量是减少专利交易纠纷发生的有效途径。

针对这种现象，笔者建议在专利转让合同中应就违约情况和违约责任进行明确约定。根据专利转让合同关于违约责任的约定，违约方以一定的方式承担违约责任，以保护守约方的正当权益和对公平正义的期待。

同时，也建议公司在经营过程中遇到专利纠纷时，尽早向专业律师寻求帮助，以尽可能减少纷争。就本案而言，正是由于律师介入及时，相应的证据得到保全，在诉讼阶段才能有的放矢。

北京A产业投资有限公司与福建B文化传播集团有限公司股权转让合同纠纷案①

北京市炜衡律师事务所　王可可律师

【关键词】

公司　股权转让纠纷　股权回购

【案情简介】

原告北京A产业投资有限公司（以下简称A产业投资公司）与被告福建B文化传播集团有限公司（以下简称B文化传播公司）、陈某三方，分别于2016年8月3日和2017年1月22日签订了两份《股票转让协议》。两份协议分别约定陈某将其持有的C动漫公司24.39万股股票，各以500万元的价格转让给A产业投资公司。两份协议共计转让48.78万股，A产业投资公司需向陈某支付共计1000万元的转让款。同时在协议中约定，被告B文化传播公司作为担保方，向原告A产业投资公司承诺了股权回购条件。如果C动漫公司未能达到被告B文化传播公司承诺的预期业绩，A产业投资公司有权要求B文化传播公司回购其所持股票，并按照年化利率10%支付补偿款。

① 案件来源：福建省福州市鼓楼区人民法院民事判决书（2018）闽0102民初9773号。

A产业投资公司分别于2016年8月5日和2017年1月23日向陈某足额支付了转让款，共计1000万元。之后在协议履行过程中，C动漫公司未达到《股票转让协议》中承诺的预期业绩，触发了股权回购条款。A产业投资公司多次催告B文化传播公司，要求B文化传播公司回购股票，并按照合同约定的年化利率支付补偿款，B文化传播公司一直未支付相应款项。

因此，A产业投资公司起诉至福州市鼓楼区人民法院，要求被告B文化传播公司按照协议约定履行回购义务并支付补偿款。

【代理意见】

本案律师接受A产业投资公司委托之后，协助当事人梳理案件事实，搜集相关证据。根据查明的事实和相关证据，律师在本案中的代理意见主要有以下三点：1. 原告与被告及陈某三方先后签订的两份《股票转让协议》有效。2. C动漫公司未达到被告承诺的预期业绩，触发了协议约定的回购条件，被告应依约履行其回购义务，并支付回购补偿款。3. 被告认可合同约定的回购条款已经触发，其应当依约回购原告的股票，并支付回购补偿款。

以上代理意见具体阐述如下：

一、原告与被告及陈某三方先后签订的两份《股票转让协议》真实有效

原告与被告及陈某分别在2016年8月3日和2017年1月22日签署了《股票转让协议》，协议内容真实有效，且不违反法律法规的强制性规定，这两份协议对于协议各方均具有约束力。

两份协议约定陈某将其持有的C动漫公司共计48.78万股股票转让给原告，原告应向陈某支付共计1000万元的转让款。被告是协

议的担保人，并承诺了C动漫公司的预期业绩作为股票回购条件，如果C动漫公司未达到预期业绩，则原告可以要求被告回购其持有的股票，并支付10%年化利率的回购补偿款。

二、C动漫公司未达到被告承诺的预期业绩，触发了合同约定的回购条件，被告应依约履行其回购义务，并支付回购补偿款

经原告查阅C动漫公司2017年年度报告（公告编号“2018－018”），其2017年度净利润为234万元，远低于被告在合同中承诺的预期业绩（“2017年目标净利润不低于5000万元”），触发了被告承诺的回购条件。因此，原告向被告先后发送《股权回购通知函》和《催告函》，要求被告依约回购股票并按约定的10%年化利率支付回购补偿款。

三、被告认可合同约定的回购条款已经触发，其应当依约回购原告的股票，并支付回购补偿款

被告于2018年7月4日向原告出具《股票延期回购函》，并在函件中认可触发了股票回购条款，接受了原告的回购请求。

被告在其出具的《股票延期回购函》中自认“由于C动漫公司2017年年报业绩未能达到预期，触发了双方签订的《股票转让协议》中相关股票回购条款”，并表示“我司同意回购贵方所持有的C动漫公司股票”。

综上，原告、被告和陈某三方签订的两份《股票转让协议》真实有效。因C动漫公司未达到预期业绩，原、被告双方均认可已触发回购条款，被告应回购原告持有的所有股票，并支付10%年化利率的回购补偿款。

【判决结果】

本案经福州市鼓楼区人民法院审理，依法判决如下：

一、B 文化传播公司于本判决生效之日起十日内回购 A 产业投资公司持有的 C 动漫公司股票 48.78 万股，并支付人民币 1000 万元；

二、B 文化传播公司于本判决生效之日起十日内支付 A 产业投资公司利息（以人民币 500 万元为基数，按照年化利率 10% 的标准，分别自 2016 年 8 月 5 日、2017 年 1 月 23 日起计算至实际清偿之日止，暂计至 2018 年 9 月 6 日分别为 1043835.62 元、809589.04 元）。

【裁判文书】

法院认为，陈某、A 产业投资公司、B 文化传播公司签订的《股票转让协议》系三方真实意思表示，未违反法律及行政法规的强制性规定，合法有效，各方应依约履行。根据该协议，在 C 动漫公司 2017 年业绩未达到 5000 万元时，B 文化传播公司应回购 A 产业投资公司所持有的股票。B 文化传播公司未按协议约定履行回购股票义务，已构成违约，应当承担违约责任。根据《中华人民共和国合同法》第一百零七条“当事人一方不履行合同义务或者履行合同义务不符合约定的，应当承担继续履行、采取补救措施或者赔偿损失等违约责任”的规定，法院对 A 产业投资公司要求 B 文化传播公司回购股票 48.78 万股，支付股权回购本金共计 1000 万元的诉讼请求予以支持。

《股票转让协议》约定 B 文化传播公司需按照原价回购股票的同时支付 10% 的年化利率作为补偿，并在 A 产业投资公司提出回购要求十个工作日内支付款项给A产业投资公司。本案中，A产业投资公司已于2018年5月9日向B文化传播公司发送《股权回购通知函》，B文化传播公司应于该函送达之日起十日内支付补偿款项。法院对A产业投资公司要求B文化传播公司按照年化利率10%的标准支付自支付股权转让款对价次日即2016年8月5日、2017年1月23日起至B文化传播公司实际付款之日止的补偿款之诉讼请求予以支持。

【案例评析】

本案的争议焦点在于《股票转让协议》中的股权回购条款是否被触发，被告是否需要承担回购义务。

被告在《股票转让协议》中向原告承诺了股权回购条件，即如果C动漫公司2017年利润未达到5000万元，被告应回购原告持有的所有股票，并按照年化利率10%的标准支付相应补偿款。

在协议实际履行过程中，原告经查询发现C动漫公司2017年度利润仅为234万元，远远低于被告承诺的5000万元利润，触发了协议中的回购条款。于是原告多次催促被告进行回购。

本案中，根据证据规则，我方主张股权回购条款已触发，需对此进行举证。对此，通常需要请求方提供审计报告等材料，举证难度相对较大。本案中，双方通过函件的形式就股票回购事宜进行过多次沟通。被告在其出具的《股票延期回购函》中自认“由于C动漫公司2017年年报业绩未能达到预期，触发了双方签订的《股票转让协议》中相关股票回购条款”，并表示“我司同意回购贵方所持有的C动漫公司股票”。因此，我方将往来函件作为证据提交，巧妙利用对方的自认来证明股权回购条款已触发。

综合原、被告双方的往来函件，尤其是被告在回函中所作出的认可和承诺，法院最终认定《股票转让协议》约定的回购条款已触发，判决被告履行回购义务，并按照协议约定支付补偿款，我方的诉讼请求得到全面支持。

【结语和建议】

附股权回购条款的股权转让，要特别注意转让协议中回购条款的设置。无论是转让方、受让方还是担保方，均应对回购条款的设置慎之又慎。

对于回购义务主体来说，尤其应当严谨地判断回购条款的合理性。因为不管是巨额的回购款、补偿款，还是与权利人之间发生的股权回购纠纷，对于回购方来说都是十分沉重的负担。本案中，回购方明显高估了目标公司的盈利能力，导致其承诺的回购条件极易触发，这就使得其后期面临极大的法律风险。

本案中，对于原告来说，《股票转让协议》对回购条件的约定比较清楚，包括回购触发条件、回购价格、是否有补偿款（或利息）以及年化利率等。这些问题在协议中作出了明确的约定，为原告主张权利提供了有力的支撑。

针对此类案件，我们提出如下建议：

第一，建议回购义务主体严格审查回购条款的合理性。对于涉及预期业绩的回购条款，回购义务主体应对目标公司的经营状况和盈利能力作出合理评估，尽量杜绝“不可避免的”回购义务，降低法律风险。

第二，建议保留合同履行的痕迹。重大合同的审批和履行，均应当有迹可循。对协议的变更和补充、价款支付、双方往来函件及重要邮件等，应注意留存。这些能够体现合同履行过程的证据，在法庭上将会是有力的证据。

第三，一旦发生纠纷，合同条款将是解决纠纷的重要依据，会影响双方的权利义务分配，甚至决定纠纷的处理结果。因此，对于企业来说，重大合同的签订应当聘请专业的法律人士予以协助，对合同进行合规审查，规避法律风险。

2019 年 11 月 8 日，《最高人民法院关于印发〈全国法院民商事审判工作会议纪要〉的通知》正式下发，该会议纪要第二部分“关于公司纠纷案件的审理”明确指出，“审理好公司纠纷案件，对于保护交易安全和投资安全，激发经济活力，增强投资创业信心，具有重要意义。要依法协调好公司债权人、股东、公司等各种利益主体之间的关系，处理好公司外部与内部的关系，解决好公司自治与司法介入的关系”。2020 年 7 月，最高人民法院发布《关于统一法律适用加强类案检索的指导意见（试行)》，为统一法律适用，提升司法公信力，结合审判工作实际，就人民法院类案检索工作提出了意见。

本案涉及股权转让、对赌协议、股权回购以及公司对外提供担保等诸多法律问题，同时也涉及多方主体，其妥善处理有利于协调利益主体之间的关系。《全国法院民商事审判工作会议纪要》以及《最高人民法院关于统一法律适用加强类案检索的指导意见（试行)》的出台对此类案件的公平裁判和妥善处理大有裨益。

金某与张某、林某确认合同无效纠纷案

北京市炜衡律师事务所　王可可律师

【关键词】

公司法　合同无效　股权转让　股权代持

【案情简介】

本案原告为金某，被告为张某与林某，两被告共同委托王可可、张静律师代理。金某与张某系夫妻关系，二人于2006年8月9日登记结婚。林某系张某母亲。2013年4月9日，张某与A公司共同出资1000万元设立了B公司，其中张某出资100万元，A公司出资900万元。B公司章程规定：股东向股东以外的人转让股权，应当经其他股东过半数同意。经股东同意转让的股权，在同等条件下，其他股东有优先购买权。

2013年6月6日，张某与林某签订《股权转让协议》，约定张某将其持有的B公司10%的股权对应100万元出资额，以100万元的价格转让给林某。《股权转让协议》中还约定，出资转让应于2013年6月9日完成，张某保证转让给林某的股权是其在B公司的真实出资，是张某合法拥有的股权，张某享有完全的处分权，且该股权没有任何抵押、质押或担保。否则引发的所有责任，由张某承担。

同日，张某与A公司签署《B公司原股东会决议》，对本次股权转让、股权变更和公司章程修改等事宜予以确认。股权变更后，B公司股东变为林某与A公司，其中林某出资100万元。本案起诉时，B公司正处于注销清算过程中。

金某认为，张某出资的100万元是夫妻关系存续期间的财产，属于夫妻共同财产。张某未经其同意，与林某签订《股权转让协议》，擅自将其持有的B公司的股权以100万元的价格转让给林某，并办理工商变更登记，该转让协议依法应属无效。

被告张某和林某共同辩称，B公司成立时，张某仅仅是名义上的股东，占公司10%的股权比例。2013年4月9日，林某将100万元从其个人账户取出，当即以张某名义汇至B公司账户，实缴了公司注册资本。后因公司项目没有成功，林某打算用B公司做其他生意，遂与张某签署《股权转让协议》，张某将代持的股权还给了实际股东林某。林某自始至终都是该10%股权的实际所有人，张某仅仅是代持人。且该100万元的出资是林某的个人财产，不属于张某和金某夫妻二人的共同财产。因此，《股权转让协议》不符合合同无效的情形。

【代理意见】

本案律师接受委托之后，协助当事人梳理案件事实，搜集相关证据。根据查明的事实和相关证据，律师在本案中的代理意见主要有以下两点：

1. 实缴的100万元注册资本款项不是金某和张某二人的夫妻共同财产，而是林某的个人财产。

2. 两被告签署的《股权转让协议》不存在合同法规定的无效情

形，该协议合法有效。

具体事实理由如下：

1. 实缴的100万元注册资本款项不是金某和张某二人的夫妻共同财产，而是林某的个人财产。

被告二林某系被告一张某的母亲。2013年4月，林某了解到一个项目，觉得很有希望，因此准备投标，需要立即成立一个专门的公司进行这项业务。由于事态紧急，且林某经常在国外，不方便处理国内事务，因此林某与张某协商，决定先让张某代持股权，尽快设立新公司，参与项目投标。

2013年4月2日，B公司成立，张某仅仅是名义上的股东，占公司10%的股权比例。2013年4月9日，林某按照两人事先约定，从自己的个人账户取出100万元，以张某的名义汇至B公司账户，实缴了公司注册资本。被告提交的银行客户证明单、取款凭证、个人汇款业务凭证等证据，均能证实涉案股权的出资款是林某以其个人财产实缴的出资，根本不属于金某和张某的夫妻共同财产。

后因B公司项目进展未果，林某计划用B公司做其他业务，于是两被告于2013年6月6日签署了《股权转让协议》，将张某代持的股权还给了实际股东林某。自始至终，B公司未进行实质的生意经营，也没有实际收益。由于公司存在的意义已不大，因此股东于2015年年初已决定注销B公司，并于2015年2月13日向北京市工商局上交了清算材料，公司注销手续已在办理过程中。

2. 两被告签署的《股权转让协议》不存在合同法规定的无效情形，该协议合法有效。

张某仅仅是涉案股权的代持人，林某是该股权的实际出资人。因为二人系母子关系，所以二人之间没有签订书面的代持协议也是合情合理的。值得注意的是，这100万元出资款根本不是张某与金某的夫妻共同财产，而是林某的个人财产。因此，代持人张某将股权以转让的形式返还给实际出资人林某，是合法合理的。两被告之间的《股权转让协议》不存在任何导致合同无效的情形，该协议是合法有效的。

【判决结果】

本案经北京市海淀区人民法院一审审理，依法判决如下：驳回金某的诉讼请求。金某不服一审判决，提起上诉。北京市第一中级人民法院经审理，依法判决如下：驳回上诉，维持原判。

【案例评析】

本案属于确认合同无效的纠纷，其审理的焦点问题有两个：1.《股权转让协议》是否存在《合同法》第五十二条[①]列举的几种合同无效的情形；2. 婚姻存续期间，一方获得的股权，是否是夫妻共同财产制度下的共有对象。

关于这两个焦点问题，评析如下：

一、《股权转让协议》是否存在《合同法》第五十二条列举的几种无效的情形

《股权转让协议》也只是众多合同中的一种，当然适用《合同法》的相关规定。本案原告请求法院确认涉案协议无效，严格来说首先要看协议本身是否存在合同法规定的无效情形。

首先，综观全案事实，张某与林某签署的《股权转让协议》，

① 《合同法》失效后，相关内容已被吸收规定于《民法典》中。

不存在《合同法》第五十二条规定的几种合同法定无效的情形。法院认为本案系合同无效之诉。本案判决中，法院在“本院认为”部分对于股权转让合同的效力、夫妻共同财产等问题进行了详细的说明。

对于合同无效的情形，《合同法》第五十二条进行了列举式的规范。合同的效力首先应当依据合同效力的自身规则（即主体是否适格、意思表示是否真实、约定内容是否合法、标的物是否确定可能）进行判断。上述判断标准当然适用于股权转让合同，但股权转让合同又具有自身的特殊性，故对于股权转让合同效力的判断，除了适用合同法的一般规定对其进行审查外，还要考虑公司法和其他相关法律法规对股权转让所作的特别规定。

其次，涉案合同属于股权转让合同，其标的物股权属于特殊的财产权益，也涉及《公司法》的相关规定，而股权转让自由是公司法的一项基本原则，对公司制企业的发展有重大意义。所以，股权转让自由理应得到尊重和保障。《公司法》中限制股权转让的少数特殊规定，也是出于维护公司制企业健康发展和市场经济秩序平稳的目的。关于股权转让，《公司法》第七十一条规定，有限责任公司的股东向股东以外的人转让股权时，只要求股东过半数同意，同时规定了原股东有优先购买权。除此之外，对于本案中的股权转让行为，法律上也并没有任何需经配偶同意的限制性规定。

股东对股权的处分是具有独立性的，除了法律明文规定的限制性规定外，应当保障股东处分股权的权利。至于股东在股权转让过程中，是否规避了其他的法律责任，是否存在滥用股东权利的问题，则属于其他的法律关系，依旧不能构成对股东自由处分股权的限制。因此，涉案《股权转让协议》中，张某作为工商登记公示的合法股东，对其持有的股权理应享有自由处分的权利，其股权转让行为，无须经配偶同意。

二、婚姻存续期间，一方获得的股权是否是夫妻共同财产

《婚姻法》第十七条[①]规定：夫妻在婚姻关系存续期间所得的生产、经营的收益归夫妻共同所有。根据该条款的规定，婚姻关系存续期间，“生产、经营的收益”属于夫妻共有的对象，其重点在于收益。但有限责任公司股权的取得兼具有人合性基础，与股东自身密切相关，股权是集身份、财产与管理等权利于一体的一种独立的、综合性的权利形态，股东资格并不构成共有对象，同时股权变动涉及公司、其他股东甚至第三人的利益，故而股权具有不同于其他夫妻共同财产的特点，对于夫妻关系存续期间夫妻一方所取得的股权，如依法确认具有夫妻共同财产性质，非股东配偶所享有的应是股权所带来的财产利益，而非股权本身。

综上所述，对于股权转让合同效力之判断，应适用公司法及合同法的相关规定，金某所主张的婚姻法、民法通则等法律规范中关于共有财产处分的相关规定在本案中并不适用。

【结语和建议】

股权作为一种特殊的权益，兼具财产性和人合性的特点。股权的转让、股东的变更，不仅仅影响其带来的财产收益，还可能会影响公司、其他股东甚至第三人的利益。因此，股东作为登记对外公示的股权持有人，法律上应更注重保障其处分股权的权利和自由。

对于股权转让合同来说，只有存在《民法典》规定的法定无效

① 相关内容现规定于《民法典》第一千零六十二条。

情形，或者存在违反《公司法》及相关法律法规的强制性规范时，才可能被确认为无效。仅仅以未经非股东的配偶同意为由，不能认定股权转让合同无效。

本案是某离婚案件相关的关于夫妻共同财产认定的典型案例。通过本案的判决，明确了“对于夫妻关系存续期间夫妻一方所取得的股权，如依法确认具有夫妻共同财产性质，非股东配偶所享有的应是股权所带来的财产利益，而非股权本身”这一概念。该案例在涉及企业家的夫妻财产分割问题上具有示范作用。

A 能源集团股份有限公司与长治县 B 洗煤有限责任公司、第三人 A 能源集团长治有限公司案外人执行异议纠纷案[①]

北京市炜衡律师事务所　苏婷婷律师　赵丽新律师

【关键词】

执行异议之诉　排除强制执行

【案情简介】

2017 年 2 月 28 日，长治市仲裁委员会作出（2016）长仲裁字第 0135 号裁决书，裁决 A 能源集团长治有限公司（以下简称 A 集团长治公司）支付所欠长治县 B 洗煤有限责任公司（以下简称 B 公司）货款 3207365.75 元，并自 2015 年 1 月 16 日起按照中国人民银行同期贷款利率向 B 公司支付逾期付款利息；仲裁费 42710 元由 A 集团长治公司承担。

2017 年 7 月 19 日，山西省长治市中级人民法院作出（2017）晋 04 执 130 号执行通知书、（2017）晋 04 执 130 号执行裁定书，裁定冻结、划拨被执行人 A 集团长治公司银行存款 3691211.32 元；或查封、扣押、拍卖、变卖其同等价值的财产。

---

① 案件来源：山西省高级人民法院民事判决书（2020）晋民终 55 号。

2017 年 8 月 14 日，山西省长治市中级人民法院作出（2017）晋04 执 130 号之二执行裁定书，查明被执行人 A 集团长治公司在 A 能源集团股份有限公司（以下简称 A 集团公司）处有收入 4042016.95 元。裁定提取被执行人 A 集团长治公司在 A 集团公司处银行存款 4042016.95 元。

2017 年 10 月 24 日，山西省长治市中级人民法院作出（2017）晋 04 执异 35 号执行裁定书，认为 A 集团公司作为 A 集团长治公司清欠回款管理部门，法院先扣划，再向 A 集团公司送达协助执行通知书和裁定书，符合《民事诉讼法》有关执行程序的规定。

2017 年 11 月 15 日，A 集团公司向山西省长治市中级人民法院提起执行异议之诉。

2018 年 6 月 5 日，A 集团公司向山西省长治市中级人民法院出具《A 集团公司诉 B 公司执行异议之诉的情况说明》，提出 2017 年 11 月 17 日长治市中级人民法院立案庭接收了 A 集团公司执行异议之诉的立案材料，但未向 A 集团公司出具任何诉讼相关立案文书。

2018 年 6 月 8 日，长治市中级人民法院执行局出具《关于 A 集团公司送达回证说明》，认为依照《最高人民法院关于以法院专递方式邮寄送达民事诉讼文书的若干规定》第九条规定，该裁定书视为送达。

2018 年 12 月 13 日，山西省长治市中级人民法院作出（2018）晋 04 民初 41 号民事判决书，判决：一、撤销本院作出的（2017）晋 04 执 130 号之二执行裁定、（2017）晋 04 执异 35 号执行裁定；二、确认原告 A 集团公司在交通银行山西省分行营业部开设的×××账户中的存款归原告所有，不得执行；三、本院已扣划的原告 A 集团公司在交通银行山西省分行营业部开设的×××账户中的存款

4042016.95 元返还至原告账户。

B 公司一审败诉后，因不服长治市中级人民法院（2018）晋 04 民初 41 号民事判决，委托本律师向山西省高级人民法院提起上诉。

法院于 2019 年 3 月 14 日立案后，依法组成合议庭公开开庭进行了审理。经审理，山西省高级人民法院于 2019 年 4 月 15 日作出（2019）晋民终 114 号裁定书，认为一审法院未对 A 集团公司提起执行异议之诉期限的主张进行查证，而是错误地将举证责任分配给 B 公司，属于对 A 集团公司起诉是否超过法定起诉期限认定事实不清，裁定将案件发回长治市中级人民法院重审。

【代理意见】

本律师作为被上诉人 B 公司的代理人，就本案争议焦点发表代理意见如下：本案系案外人执行异议纠纷，主要争议焦点为：1. 上诉人提起案外人执行异议之诉是否超过法定期限；2. 上诉人对本案所涉扣划账户中的 4042016.95 元存款是否享有足以排除强制执行的民事权益，一审判决认定上述存款属于原审第三人的财产，并基于此驳回上诉人案外人执行异议之诉的诉讼请求是否存在错误。

一、关于上诉人提起案外人执行异议之诉是否超过法定期限

被上诉人认可长治市中级人民法院（以下简称长治中院）（2019）晋 04 民初 46 号民事判决书的判决结果，但不认可判决书对上诉人提起案外人执行异议之诉是否超过法定期限这一事实的认定。

一审法院已经查明，“2017 年 11 月 3 日，本院委托 EMS 向原告 A 集团公司邮寄（2017）晋 04 执异 35 号执行裁定书。2017 年 11 月 5 日，上述邮件因无电话、查无此人退回”。根据 2017 年 7 月 24 日起施行的《关于进一步加强民事送达工作的若干意见》第七条，因

当事人提供的送达地址不准确、拒不提供送达地址、送达地址变更未书面告知人民法院，导致民事诉讼文书未能被受送达人实际接收的，邮寄送达的，该文书被退回之日应视为送达之日。因此，(2017) 晋 04 执异 35 号执行裁定书应认定为于 2017 年 11 月 5 日送达上诉人。根据 2015 年 2 月 4 日起施行的《最高人民法院关于适用〈中华人民共和国民事诉讼法〉的解释》第三百零五条第一款规定："案外人提起执行异议之诉，除符合民事诉讼法第一百一十九条规定外，还应当具备下列条件：……（三）自执行异议裁定送达之日起十五日内提起。"因此，上诉人提起执行异议之诉的期限最晚截止至 2017 年 11 月 20 日，但（2018）晋 04 民初 41 号（即原审一审）判决书显示该执行异议之诉的立案时间为 2018 年 6 月 21 日，已经远远超过案外人提起执行异议之诉的法定期限。

上诉人主张其于法定期限内提起诉讼，根据贵院作出的（2019）晋民终 114 号民事判决书，贵院认为上述主张的举证责任在原审一审时被错误地分配给了被上诉人，即上诉人应当承担对上述主张的举证责任。但上诉人在本案重审一审期间，仅提交了其公司自己出具的"情况说明"及"与立案庭法官的录音"作为证据，上述证据均无法证明其主张。根据上诉人申请，一审期间长治中院也对该问题进行了调查，一审判决书载明"本院到立案庭进行调查核实，虽未调取到相关证据材料……"，说明法院调查结果是没有任何证据证明上诉人于 2017 年 11 月 20 日前向立案庭提交过立案材料。根据《最高人民法院关于适用〈中华人民共和国民事诉讼法〉的解释》第九十条关于"在作出判决前，当事人未能提供证据或者证据不足以证明其事实主张的，由负有举证证明责任的当事人承担不利的后果"，《最高人民法院关于民事诉讼证据的若干规定》第八十五条关于“人民法院应当以证据能够证明的案件事实为依据依法作出裁判”之规定，在没有任何证据证明上诉人于法定期限内提起执行异议之诉的情形下，一审法院不能仅因为“本院在执行裁定送达及立案程序衔接上确有瑕疵”，就认定上诉人提起执行异议之诉符合法律规定。如果确实存在上诉人此前所述的长治中院立案庭以无法提供送达回证为由不予接收立案材料的违法情形，而长治中院也认可立案程序存在瑕疵，那也应当通过上诉人申请国家赔偿或追究相关责任人员责任的方式弥补上诉人的损失。上诉人与被上诉人为民事诉讼中的平等主体，合法权益应当得到同等的保障，被上诉人在此过程中不存在任何过错，不能由被上诉人承担不予立案的不利后果。

关于执行异议之诉应当在法定期限内提起及提起执行异议之诉的案外人应当对其在法定期限内提起执行异议之诉承担举证责任，存在相同的案例支持。山西省运城市中级人民法院在“山西某房地产开发有限公司与尚某文、李某瑜等二审民事裁定书”［（2018）晋08 民终 1302 号］中认为“一审卷宗中的信息表显示，法院收到起诉状日期、立案、审批日期均为 2017 年 8 月 24 日，并且被上诉人某房地产公司于 8 月 24 日缴纳了诉讼费，符合上述条款的规定，被上诉人某房地产公司虽对该时间有异议，但并未提供相关证据证实其在 2017 年 8 月 21 日已将起诉状递交到法院，被上诉人某房地产公司应承担举证不利的后果……被上诉人某房地产公司于 2017 年 8 月 4 日签收了（2017）晋 0881 执异 10 号执行裁定书，在 8 月 24 日向一审法院提起执行异议之诉，依据上述条款的规定，被上诉人某房地产公司的起诉超过法定期限，不符合案外人执行异议之诉的起诉条件，对其起诉依法应予驳回”。

综上所述，证据表明上诉人未在法定期限内提起案外人执行异议之诉，上诉人虽主张其于法定期限内提交了立案材料，但提交的证据无法证明其主张，一审法院也未调取到相关证据证明被上诉人于法定期限内提交了立案材料，因此应当认定上诉人未在法定期限内提起案外人执行异议之诉，一审法院对该事实的认定存在错误。

二、上诉人对本案所涉扣划账户中的 4042016.95 元存款不享有足以排除强制执行的民事权益，一审判决认定上述存款属于原审第三人的财产，并基于此驳回上诉人案外人执行异议之诉的诉讼请求不存在错误

本案为案外人执行异议之诉，根据《最高人民法院关于适用〈中华人民共和国民事诉讼法〉的解释》第三百一十二条，只有当案外人对执行标的享有足以排除强制执行的民事权益时，才能支持案外人的诉讼请求，判决不得执行该执行标的。根据《最高人民法院关于适用〈中华人民共和国民事诉讼法〉的解释》第三百一十一条的规定，案外人应当就其对执行标的享有足以排除强制执行的民事权益承担举证证明责任。因此，执行异议之诉的审查重点应当是案外人对执行标的是否享有足以排除强制执行的民事权益，且举证责任在案外人。本案一审阶段将上诉人是否对执行标的享有足以排除强制执行的民事权益作为争议焦点之一进行审查，并将举证责任分配给上诉人，并不存在任何错误。上诉人认为一审法院"偏离执行异议之诉应当审查的重点，忽略执行局执行越权违法问题，将过重的举证责任加诸上诉人"，显然没有法律依据。

关于上诉人对执行标的是否享有足以排除强制执行的民事权益，被上诉人认为上诉人对本案所涉扣划账户中的 4042016.95 元存款不享有足以排除强制执行的民事权益，一审判决不存在错误。

首先，根据《最高人民法院关于审理民间借贷案件适用法律若干问题的规定》第二条规定，出借人向人民法院起诉时，应当提供借据、收据、欠条等债权凭证以及其他能够证明借贷法律关系存在的证据。上诉人主张其与第三人存在借贷关系，第三人向其被扣划账户中转账的行为属于偿还借款，但没有提供任何能够证明上述借贷关系存在的债权凭证。上诉人认为根据2011年至2017年专项审计报告可以认定第三人一直未还清对上诉人的借款没有法律依据。上诉人未能提供证据证明其对执行标的享有足以排除强制执行的民事权益，应当承担举证不能的不利后果。《最高人民法院公报》2018年第8期公报案例“中国信达资产管理股份有限公司陕西省分公司、陕西崇立实业发展有限公司执行异议之诉案”［（2016）最高法民终763号］中，最高人民法院也支持当案外人未能提供证据证明其对执行标的享有足以排除强制执行的民事权益时，在执行异议之诉中应当承担举证不能的不利后果。

其次，根据被上诉人一审提交的证据2《关于加强资金集中管理的实施细则》《关于下发〈A集团公司银行账户管理办法〉（试行）的通知》《关于进一步加强资金集中管理的通知》，证据3《关于清欠回款汇入指定账户的通知》，2016年4月19日开始上诉人要求所属单位及其托管单位将清收债权所得的清欠回款全部上交上诉人（即汇至上诉人在交通银行山西省分行营业部开设的账号为×××的账户），由上诉人进行统一管理。根据被上诉人提交的证据广东省广州市中级人民法院（2018）粤01民终22719号民事判决书中的内容，上诉人自认第三人的资金虽然由上诉人集中管理，但资金的所有权、使用权并不改变。由此可见，涉案款项虽然在上诉人账户中，但其财产所有权属于原审第三人。根据前述判决书认定部分的内容，广州中院认为“A集团长治公司的收入汇入A集团公司指定的账户由 A 集团公司进行管理”，可见上诉人账号为×××的账户中有第三人的收入，涉案存款实际属于第三人财产，只是在上诉人账户中保管。根据 2002 年 4 月 1 日起施行的《最高人民法院关于民事诉讼证据的若干规定》第九条“下列事实，当事人无需举证证明：……（四）已为人民法院发生法律效力的裁判所确认的事实”之规定，已经生效的判决书可作为证据，对于生效判决书中法院认定的事实，被上诉人无须再举证证明。上述证据已经能够充分证明涉案款项为原审第三人汇入上诉人账户的收入，为原审第三人财产，一审判决对上述事实的认定不存在错误。

上诉人认为根据《最高人民法院关于人民法院办理执行异议和复议案件若干问题的规定》第二十五条“对案外人的异议，人民法院应当按照下列标准判断其是否系权利人：……（三）银行存款和存管在金融机构的有价证券，按照金融机构和登记结算机构登记的账户名称判断……”之规定，应当认定长治中院扣划的×××账户中的存款的所有权归属为原告。该主张是片面的，并未综合考虑本案事实情况。根据该规定第二十五条最后一款“案外人依据另案生效法律文书提出排除执行异议，该法律文书认定的执行标的权利人与依照前款规定得出的判断不一致的，依照本规定第二十六条规定处理”之规定，可见银行存款的权利人并不一定完全根据账户名称判断，而是存在例外情况。

最高人民法院在《最高人民法院公报》2018 年第 2 期“河南省金博土地开发有限公司与刘玉荣及第三人河南元恒建设集团有限公司案外人执行异议之诉案”中认为“虽然货币属特殊种类物，在一般情况下适用‘占有即所有’原则，但本案中金博公司向元恒公司误转 4244670.06 元，系通过银行账户转账实现，并非以交付作为

‘物’的货币实现，元恒公司事实上并未从金博公司处获得与案涉4244670.06元相等价的货币……本案中并不存在刘玉荣所主张的作为‘特殊种类物’的货币，且元恒公司亦并未占有案涉款项，故不具备适用‘货币占有即所有原则’的基础条件，二审法院未适用该原则处理本案并无不当”，由此可见，最高人民法院也支持并非所有情况都能依据银行账户名称判断存款的权利人，而是应当判断具体的权利归属。

另外，根据长治市城区人民法院（2016）晋0402执259号判决书显示，2017年6月26日长治市城区人民法院在执行广东某能源科技有限公司与本案第三人买卖合同纠纷一案时，也认为第三人A集团长治公司在原告处存在到期债权，并对上诉人的账户进行了扣划，但上诉人没有对该次执行提出过异议，说明上诉人也认可第三人在原告处存在到期债权，上诉人账户中存在第三人财产。

最后，涉案款项在执行过程中已由长治中院执行局从上诉人账户实际扣划至被上诉人账户，上诉人请求法院将已扣划的4042016.95元返还至上诉人账户已经不可能实现。《最高人民法院关于适用〈中华人民共和国民事诉讼法〉的解释》第三百一十二条规定：“对案外人提起的执行异议之诉，人民法院经审理，按照下列情形分别处理：（一）案外人就执行标的享有足以排除强制执行的民事权益的，判决不得执行该执行标的；（二）案外人就执行标的不享有足以排除强制执行的民事权益的，判决驳回诉讼请求。案外人同时提出确认其权利的诉讼请求的，人民法院可以在判决中一并作出裁判。”第三百一十四条第一款规定：“对案外人执行异议之诉，人民法院判决不得对执行标的执行的，执行异议裁定失效。”上述条文对案外人提起的执行异议之诉的判项作了明确规定，上诉人提出的诉讼请求不属于法院在执行异议之诉判决中能够予以支持的诉讼请求，贵院发回重审裁定中也明确提示原审一审判项超出了法律规定的范围，因此驳回上诉人的诉讼请求不存在错误。

【判决结果】

山西省高级人民法院将案件发回重审后，2019 年 9 月 25 日，长治市中级人民法院作出（2019）晋 04 民初 46 号判决，驳回原告 A 集团公司的诉讼请求。A 集团公司不服该判决，提起上诉。2020 年 11 月 27 日，山西省高级人民法院作出（2020）晋民终 55 号判决，驳回上诉，维持原判。

【裁判文书】

山西省高级人民法院认为，本案争议焦点：A 集团公司对案涉账户中扣划的 4042016.95 元是否享有足以排除强制执行的民事权益。《最高人民法院关于适用〈中华人民共和国民事诉讼法〉的解释》第三百一十一条规定："案外人或者申请执行人提起执行异议之诉的，案外人应当就其对执行标的享有足以排除强制执行的民事权益承担举证证明责任。"《最高人民法院关于人民法院办理执行异议和复议案件若干问题的规定》第二十五条规定："对案外人的异议，人民法院应当按照下列标准判断其是否系权利人：……（三）银行存款和存管在金融机构的有价证券，按照金融机构和登记结算机构登记的账户名称判断……"一般来讲，货币是特殊的种类物，流通性是其属性，"占有即所有"是其基本原则，故对于银行存款，原则上按照金融机构开立的账户名称判断款项是否为被执行人所有，但案外人有充分证据证明款项已被特定化的，则应当根据账户当事人对该资金的特殊约定以及相关法律规定来判断资金权属。本案中，（2017）晋04执130号之二执行裁定书的被执行人是A集团长治公司，（2017）晋04执130号协助扣划存款通知书扣划的4042016.95元是A集团公司在交通银行山西省分行营业部开设账户中的存款。B公司提供的A集团公司下发的《关于清欠回款汇入指定账户的通知》（A集团公司经发〔2015〕112号）《关于清欠回款汇入指定账户的通知》（A集团公司经发〔2016〕65号）及A集团公司在另案（已生效）中称“山西省国资委对包括A集团公司在内的各省属企业有明确要求，且不改变资金的所有权、使用权”等一系列证据证明，从2016年1月1日起A集团公司按照山西省国资委的要求将案涉账户设定为指定账户，该指定账户为特定专用账户，案涉账户中A集团长治公司的清欠回款所有权人为A集团长治公司。A集团公司对该事实无异议，但称该公司与A集团长治公司之间存在借款关系，案涉账户内A集团长治公司的清欠回款已经用于清偿欠款，已不属于A集团长治公司所有。为此，A集团公司提供《发行股份购买资产协议书》、某进出口集团有限公司银行打款回单及A集团长治公司支付某进出口集团有限公司利息的收据、2010年至2017年A集团公司的审计报告等证据拟证明该公司与A集团长治公司之间存在借款关系。本院认为，A集团公司提供的上述证据能够证明该公司与A集团长治公司之间存在借款关系。但案涉账户为特定专用账户，该公司未提供其将特定专用账户内A集团长治公司的清欠回款用于归还借款的证据。虽然A集团公司在庭审结束后提交了一份《关于清欠资金归还借款的通知》（2016年5月4日作出），拟证明特定专用账户内A集团长治公司的清欠回款已用于归还借款。因该证据是在举证期限届满后递交，且没有发文字号，也未体现经公司决策机构集体讨论决定程序。为慎重起见，本院函告 A 集团公司在收到告知书之日起一周内补充提供下发《关于清欠资金归还借款的通知》时的会议记录、内部签发审批手续以及该通知下发至相关单位的收文凭证等材料，A 集团公司逾期未提供上述材料，本院对该证据的证明目的不予采信。综上，A 集团公司现有证据不足以证明指定账户中 A 集团长治公司的清欠回款抵顶了 A 集团公司的欠款。A 集团公司对案涉账户中扣划的 4042016.95 元不享有足以排除强制执行的民事权益。

关于 A 集团公司一审中提出的第 3 项，即将已扣划的 4042016.95 元返还至 A 集团公司账户。二审中，本院向 A 集团公司释明民事诉讼法规定案外人执行异议之诉的诉请范围，A 集团公司撤回其一审中提出的第 3 项诉请。

综上所述，A 集团公司上诉请求不能成立，应予驳回。依照《中华人民共和国民事诉讼法》第一百七十条第一款第（一）项规定，判决如下：

驳回上诉，维持原判。

【案例评析】

本案一审 B 公司败诉，代理律师接受委托后，根据一审判决内容发现本案中涉及的两个核心问题一审法院没有依法查明以及正确适用法律规定。

第一，当事人对其已在法定期限内提起诉讼负有举证责任。原审一审判决错误地分配了举证责任，将是否超过法定期限提起诉讼的举证责任分配给了原审被告，并以原审被告无法举证回避了应在法定期限内提起诉讼这一关键性问题。

第二，关于存于第三方账户的款项是否可以排除强制执行的问题，一审法院简单地适用了货币占有即所有原则，并未考虑本案的特殊性。本案中原审原告要求第三人（债务人）将其收入存在原审原告账户中，且经核查其他案件的诉讼判决文书，发现原审原告曾在其他案件中自认相关款项虽然存在原告名下，但“不改变资金的所有权及使用权”，因此本案不能简单地以账户名称判断存款所有人。

以上两点上诉建议在山西省高院二审过程中得到了二审法官的充分采信，并将本案发回长治中院重审，重审后，我方依据上述论点取得了最终胜诉判决。

【结语和建议】

本案涉及案外人提出执行异议之诉的问题。案外人提出执行异议之诉的关键在于两点：其一，应当在法定期限内提起案外人执行异议之诉；其二，应举证证明对案件所涉标的享有足以排除强制执行的民事权益。同时，由于执行案件中涉及的法律规定较多，因此在代理执行异议之诉时，应全面参考相关法律法规，包括文书送达的规定、最新出台的规定等。此外，要聚焦案件的核心问题，重点分析争议难点；还应从案件本身的具体证据出发，善于抓住对方证据的薄弱环节，有针对性地击破对方的反驳和主张。

北京A技术股份有限公司与B网络有限公司合同纠纷案[①]

北京市炜衡律师事务所　魏立璇律师　王晓静律师

【关键词】

合并审理　反诉程序

【案情简介】

2015年至2018年期间，北京A技术股份有限公司（乙方，以下简称A技术公司）与B网络有限公司（甲方，以下简称B网络公司）针对B网络公司的DVB+OTT各地平台建设陆续签订《××视讯与B网络公司共同建设DVB+OTT平台合作项目建设与开发集成合同》《2017上半年度DVB+OTT平台硬件集采供应商入围项目供货框架协议》及该框架协议项下多地《硬件项目采购订单》,《2017—2018年度DVB+OTT平台硬件集采供应商入围项目供货框架协议》及该框架下多地《硬件项目采购订单》,《B网络公司OTT平台服务器设备维保合同》等共计十余份合同，合同总金额4300余万元。合同内容均围绕B网络公司DVB+OTT平台的建设和维护进行。

---

① 案件来源：北京市第二中级人民法院民事判决书（2020）京02民终4065号

前述合同主要约定：1. 针对 DVB + OTT 平台软件开发与集成、部署等采购项目：根据甲方的要求在双方约定的项目开发周期内完成平台对应期数和系统或子系统的建设实施，乙方负责制定施工组织进度计划，派遣技术人员完成系统业务调研、定制化开发、集成、调测、割接和开通工作，并负责对甲方技术、业务和操作人员进行现场培训；甲方指定现场代表并安排一定数量人员与乙方一起合作开发；合同标的必须按照项目的进程分阶段进行测试验收，测试验收的主要依据包括国家有关技术规范及质量检验评定标准、相应项目的招投标文件，测试验收由甲方组织，乙方负责配合，外聘第三方技术业务专家的费用由甲方负责，测试内容包括环境测试、可靠性测试、维护性测试、稳定性测试、功能测试、性能测试、接口测试、大数据量压力测试等，资料的完整性与规范性将作为验收项目之一；乙方在业务应用软件系统上线开通符合双方约定的期限后，向甲方指定的总集成商提交书面初验申请，甲方在收到申请后限定工作日内按照技术要求组织相关技术人员对该系统进行初验，乙方提供必要配合；初验合格后进入试运行期，试运行期为 6—12 个月不等，最长不超过 12 个月，试运行期届满后 5 个工作日内由甲方组织进行终验；甲方负责出具各阶段验收报告；乙方应保证向甲方提供的软件系统的质量、数量、功能、性能均符合合同要求，保证向甲方提供各种技术资料和培训，如技术资料经甲方或甲方代表检查后发现有缺少、丢失或损坏且非甲方原因，甲方应通知乙方免费向现场补充；乙方应提供相应技术支持与售后服务；甲乙双方就付款约定了各付款节点及付款比例；双方针对延迟付款、延迟交货等违约情形约定了违约条款，并另行约定了赔偿金条款；同时针对权利保证、保密义务等一并约定了适用条款。2. 针对 DVB + OTT 平台硬件采购项目：甲方有权要求乙方提供真实、完整的公司资信资料、产品资料，并有权要求乙方提供符合招投标文件的合格产品，乙方在接受项目采购后有权要求甲方提供能够全面反映采购预期目标的技术需求及其他相关的必要资料或文件，乙方须按照投标的价格水平提供符合要求的产品或服务，并对产品及服务质量和结果承担责任；乙方保证对提供给甲方的产品或服务享有合法权利，保证不侵犯任何第三方知识产权；乙方在合同约定的供货周期内完成供货；甲方按照招投标文件及共同签署的协议及具体订单要求进行产品数量及型号验收，甲方根据系统运行情况出具各阶段验收报告；双方对质保期进行了约定，自到货验收合格之日起计算；甲乙双方约定了各付款条件和付款节点，并对电话、现场等售后服务及各种违约情形进行了约定。3. 针对DVB+OTT平台维保服务采购项目：甲乙双方约定了每台设备服务器期限；约定了付款方式和付款节点；甲乙双方针对延迟付款约定了迟延履行的违约责任。

甲乙双方签署的DVB+OTT平台软、硬件采购及维保合同的争议管辖机关为北京市大兴区人民法院。

2019年1月14日，A技术公司与B网络公司针对双方上述合同的业务往来履行情况进行对账，并签署《对账单》，对账单显示B网络公司为付款方，A技术公司为收款方，付款方应付收款方已到期的合同款本金为27799648.99元。后B网络公司以各种理由拒付已到期合同款，A技术公司遂向北京市大兴区人民法院申请了诉前保全，并于保全裁定下达后30日内提起诉讼。

案件一审审理阶段，B网络公司曾提出《异议书》辩称：A技术公司起诉B网络公司合同纠纷案不能基于《对账单》将多份合同合并审理，应逐一进行审理。A技术公司认为本案符合诉的合并情形，法院可以依职权合并审理，合议庭最终将本案合并审理，B网络公司在此后的诉讼程序中再未提出异议。

同时，B网络公司针对A技术公司要求支付已到期合同款的诉讼请求答辩称：认可A技术公司基于与B网络公司签订的十余份合同所主张的到期合同款共计27799648.99元，但是A技术公司在合同履行过程中也存在以下违约行为：延期交货、未提供完整并可使用的系统相关资料、未提供部分管理软件账户和密码信息、未提供产品原厂合格证书、未提供硬件性能测试报告、未履行提供各类设备原厂服务内容及加盖原厂和代理厂商公章的承诺、未按协议的约定提供月报告、现场驻场和定期巡检等增值服务。故针对其瑕疵履行的违约行为，要求A技术公司承担减少价款的违约责任；双方在合同中约定的赔偿金条款应属无效；A技术公司所主张的违约金过高，请求法院予以适当减少；《设备维保合同》A技术公司至今未开具发票，支付条件尚未成就，应驳回该部分主张；未明确约定律师费，应驳回该部分主张。但B网络公司未针对要求A技术公司承担违约责任等主张在法院指定期限内提出反诉。

一审法院经审理认为：案涉《对账单》及项下合同系双方真实意思表示，未违反法律、行政法规的强制性规定，双方均应履行。《对账单》系对B网络公司与A技术公司双方自2015年至2018年发生的业务往来的对账，对已付金额及未付金额的确定，但付款节点、付款条件等仍应按照《对账单》项下的各份合同的具体约定履行。A技术公司对减少价款的违约责任不予认可，B网络公司最终未就此提出反诉。且B网络公司在完成验收后提出A技术公司瑕疵履行，存在应减少价款的事项，依据亦不足，本院不予支持。A技术公司要求B网络公司支付到期未付款项及违约金符合合同约定，本院依法予以支持。《设备维保合同》在A技术公司依据合同开具增值税发票后，B网络公司应当在收到发票30日内向A技术公司支付相应款项，但无须承担滞纳金。

一审法院认为关于双方争议的违约金与赔偿金是否能同时适用的问题，合同中同时约定违约金及赔偿金，均针对B网络公司给付延迟的情形，两者指向的利益同一，且A技术公司未举证证明其他损失的客观存在，故不能两者同时主张。B网络公司主张违约金过高，但未对此举证，且双方已经明确约定违约金总额不得超过合同标的额的10%，本院综合考量双方合同签订、履行情况以及A技术公司损失情况，对违约金主张予以支持，对B网络公司调整违约金的主张不予支持。律师费系A技术公司为本次诉讼实际支出的合理费用，本院予以支持。诉讼费、保全费由本院依法核定。

综上，依照《合同法》第一百零七条、第一百零九条，《最高人民法院关于适用〈中华人民共和国民事诉讼法〉的解释》第九十条之规定，一审法院判决：一、B网络公司于本判决生效之日起七日内支付A技术公司合同款25525828.99元；二、A技术公司于判决生效之日起七日内向B网络公司开具金额为2094000元、税率为16%的增值税专用发票，B网络公司在收到上述发票后30日内向A技术公司支付2094000元；三、B网络公司于本判决生效之日起七日内支付A技术公司违约金2140071.21元；四、B网络公司于本判决生效之日起七日内支付A技术公司律师费220000元；五、驳回A技术公司的其他诉讼请求。如B网络公司未按本判决指定的期间履行给付金钱义务，应当按照《民事诉讼法》第二百五十三条之规定，加倍支付迟延履行期间的债务利息。案件受理费196474元，由A技术公司负担5894元，由B网络公司负担190580元（于本判决生效之日起七日内缴纳）；保全费5000元，由A技术公司负担150元，由B网络公司负担4850元（于本判决生效之日起七日内缴纳）。

判决送达后，B网络公司不服一审法院判决，向北京市第二中级人民法院提起上诉，请求二审法院依法撤销原判第一项，要求减少应支付价款4380730.82元；撤销原判第三项和第四项，要求不承担违约金2140071.21元和律师费220000元；改判A技术公司承担本案诉讼费用。

二审期间双方均未提交新证据。二审法院对一审法院查明的事实予以确认。

【代理意见】

对于本案，作为A技术公司的代理律师，我们认为：一、B网络公司提出的瑕疵履行问题与事实不符，A技术公司已经按照合同约定交付了各种资料、进行了培训等，所涉平台均已投入使用且运行年限较长，不存在瑕疵履行问题，B网络公司要求按照合同总价的10%减少价款缺乏事实依据。二、B网络公司就其损失主张减少价款但并未在限定期限内提出反诉，其主张依法不应支持。三、B网络公司所提瑕疵履行问题均非《合同法》第一百一十一条所规定的产品质量问题，也并非合同约定的主要义务，将附随义务的瑕疵当作产品质量问题来主张按照10%减少价款没有法律依据。四、B网络公司所述瑕疵履行问题不影响已经出具的验收报告的证明力，B网络公司出具相应验收报告的行为足以证明其认可A技术公司适当履行了主要合同义务。假设瑕疵履行问题存在，在验收报告已经出具的情况下，该等问题或依照合同约定已经进入相应的质保阶段，或者进入质保结束后双方另行签订合同予以解决的范畴，与本案无直接关联，不应在本案中解决。五、B网络公司没有证据证明其就所谓瑕疵履行问题向A技术公司提出过异议。六、《设备维保合同》项下款项，A技术公司可以开具发票，开具后即具备付款条件。七、关于逾期违约金和赔偿金系双方合同明确约定，仅支持违约金不足以弥补A技术公司的损失。双方在合同中明确约定了逾期付款违约金和赔偿金不违反法律强制性规定，违约金不足以弥补损失的，可以请求赔偿损失。二者能够同时适用且该等约定系双方真实的意思表示，不违反法律规定，合法有效。且本案中逾期付款违约金是B网络公司为了保证按时付款所作出的承诺履行付款义务的一种保证。而约定赔偿金是基于B网络公司意识到自己一旦违约必然会给另一方造成损失，进而自愿约定的一种损失赔偿的计算方法，这种自愿承担的损失的具体大小和数额无须当事人举证。违约金请求权与赔偿金请求权可以并存，其中一个请求权发生效力，并不排斥另一个请求权的效力。综合本案情况，B网络公司承担的违约责任不应当局限于逾期违约金，还应当包括约定的赔偿金。八、B网络公司的违约行为给A技术公司经营带来巨大困难和损失，应当承担A技术公司为主张权益而发生的合理支出。

【判决结果】

驳回上诉，维持原判。

【裁判文书】

二审法院认为：二审期间，B网络公司虽主张A技术公司的违约行为给其造成了损失，但不能明确损失金额，且不能提供证据予以证明，亦不能提供证据证明就上述问题向A技术公司提出过异议。

现B网络公司亦与A技术公司在2019年1月14日对涉案合同未付合同款情况进行了确认，且B网络公司认可本案合同所涉平台已投入使用。综上，B网络公司要求减少支付合同款的主张，没有事实和法律依据，本院不予采信。关于B网络公司上诉主张一审判决的违约金额过高，明显超过A技术公司的实际损失，但未能提供证据予以证明，一审法院综合考量双方合同签订、履行情况以及A技术公司的损失情况，酌定B网络公司向A技术公司支付违约金2140071.21元，处理并无不当，本院予以维持。关于B网络公司上诉主张不应向A技术公司支付律师费220000元，一审法院认定该笔律师费系A技术公司为本次诉讼实际支出的合理费用，处理并无不当，本院予以维持。

综上，二审法院认为，一审判决认定事实基本清楚，适用法律正确，应予维持。B网络公司的上诉请求不能成立，应予驳回。二审法院依照《中华人民共和国民事诉讼法》第一百七十条第一款第（一）项之规定判决：驳回上诉、维持原判。二审案件受理费60354元由B网络公司负担。

【案例评析】

一、合同纠纷案件中，同一法律关系下独立签订的合同，法院能否依职权决定合并审理

诉的合并审理是合同纠纷案件中较为常见的问题之一。一般分为诉的主体合并、诉的客体合并、诉的主客体合并、反诉与本诉的合并。其中，诉的客体合并，又称为诉的标的合并、客观的诉的合并。在同一诉讼程序中，同一方当事人向对方当事人提出了两个或两个以上的诉的标的，人民法院予以合并审理的，称为诉的标的合

并。本案中，虽涉及多个合同，但均系因合同纠纷引发的给付之诉，法律关系为同一种类，属诉的客体合并范畴，法律对于诉的客体合并并无必须经当事人同意的强制性规定。且双方对各合同项下的欠付情况签发了对账单，B网络公司将各合同未付款金额一并确认在了一个对账凭证上，统一确认为未付款，应当也视为体现了其将多份合同归于一个诉讼解决的意思表示。同时各涉案合同均围绕同一业务开展，在该业务项下形成了多份合同，合同之间存在一定的牵连关系。

可见，在合同纠纷案中，各独立签订的合同如果要合并审理，首先，各合同标的对应的法律关系应属于同一关系范畴，存在可以合并的客观基础；其次，案件本身要具备可以合并的事实连接点，如仅属同一法律关系范畴，但一方或双方当事人缺乏将彼此独立的合同合并解决的意思表示，则不能合并审理；最后，要向法院充分阐述对于客体具备同一性的案件，人民法院用一个裁判文书作出裁判，既能避免同诉不同判，维护了法院裁判结果的统一性，又能节省双方当事人诉讼成本，避免国家司法资源的浪费，符合民事诉讼法设立共同诉讼制度的原则和目的。

二、合同一方当事人以对方存在违约情形为由要求减少本诉价款，属于对本诉请求权的抗辩还是应提起反诉程序

抗辩和反诉是当事人在民事诉讼中享有的不同权利。抗辩是在诉讼过程中，被告通过行使抗辩权来对抗原告诉讼请求，以达到对抗对方请求权的目的。反诉是在本诉的诉讼过程中，被告以本诉的原告为其对方当事人，将其旨在抵销、吞并或排斥本诉诉讼请求的反请求提交法院与本诉诉讼请求合并审理的诉，目的是通过独立于本诉的请求权的行使，抵销、吞并本诉诉讼请求。

被告以对方违约为由要求减少价款到底是应通过抗辩提出还是通过反诉提出，在实践中存有很大争议。本案中，B 网络公司要求减少价款的请求本质上是要求 A 技术公司承担有关质量问题的违约责任，并提出其因合同履行存在质量问题受到损失，但并未对此予以举证。笔者认为其要求减少价款的主张旨在抵销或吞并 A 技术公司要求给付合同款的请求。同时，本案基于相同事实、相同法律关系，在追究质量问题不符合合同约定的违约责任时，依据法律规定应当首先选择按照合同约定承担违约责任，对违约责任没有约定或者约定不明时，受损害方应当根据法律规定合理选择要求对方承担修理、更换、重作、退货、减少价款或报酬等违约责任。对于积极追求具有给付内容的违约责任的，笔者倾向于认为 B 网络公司应当提起反诉更有利于案件审理。因此，减少价款等主张究竟是以抗辩还是反诉方式提出，还须具体结合合同性质、合同中关于违约责任的约定、主张减少价款方的目的、主张是否具有给付内容等因素综合确定。

【结语和建议】

本案涵盖了审理合同纠纷案件时的程序性问题和违约责任的实体认定问题。合同纠纷是企业间最为常见的纠纷之一，合同条款的完善与否直接关系到合同目的最终能否顺利实现。对于管辖不明、合同纠纷是否合并审理、抗辩还是反诉的问题在司法实践中还存在争议，法院对法律条文的理解与适用也会存在一定差异。因此，企业在审查签订合同时应尽可能对于合同标的、标的物质量、合同履行节点、付款方式、违约责任的确认及承担方式、违约金的标准、合同解除权的行使等进行较为详尽的约定。同时本着“争议解决便利”的原则明确约定合同争议解决机构或管辖地。

对于涉及给付对价的系列合同或多份合同的签订，除合同条款约定要明确、合理合法外，还要注意在合同履行过程中尽量进行定期对账，及时固定对账成果，争取将相对独立的合同整合到一个诉中，避免因为不符合合并审理的条件增加诉讼成本。同时，建议企业在进行商业交易前尽早寻求专业律师介入，帮助降低商业风险。

A房地产公司与B建筑公司、C银行湖南省分行不当得利纠纷案[①]

北京炜衡（成都）律师事务所　王浩律师

【关键词】

建筑房地产　不当得利

【案情简介】

2007年1月8日，A房地产公司与B建筑公司签订建设工程施工协议书，A房地产公司将位于成都市温江区某住宅发展项目的地块一（1A期）总包工程发包给B建筑公司，合同总价188902623.10元。合同工期约定为：区域甲第1阶段由开工日起计180日历天内，即完工日为2007年5月25日，第2阶段由开工日起计405日历天内，即完工日为2008年1月5日；区域乙（区域乙之完工须包括区域丙之地下室及其顶板工程）由开工日起计280日历天内，即完工日为2007年9月2日；区域丙由开工日起计405日历天内，即完工日为2008年1月5日；区域丁由发包方/建筑师于区域丙完工前另行通知的开工日起计120日历天内。合同第31条“履约保证书”条款约定，总承包方须获得一保险公司或银行（担保

① 案件来源：四川省高级人民法院民事判决书（2013）川民终字第453号。

人）与总承包方以不可撤销的履约保证书按合同条件附录所列的金额共同及分别向发包方保证总承包方会正确地履行本合同。该保险公司或银行和履约保证书的内容须经发包方批准，而获得履约保证书的费用由总承包方负责。获批准的履约保证书须交由发包方保管。附带条件为在总承包方提交有效及审批认可的履约保证书前，发包方可以从应支付或将支付于总承包方的款项中全数扣除履约保证书的金额后才予以支付。当竣工证书按本合同约定条件发出时，上述的保险公司或银行可解除履约保证责任。若本工程的部分按本合同约定条件视作实际完工，则履约保证书的金额可随发包方的决定而减低。合同附录载明的履约保证书金额为 1889 万元。

上述协议签订之前，B 建筑公司于 2006 年 12 月 11 日向 C 银行湖南省分行出具《关于开具银行履约保函/备用信用证的申请书》，向 C 银行湖南省分行申请按 B 建筑公司提供的要素及所附格式开出履约银行保函/备用信用证，其中工程项目名称为成都市温江区某住宅发展项目的 1A 期总包工程，合同总金额为 188902623.10 元；保函/备用信用证金额为 18890000 元，占总金额的 10%；受益人为 A 房地产公司；有效期为无固定期限（约 2008 年 8 月 5 日止）。B 建筑公司向 C 银行湖南省分行主要承诺：贵行有权按照贵行的有关规定开出保函/备用信用证，或报请贵行的上级机构代为开出保函/备用信用证。我司保证承担保函/备用信用证项下的一切风险，同意贵行按国际惯例及国家有关法规以及贵行的有关规定办理保函/备用信用证项下的一切事宜，并确认贵行是根据我司要求，按照我司同意接受并承担相应风险的保函/备用信用证格式开出，如保函/备用信用证受益人提出符合保函/备用信用证条款的索赔时，我司保证在接到你行通知后三日内办理付款手续，否则，贵行可直接借记我司的任何账户办理支付，如因我司不能及时支付致使贵行发生垫付，则贵行可根据上述反担保措施落实对我司该保函项下索赔的权利。同时贵行有权要求我司将未到期偿还/支付的款项提前全部存入贵行，由贵行监控按时偿还/支付或提前偿还/支付，我司将不提任何异议。我司决不以合同执行情况或一切事实背景为依据拒绝偿付，并放弃一切抗辩及追索的权利。

同日，B建筑公司向C银行湖南省分行出具《承诺书》，内容为："我单位现在贵行申请办理成都市温江区某住宅发展项目的1A期总包工程及某商住发展项目的1B期总包工程的银行履约保函，业主为A房地产公司，保函金额分别为人民币壹仟捌佰捌拾玖万元和人民币壹仟伍佰柒拾玖万叁仟元。保函见索即付风险我单位已经知晓，由于业主要求的保函格式为无固定效期保函，我单位恳请贵行按照业主要求格式办理。针对保函条款要求，我单位在此承诺如发生业主索赔事项，我单位将在7天内筹集好上述款项交至贵行，由此引起的一切经济纠纷由我单位承担，上述保函原件退回贵行后保函方失效。"

2006年12月13日，B建筑公司作为总承包方与担保人C银行湖南省分行签署《履约保证书》，鉴于发包方A房地产公司对总承包方的委托，总承包方与担保人向发包方作如下保证：1. 总承包方会正确地履行和遵守合同中根据其真正目的、意图和含义需由总承包方履行和遵守的条件和规定。2. 如果总承包方违约，担保人需向发包方赔偿因此而蒙受的损失，直至赔偿额达到人民币壹仟捌佰捌拾玖万元后，此履约保证书的责任才可解除。3. 发包方与总承包方双方同意对合同条件的更改，或工程的范围或性质的更改，或发包方按合同所宽限的时间，或发包方对合同有关事物的任何认可忍让皆不会将担保人的责任解除。4. 当工程“竣工证书”发出或赔偿额达到上述第2条所述之限额时，此履约保证书的责任才告终止。5. 此履约保证书对总承包方及担保人双方本身、其继任人及受让人均共同和分别地有不可撤销的约束力。B建筑公司在上述《履约保证书》签署后将其提交给了A房地产公司。

2009年9月15日，A房地产公司作为甲方与乙方B建筑公司签订《解除合同协议》，双方经过友好协商就A房地产公司某住宅发展项目地块一（1A期）总包工程之合同决算金额及退场事宜达成一致意见：一、甲乙双方同意上述合同决算金额为人民币153570858.56元。二、乙方同意全面退场并完成移交手续。退场于本协议签订之日起十日内完成，将其所有设备、临时设施（不包括临时道路及工地围墙）、物品及工作人员（包括并不限于乙方直接雇用的人员及乙方分包商雇用的人员）撤离完毕，且移交工地的管理权于甲方及/或甲方指定的后续总承包商。三、甲方累计支付金额共151748100元，余款将于乙方完成退场、各项工程资料移交及完成办理所有手续并将人防合同转移给甲方后七天内支付。四、甲方、乙方须承担因各自原因造成之工期延误的责任，由于工期延误以致双方蒙受的直接损失，双方另行协商解决。五、若乙方未能按时全部完成上述相关退场移交事宜，本协议自行终止失效。该《解除合同协议》签订后，B建筑公司和A房地产公司并未就因工期延误以致双方蒙受的直接损失另行协商达成一致。

2012年2月14日，A房地产公司向C银行湖南省分行发出《关于×××号〈履约保证书〉之索款通知》，A房地产公司认为保函约定的担保事由现已发生，根据A房地产公司与B建筑公司之间施工合同要求，区域甲第一及第二阶段的合同完工日应分别为2007年5

月25日及2008年1月5日，区域乙、区域丙及区域丁的合同完工日则应分别为2007年9月2日、2008年1月5日及2008年5月2日。自2006年11月27日合同开工日后，B建筑公司的施工进度严重滞后，经A房地产公司多次书面督促但B建筑公司并未作出有效改善，B建筑公司持续严重违约，致使合同项下的工程无法按期完工和对外销售，已给A房地产公司造成重大经济损失，损失金额远超过保函项下的担保金额。A房地产公司根据保函第2条规定，通知C银行湖南省分行依据保函赔偿因B建筑公司违约造成的损失共计1889万元，并请C银行湖南省分行收悉函件后尽快按照A房地产公司提供的收款账号履行保函项下的支付义务。

2012年2月17日，C银行湖南省分行将A房地产公司提出的上述索赔通知事项告知了B建筑公司，要求B建筑公司在审核无误后立即办理赔付手续。2012年2月23日，B建筑公司向C银行湖南省分行发出委托函，委托湖南省分行依照后附的［《关于×××号〈履约保证书〉之索款通知的回复》］以C银行湖南省分行的名义回复A房地产公司。

2012年2月24日，C银行湖南省分行向A房地产公司发出《关于×××号〈履约保证书〉之索款通知的回复函》，就索赔通知答复如下：一、我行愿意严格按照《履约保证书》相关约定和现行法律规定履行保证人责任。二、按照《履约保证书》第2条约定，敬请贵司提供下列文件，以便我行进行相应赔付：1. 违约证明文件（可以是双方签章确认关于B建筑公司工期违约的书面文件或仲裁、司法机构生效的裁判文书）。2. 损失证明文件（可以是双方签章确认关于B建筑公司1期违约而造成贵司经济损失具体金额的书面文件或仲裁、司法机构生效的裁判文书）。三、上述证明文件（原件）

各壹份送达我行后，经审核确认无误，我行即启动相应赔付工作。

2012 年 3 月 8 日，A 房地产公司对 C 银行湖南省分行的《关于×××号〈履约保证书〉之索款通知的回复函》作出回复，内容是：我司与 B 建筑公司曾签订《中国成都市温江区某住宅发展项目地块一（1A 期）总包工程合同文件》，在该合同履行过程中，因 B 建筑公司违约，工期一再延误，致使合同项下的工程无法按期完工和对外销售，给我司造成重大经济损失，该等事实均系客观存在，正是由于我司与 B 建筑公司就其违约责任涉及的赔偿多次商洽未果，我司依据贵行出具的《履约保证书》向贵行索赔。该保证书第 2 条约定："如果总承包方违约时，担保人需向发包方赔偿因此而蒙受的损失……"该约定并未赋予我司向贵行提交相关证明文件的义务，且贵行要求我司提供的违约及损失证明文件明显不合情理。贵行明知我司与 B 建筑公司就赔偿事宜不能达成一致意见，却要求我司提供 B 建筑公司同意赔偿的证明文件，此举令我司对贵行承担保证责任的诚意存疑。贵行另提出我司须提供生效的裁判文书，证明 B 建筑公司违约及应赔偿的违约金后，贵行方承担保证责任。表明贵行要求我司直接寻求司法救济，无意履行担保义务，这完全不符合《履约保证书》的精神，也使《履约保证书》失去意义。若贵行坚持我司须提交与 B 建筑公司协商一致的文件或相关生效的裁判文书作为承担保证责任的前置条件，我司将遗憾地视为贵行拒绝履行赔付义务，并保留通过法律途径追究贵行保证责任的权利。

2012 年 3 月 14 日，C 银行湖南省分行致函 B 建筑公司，告知 B 建筑公司速办理案涉保函索赔款的自行划账支付手续，如未在 2012 年 3 月 16 日上午之前办理付款手续，则 C 银行湖南省分行将履行担保责任，最迟于 2012 年 3 月 16 日下午进行对外赔付。B 建筑公司收悉此函后未办理自行划账支付手续。

2012年3月19日，C银行湖南省分行向A房地产公司支付了《履行保证书》项下的索赔款项1889万元。A房地产公司于2012年3月23日向C银行湖南省分行作出《履约保证书》索赔的收款说明，告知C银行湖南省分行通过支付业务存欠账户汇出的1889万元已入账收讫，并将《履约保证书》原件予以退还。

B建筑公司得知C银行湖南省分行向A房地产公司支付1889万元并依据双方建立的保证金质押关系将上述等额资金从其账户予以扣划后，于2012年4月6日向成都中院提起本案一审诉讼。

一审成都市中级人民法院判决支持了B建筑公司全部诉请，A房地产公司不服，我们代理A房地产公司向四川省高级人民法院上诉启动二审。

【代理意见】

一、本案的《履约保证书》是一份见索即付的保函，C银行湖南省分行仅作形式审查即予赔付是完全正确的

（一）B建筑公司申请开立本案《履约保证书》时多份文件均显示“见索即付”字样，本案保函见索即付性质是明确无误的。

在一审C银行湖南省分行提交的证据材料中，证据编号为2-1《关于开具银行履约保函/备用信用证的申请书》的文件中，B建筑公司明确表示“同意贵行按国际惯例及国家有关规定以及贵行有关规定办理保函/信用证项下的一切事宜”。前述国际惯例并非空洞的，即指《国际商会见索即付保函统一规则》（URDG. 458），该规则的b项指出：“担保人的义务是在收到表面上与保函条款相一致的书面付款要求及保函所规定的其他文件后支付保函所规定的金额”，而本案

保函并未规定须提交“其他文件”。证据编号为 2 - 2 的 B 建筑公司出具的《承诺书》载明：“保函见索即付风险我单位已经知晓……由此引起的一切经济纠纷由我单位承担，上述保函原件退回贵行后保函方失效。”证据编号为 2 - 3 的 B 建筑公司盖章确认的《履约保证书格式样本》中特别手写注明：“以上格式已由我单位确认无误，见索即付的风险我单位已经知晓，由此导致的一切责任概由我单位承担。”B 建筑公司多次作出这样的书面表态，可以说是对本案《履约保证书》中“如果总承包方违约时，担保人需向发包方赔偿因此而蒙受的损失……”见索即付性质的有力注解，非常清楚无误地明确了本案《履约保证书》的见索即付性质，不容 B 建筑公司狡赖。

（二）C 银行湖南省分行对本案《履约保证书》作形式审查后作出赔付是完全正确的。

本案《履约保证书》内容中，并未约定 A 房地产公司在向 C 银行湖南省分行索赔时还需要附加任何证明材料甚至司法认定文书。一审判决认定银行应当要求 A 房地产公司提供 B 建筑公司违约证明材料，一是没有任何事实法律依据，二是不符合银行保函作为支付结算工具的独立性和公信力，三是完全超出银行的职能范围——银行作为普通金融机构，根本不具备实质审查违约证明材料的资格和能力。

二、B 建筑公司在开立保函时选择了见索即付保函，本案保函的性质就已确定、唯一；且 B 建筑公司将之交予 A 房地产公司，并未声明需要其他任何附加证明文件，故 B 建筑公司庭审时所举的建设部文件［《关于在房地产开发项目中推行工程建设合同担保的若干规定（试行）》（建市［2004］137 号）］，其效力不能凌驾于双方约定之上

保函分为见索即付和非见索即付，即便总包合同对保函性质的约定不够明确，但通过 B 建筑公司的申请开立行为，该保函性质已确定。B 建筑公司在递交保函时并未声明该保函要按非见索即付性质适用，该保函显然也不会由开立时的见索即付性质自行变更为其他性质，由此 A 房地产公司按见索即付性质使用该保函完全符合保函本身的法律性质，也未超出双方对使用保函的约定和预见。

B 建筑公司在庭审时所举建设部文件规定条件，其适用效力低于双方约定。B 建筑公司开立见索即付保函及递交 A 房地产公司等行为属于对总包合同条款的履行和明确，其中并未规定任何其他附加条件，部颁文件效力显然低于合同约定之效力，故在此无适用余地。《最高人民法院关于适用〈中华人民共和国合同法〉若干问题的解释（一）》第四条明确规定：“合同法实施以后，人民法院确认合同无效，应当以全国人大及其常委会制定的法律和国务院制定的行政法规为依据，不得以地方性法规、行政规章为依据。”故此，本案 B 建筑公司援引的所谓建设部的任何文件均不得作为认定本案合同效力的法律依据。

三、即使撇开本案履约保函是否见索即付性质不谈，判断 A 房地产公司占有 1889 万元赔款是否构成不当得利，应当以 B 建筑公司是否存在违约、占有赔款是否为不当利益为前提，一审判决以该部分“宜通过独立的诉请予以明确”为由回避不审即认定 A 房地产公司不当得利成立，逻辑上明显错误

所谓不当得利，按照《民法通则》第九十二条规定：“没有合法根据，取得不当利益，造成他人损失的，应当将取得的不当利益返还受损失的人。”也就是不当得利成立的首要条件就是“没有合法根据”。反观本案，一审法院对 A 房地产公司提供的大量证明 B 建筑公司违约及造成 A 房地产公司巨额损失的证据完全不加审理，却又认为是否构成违约及所涉损失数额“均处于待定状态”，就径行认定 A 房地产公司没有合法根据获取银行赔款、该利益属于不当利益、造成了他人损失，其判决逻辑非常荒谬。一审法院既认为该等情形需诉讼审理，但在本案中不加审理，又认为构成不当得利，其审判逻辑自相矛盾。

四、一审法院在事实查明上明显偏袒 B 建筑公司，采用选择性查明的办法，遗漏了大量对 A 房地产公司有利的事实证据，属于典型的认定事实不清

一审判决中列明的事实部分，一审法院采用选择性查明的方式，对 A 房地产公司有利的不查少查，对 A 房地产公司不利的大查特查，因此导致大量证据未出现在判决书当中。其中主要有两部分：一部分是一审 C 银行湖南省分行提交的证明本案履约保函“见索即付”性质的材料，如 C 银行湖南省分行证据编号 2－3 的《履约保证书格式样本》；另一部分就是一审 A 房地产公司提交的大量证明 B

建筑公司违约及造成损失的证据，具体指A房地产公司提交的编号5－35的大量证据，均未载入判决书。

综上所述，本案的《履约保证书》是一份见索即付履约保函，对此性质B建筑公司非常清楚且以实际行动自愿履行完毕，B建筑公司认为A房地产公司“不当得利”是完全错误的。A房地产公司由于B建筑公司的违约行为遭受了重大损失，远远超过《履约保证书》1889万元的赔付上限，故此A房地产公司向C银行湖南省分行全额索赔并获得赔付是完全正当合法的。望二审法院撤销一审错误判决，改判驳回一审原告B建筑公司的全部诉讼请求。

【判决结果】

成都市中级人民法院一审判决：

一、被告A房地产公司应于本判决生效后七日内返还B建筑公司1889万元；

二、被告A房地产公司应于本判决生效后七日内支付B建筑公司1889万元的资金占用利息损失（从2012年3月19日起按中国人民银行同期贷款利率计算至付清本金之日止）。

四川省高级人民法院二审判决：

一、撤销四川省成都市中级人民法院（2012）成民初字第821号民事判决；

二、驳回B建筑公司的诉讼请求。

【裁判文书】

上诉人A房地产公司因与被上诉人B建筑公司、原审第三人C银行湖南省分行不当得利纠纷一案，不服四川省成都市中级人民法院（2012）成民初字第 821 号民事判决，向本院提起上诉。本院于 2013 年 6 月 27 日受理后，依法组成合议庭于 2013 年 7 月 31 日公开开庭进行了审理。上诉人 A 房地产公司的委托代理人王浩、华晓，被上诉人 B 建筑公司的委托代理人巩某，原审第三人 C 银行湖南省分行的委托代理人肖某华到庭参加诉讼。本案现已审理终结。

原审法院经审理查明，2007 年 1 月 8 日，A 房地产公司与 B 建筑公司签订建设工程施工《协议书》，A 房地产公司将位于成都市温江区某住宅发展项目的地块一（1A 期）总包工程发包给 B 建筑公司。合同总价 188902623. 10 元。合同工期约定为：区域甲第 1 阶段由开工日起计 180 日历天内，即完工日为 2007 年 5 月 25 日，第 2 阶段由开工日起计 405 日历天内，即完工日为 2008 年 1 月 5 日；区域乙（区域乙之完工须包括区域丙之地下室及其顶板工程）由开工日起计 280 日历天内，即完工日为 2007 年 9 月 2 日；区域丙由开工日起计 405 日历天内，即完工日为 2008 年 1 月 5 日；区域丁由发包方/建筑师于区域丙完工前另行通知的开工日起计 120 日历天内。合同第 31 条“履约保证书”条款约定，总承包方须获得一保险公司或银行（担保人）与总承包方以不可撤销的履约保证书按合同条件附录所列的金额共同及分别向发包方保证总承包方会正确地履行本合同。该保险公司或银行和履约保证书的内容须经发包方批准，而获得履约保证书的费用由总承包方负责。获批准的履约保证书须交由发包方保管。附带条件为在总承包方提交有效及审批认可的履约保证书前，发包方可以从应支付或将支付与总承包方的款项中全数扣除履约保证书的金额后才予以支付。当竣工证书按本合同条件 15 发出时，上述的保险公司或银行可解除履约保证责任。若本工程的部分按本合同条件 16（b）视作实际完工，则履约保证书的金额可随发包方的决定而减低。合同附录载明的履约保证书金额为1889万元。

上述协议签订之前，B建筑公司于2006年12月11日向C银行湖南省分行出具《关于开具银行履约保函/备用信用证的申请书》，向C银行湖南省分行申请按B建筑公司提供的要素及所附格式开出履约银行保函/备用信用证，其中工程项目名称为成都市温江区某住宅发展项目的1A期总包工程；合同总金额为188902623.10元；保函/备用信用证金额为18890000元，占总金额的10%；受益人为A房地产公司；有效期为无固定期限（约2008年8月5日止）。B建筑公司向C银行湖南省分行主要承诺：贵行有权按照贵行的有关规定开出保函/备用信用证，或报请贵行的上级机构代为开出保函/备用信用证。我司保证承担保函/备用信用证项下的一切风险，同意贵行按国际惯例及国家有关法规以及贵行的有关规定办理保函/备用信用证项下的一切事宜，并确认贵行是根据我司要求，按照我司同意接受并承担相应风险的保函/备用信用证格式开出，如保函/备用信用证受益人提出符合保函/备用信用证条款的索赔时，我司保证在接到你行通知后三日内办理付款手续，否则，贵行可直接借记我司的任何账户办理支付，如因我司不能及时支付致使贵行发生垫付，则贵行可根据上述反担保措施落实对我司该保函项下索赔的权利。同时，贵行有权要求我司将未到期偿还/支付的款项提前全部存入贵行，由贵行监控按时偿还/支付或提前偿还/支付，我司将不提任何异议。我司决不以合同执行情况或一切事实背景为依据拒绝偿付，并放弃一切抗辩及追索的权利。

同日，B建筑公司向C银行湖南省分行出具《承诺书》，内容为：我单位现在贵行申请办理成都市温江区某住宅发展项目的1A期总包工程及某商住发展项目的1B期总包工程的银行履约保函，业主为 A 房地产公司，保函金额分别为人民币壹仟捌佰捌拾玖万元和人民币壹仟伍佰柒拾玖万叁仟元。保函见索即付风险我单位已经知晓，由于业主要求的保函格式为无固定效期保函，我单位恳请贵行按照业主要求格式办理。针对保函条款要求，我单位在此承诺如发生业主索赔事项，我单位将在 7 天内筹集好上述款项交至贵行，由此引起的一切经济纠纷由我单位承担，上述保函原件退回贵行后方失效。

2006 年 12 月 13 日，B 建筑公司作为总承包方与担保人 C 银行湖南省分行签署编号为×××号的《履约保证书》，鉴于发包方 A 房地产公司对总承包方的委托，总承包方与担保人向发包方作如下保证：1. 总承包方会正确地履行和遵守合同中根据其真正目的、意图和含义需由总承包方履行和遵守的条件和规定。2. 如果总承包方违约，担保人需向发包方赔偿因此而蒙受的损失，直至赔偿额达到人民币壹仟捌佰捌拾玖万元后，此履约保证书的责任才可解除。3. 发包方与总承包方双方同意对合同条件的更改，或工程的范围或性质的更改，或发包方按合同所宽限的时间，或发包方对合同有关事物的任何认可忍让皆不会将担保人的责任解除。4. 当工程“竣工证书”发出或赔偿额达到上述第 2 条所述之限额时，此履约保证书的责任才告终止。5. 此履约保证书对总承包方及担保人双方本身、其继任人及受让人均共同和分别地有不可撤销的约束力。B 建筑公司在上述《履约保证书》签署后将其提交给了 A 房地产公司。

2009 年 9 月 15 日，A 房地产公司作为甲方与乙方 B 建筑公司签订《解除合同协议》，双方经过友好协商就 A 房地产公司某住宅发展项目地块一（1A 期）总包工程之合同决算金额及退场事宜达成一致意见：一、甲乙双方同意上述合同决算金额为人民币 153570858.56 元。二、乙方同意全面退场并完成移交手续。退场于本协议签订之日起十日内完成，将其所有设备、临时设施（不包括临时道路及工地围墙）、物品及工作人员（包括并不限于乙方直接雇用的人员及乙方分包商雇用的人员）撤离完毕，且移交工地的管理权予甲方及/或甲方指定的后续总承包商。三、甲方累计支付金额共151748100元，余款将于乙方完成退场、各项工程资料移交及完成办理所有手续并将人防合同转移给甲方后七天内支付。四、甲方、乙方须承担因各自原因造成之工期延误的责任，由于工期延误以致双方蒙受的直接损失，双方另行协商解决。五、若乙方未能按时全部完成上述相关退场移交事宜，本协议自行终止失效。该《解除合同协议》签订后，B建筑公司和A房地产公司并未就因工期延误以致双方蒙受的直接损失另行协商达成一致。

2012年2月14日，A房地产公司向C银行湖南省分行发出《关于×××号〈履约保证书〉之索款通知》，A房地产公司认为保函约定的担保事由现已发生，根据A房地产公司与B建筑公司之间施工合同要求，区域甲第一及第二阶段的合同完工日应分别为2007年5月25日及2008年1月5日，区域乙、区域丙及区域丁的合同完工日则应分别为2007年9月2日、2008年1月5日及2008年5月2日。自2006年11月27日合同开工日后，B建筑公司的施工进度严重滞后，经A房地产公司多次书面督促但B建筑公司并未作出有效改善，B建筑公司持续严重违约，致使合同项下的工程无法按期完工和对外销售，已给A房地产公司造成重大经济损失，损失金额远超过保函项下的担保金额。A房地产公司根据保函第二条规定，通知C银行湖南省分行依据保函赔偿因B建筑公司违约造成的损失共计1889万元，并请C银行湖南省分行收悉函件后尽快按照A房地产公司提供的收款账号履行保函项下的支付义务。

2012 年 2 月 17 日，C 银行湖南省分行将 A 房地产公司提出的上述索赔通知事项告知了 B 建筑公司，要求 B 建筑公司在审核无误后立即办理赔付手续。2012 年 2 月 23 日，B 建筑公司向 C 银行湖南省分行发出委托函，委托 C 银行湖南省分行依照后附的《关于 × × × 号〈履约保证书〉之索款通知的回复》样本以 C 银行湖南省分行的名义回复 A 房地产公司。

2012 年 2 月 24 日，C 银行湖南省分行向 A 房地产公司发出《关于 × × × 号〈履约保证书〉之索款通知的回复函》，就索赔通知答复如下：一、我行愿意严格按照《履约保证书》相关约定和现行法律规定履行保证人责任。二、按照《履约保证书》第二条约定，敬请贵司提供下列文件，以便我行进行相应赔付：1. 违约证明文件（可以是双方签章确认关于 B 建筑公司工期违约的书面文件或仲裁、司法机构生效的裁判文书）。2. 损失证明文件（可以是双方签章确认关于 B 建筑公司工期违约而造成贵司经济损失具体金额的书面文件或仲裁、司法机构生效的裁判文书）。三、上述证明文件（原件）各壹份送达我行，经审核确认无误，我行即启动相应赔付工作。

2012 年 3 月 8 日，A 房地产公司对 C 银行湖南省分行的《关于 × × × 号〈履约保证书〉之索款通知的回复函》作出回复，内容是：我司与 B 建筑公司曾签订《中国成都市温江区某住宅发展项目地块一（1A 期）总包工程合同文件》，在该合同履行过程中，因 B 建筑公司违约，工期一再延误，致使合同项下的工程无法按期完工和对外销售，给我司造成重大经济损失，该等事实均系客观存在，正是由于我司与 B 建筑公司就其违约责任涉及的赔偿多次商洽未果，我司依据贵行出具的《履约保证书》向贵行索赔。该保证书第二条约定："如果总承包方违约时，担保人需向发包方赔偿因此而蒙受的损失……”该约定并未赋予我司向贵行提交相关证明文件的义务，且贵行要求我司提供的违约及损失证明文件明显不合情理。贵行明知我司与B建筑公司就赔偿事宜不能达成一致意见，却要求我司提供B建筑公司同意赔偿的证明文件，此举令我司对贵行承担保证责任的诚意存疑。贵行另提出我司须提供生效的裁判文书，证明B建筑公司违约及应赔偿的违约金后，贵行方承担保证责任。表明贵行要求我司直接寻求司法救济，无意履行担保义务，这完全不符合履约保证书的精神，也使履约保证书失去意义。若贵行坚持我司须提交与B建筑公司协商一致的文件或相关生效的裁判文书作为承担保证责任的前置条件，我司将遗憾地视为贵行拒绝履行赔付义务，并保留通过法律途径追究贵行保证责任的权利。

2012年3月14日，C银行湖南省分行致函B建筑公司，告知B建筑公司速办理案涉保函索赔款的自行划账支付手续，如未在2012年3月16日上午之前办理付款手续，则C银行湖南省分行将履行担保责任，最迟于2012年3月16日下午进行对外赔付。B建筑公司收悉此函后未办理自行划账支付手续。

2012年3月19日，C银行湖南省分行向A房地产公司支付了《履行保证书》项下的索赔款项1889万元。A房地产公司于2012年3月23日向C银行湖南省分行作出《履约保证书》索赔的收款说明，告知C银行湖南省分行通过支付业务存欠账户汇出的1889万元已入账收讫，并将《履约保证书》原件予以退还。

B建筑公司得知C银行湖南省分行向A房地产公司支付1889万元并依据双方建立的保证金质押关系将上述等额资金从其账户予以扣划后，于2012年4月6日向原审法院提起本案诉讼。

原审法院认为，B建筑公司与A房地产公司建立施工合同关系后，依据合同约定向 A 房地产公司提供了其与 C 银行湖南省分行签署的《履约保证书》，C 银行湖南省分行与 A 房地产公司之间形成担保法律关系。A 房地产公司在与 B 建筑公司解除施工合同关系后，基于《履约保证书》第二条“如果总承包方违约时，担保人需向发包方赔偿因此而蒙受的损失，直至赔偿额达到人民币壹仟捌佰捌拾玖万元后，此履约保证书的责任才可解除”的约定，认为保函约定的担保事由已发生，要求 C 银行湖南省分行在 1889 万元保证限额范围内赔偿因 B 建筑公司违约给其造成的损失。C 银行湖南省分行基于担保责任予以支付后，B 建筑公司以履约保证书为非见索即付保函，A 房地产公司要求 C 银行湖南省分行支付履约保证金无法律和事实依据为由，提起诉讼，引发本案纠纷。诉讼中，A 房地产公司从程序上抗辩，其根据见索即付保函向履约保证人 C 银行湖南省分行索赔，B 建筑公司不是该扣款法律关系项下当事人，根据合同相对性原则，A 房地产公司不是本案适格被告。A 房地产公司同时从实体上抗辩，B 建筑公司在施工过程中存在诸多严重违约行为，给 A 房地产公司造成的经济损失远远超过履约保证金金额 1889 万元，其向 C 银行湖南省分行全额索赔正当合法。根据当事人双方的诉辩意见，本案存在以下争议焦点：一是 A 房地产公司与 B 建筑公司之间存在何种法律关系，A 房地产公司是否是本案适格被告；二是 A 房地产公司向 C 银行湖南省分行提出索赔要求时是否具备了三方约定的条件，该索赔是否具有合法依据。关于双方的法律关系以及 A 房地产公司诉讼主体资格的问题。根据案件查明的事实可知，虽然 B 建筑公司与 A 房地产公司之间直接建立的是建设工程施工合同关系，但纠纷源于 A 房地产公司依据履约保证书向 C 银行湖南省分行提出担保索赔，该担保法律关系建立在 A 房地产公司与 B 建筑公司之间存在的建设工程施工合同关系中，C 银行湖南省分行基于担保责任向 A 房地产公司支付争议款项，其实质是代为履行主债务人 B 建筑公司的支付义务，且事后 C 银行湖南省分行又依据 B 建筑公司与之的质押关系直接扣划了 B 建筑公司同等金额的存款，故基于索赔请求发生的支付行为所产生的法律效力及于 B 建筑公司，B 建筑公司可以据此对上述索赔支付行为提出异议并以不当得利为由向 A 房地产公司提出返还主张，A 房地产公司是本案适格被告，原审法院对此予以确认。根据双方的诉辩意见内容，本案争议不是建设工程施工合同纠纷，也不是保证合同纠纷，而是审查 B 建筑公司诉请 A 房地产公司索赔获取的争议款项是否应予返还的不当得利纠纷。

关于 A 房地产公司向 C 银行湖南省分行提出索赔要求时是否具备了三方约定的条件，该索赔是否具有合法依据的问题。本案中，A 房地产公司依据 B 建筑公司与 C 银行湖南省分行签署的履约保证书第二条的约定向保证人进行索赔。在索赔过程中，A 房地产公司和 B 建筑公司对履约保证书是否属见索即付性质产生严重分歧，A 房地产公司认为履约保证书是见索即付保函，C 银行湖南省分行应在保函约定的担保事由发生后按约承担支付责任，而 B 建筑公司则认为履约保证书是非见索即付保函，保证金应在双方认可或生效文书确认的前提下才可支付。原审法院认为，见索即付保函系指银行、保险公司或者其他机构或者个人以书面形式出具的担保书、保证书或其他付款承诺，不论其名称或描述如何，规定在收到符合承诺条款的书面付款要求以及保函可能规定的其他单据（例如，由建筑师或者工程师出具的证明书、判决或仲裁裁决）时即予以付款。就其性质而言，保函与可能作为其基础的合同或者投标条件是相互独立的交易，保函项下担保人的义务是在收到表面上与保函条款相一致的书面付款要求及保函所规定的其他文件后支付保函所规定的金额。本案中，履约保证书第二条约定“如果总承包方违约时，担保人需向发包方赔偿因此而蒙受的损失，直至赔偿额达到人民币壹仟捌佰捌拾玖万元后，此履约保证书的责任才可解除”，协议内容对款项赔付是否属见索即付性质约定不明，但明确约定有担保人承担担保责任的前提即“如果总承包方违约时”，故 A 房地产公司提出索赔要求，应提供总承包方违约事实以及损失数额的基础证据。根据索赔中各方的往来函件内容可知，A 房地产公司提出索赔要求时并未提供违约证明文件和损失证明文件，其获取争议款项不符合履约保证书的约定，没有合法依据，C 银行湖南省分行承担担保责任的条件不成就，A 房地产公司获取争议款项的行为，构成不当得利，根据《中华人民共和国民法通则》第九十二条“没有合法根据，取得不当利益，造成他人损失的，应当将取得的不当利益返还受损失的人”的规定，其索赔获取的争议款项 1889 万元应当返还给 B 建筑公司。诉讼中，虽然 A 房地产公司就 B 建筑公司工期延误、存在工程质量缺陷、项目经理缺乏法定资质等违约行为以及造成财产损失等提供了相应证据并据此予以抗辩，但违约事实是否成立和损失具体数额均处于待定状态，是否符合履约保证书约定的启动赔付条件并获取赔付款项，宜通过独立的诉请予以明确。由于 A 房地产公司和 B 建筑公司在解除施工合同关系后未就工期延误以及是否蒙受直接损失协商达成一致，A 房地产公司现阶段以 B 建筑公司违约并给其造成损失为由要求保证人 C 银行湖南省分行按履约保证书支付赔付款项的事实依据不足，其获取的争议款项应依法予以返还。B 建筑公司诉请主张的资金占用利息损失，予以支持，A 房地产公司在返还争议款项 1889 万元的同时应向 B 建筑公司支付该款从扣划之日即 2012

年3月19日起至实际付清之日止的资金占用利息损失。

综上，B建筑公司的诉讼请求成立，予以支持。依照《中华人民共和国民法通则》第九十二条，《中华人民共和国民事诉讼法》第一百三十四条第一款，第一百四十二条，第一百四十八条第一、二、三款之规定，判决如下：一、A房地产公司应于本判决生效后七日内返还B建筑公司1889万元；二、A房地产公司应于本判决生效后七日内支付B建筑公司1889万元的资金占用利息损失（从2012年3月19日起按中国人民银行同期贷款利率计算至付清本金之日止）。案件受理费135140元，由A房地产公司负担。

上诉人A房地产公司上诉称：1. 原判将争议的法律关系认定为不当得利，对基础法律关系建设施工合同谁违约未审理属于事实认定不清。2. 原审法院将建设施工合同的法律关系认定为不当得利后未依法行使释明权，属于程序违法。3. 未认定保函为见索即付，应予纠正。上诉请求：1. 撤销原判，改判驳回B建筑公司全部诉讼请求。2. 诉讼费全部由B建筑公司承担。

被上诉人B建筑公司辩称：原判事实清楚，应予维持。

原审第三人C银行湖南省分行认为，双方当事人的争议不是因自己的原因造成的，与自己无关。

本案的争议点：A房地产公司是否构成不当得利。

经二审审理查明，上诉人A房地产公司与被上诉人B建筑公司及原审第三人C银行湖南省分行均对原判查明的事实没有异议，本院予以确认。

本院认为，C银行湖南省分行作为保证人向A房地产公司出具了银行保函，该保函没有违反法律、行政法规的强制性规定，符合国家金融法规的相关规定，合法有效。A房地产公司与B建筑公司并没有合意对保函进行变更或者解除。依据 B 建筑公司于 2006 年 12 月 11 日向 C 银行湖南省分行出具的《关于开具银行履约保函/备用信用证的申请书》第一条“我司保证承担保函/备用信用证项下的一切风险，同意贵行按国际惯例及国家有关法规以及贵行的有关规定办理保函/备用信用证项下的一切事宜，并确认贵行是根据我司要求，按照我司同意接受并承担相应风险的保函/备用信用证格式开出，如保函/备用信用证受益人提出符合保函/备用信用证条款的索赔时，我司保证在接到你行通知后三日内办理付款手续，否则，贵行可直接借记我司的任何账户办理支付，如因我司不能及时支付致使贵行发生垫付，则贵行可根据上述反担保措施落实对我司该保函项下索赔的权利。同时贵行有权要求我司将未到期偿还/支付的款项提前全部存入贵行，由贵行监控按时偿还/支付或提前偿还/支付，我司将不提任何异议。我司决不以合同执行情况或一切事实背景为依据拒绝偿付，并放弃一切抗辩及追索的权利”，以及《承诺书》“保函见索即付风险我单位已经知晓”，还有 B 建筑公司与 C 银行湖南省分行于 2006 年 12 月 13 日签署的编号为×××号的《履约保证书》第五条“此履约保证书对总承包方及担保人双方本身、其继任人及受让人均共同和分别地有不可撤销的约束力”的内容，C 银行湖南省分行为 B 建筑公司提供的担保关系属于脱离基础法律关系的独立担保关系，案涉银行保函是不可撤销的、见索即付的独立保函。

见索即付的独立保函系指银行、保险公司或者其他机构或者个人以书面形式出具的担保书、保证书或其他付款承诺，不论其名称或描述如何，规定在收到符合承诺条款的书面付款要求以及保函可能规定的其他单据（例如，由建筑师或者工程师出具的证明书、判决或仲裁裁决）时即予以付款。就其性质而言，保函与可能作为其基础的合同或者投标条件是相互独立的交易，保函项下担保人的义务是在收到表面上与保函条款相一致的书面付款要求及保函所规定的其他文件后支付保函所规定的金额。

案涉履约保证书是见索即付的独立保函，出具保函的银行应在收到符合承诺条款的书面付款要求时，支付保函所规定的金额。根据查明的事实，A房地产公司依据保函向C银行湖南省分行提出了索赔请求，C银行湖南省分行依据保函约定承担支付义务，事实依据和法律依据均是充分的。B建筑公司亦未对C银行湖南省分行的行为提出异议，该行为并无不当。A房地产公司上诉认为案涉保函是见索即付的主张，依据充分。A房地产公司依据有效的银行保函取得案涉金额，具有合法依据。依据《中华人民共和国民法通则》第九十二条“没有合法根据，取得不当利益，造成他人损失的，应当将取得的不当利益返还受损失的人”的规定，A房地产公司不构成不当得利。B建筑公司认为A房地产公司取得C银行湖南省分行支付履约保证金的行为构成不当得利的理由不能成立，其诉讼请求应予驳回。原审判决支持B建筑公司的诉讼主张不当，本院予以纠正。B建筑公司因案涉建设施工合同产生的纠纷可以依据双方当事人《解除合同协议》的约定另行处理。

综上，A房地产公司上诉其取得保函约定履约保证金具有合法依据的理由成立，本院予以支持。原审判决适用法律错误，本院予以纠正。依照《中华人民共和国民事诉讼法》第一百七十条第一款第（二）项的规定，判决如下：

一、撤销四川省成都市中级人民法院（2012）成民初字第821号民事判决；

二、驳回B建筑公司的诉讼请求。

一、二审案件受理费各 135140 元，共计 270280 元，由 B 建筑公司负担。

【案例评析】

本案是一个比较典型的不当得利纠纷案件，双方争议焦点是 A 房地产公司所获得银行保函赔付金额 1889 万元是否正当合法，是否构成不当得利。针对这一核心问题，一审、二审法院作出了完全相反的判决认定，何以如此，值得讨论。

要回答这个问题，就要从事实和法律两个层面来讲。

从事实层面，虽然一审、二审查明的事实相差不大，但对 A 房地产公司有利的关键事实，一审法院采用“选择性查明”的方式，即对 A 房地产公司有利的不查少查，对 A 房地产公司不利的大查特查，因此遗漏了不少重要证据，大量证据未出现在一审判决书当中。其中主要有两部分：一部分是一审 C 银行湖南省分行提交的证明本案履约保函“见索即付”性质的材料，如 C 银行湖南省分行证据编号 2－3 的《履约保证书格式样本》；另一部分就是一审 A 房地产公司提交的大量证明 B 建筑公司违约及造成损失的证据，具体指 A 房地产公司提交的编号 5－35 的大量证据，均未载入判决书。这样就人为造成所谓的“保函是否见索即付约定不明”的感觉，而实际上 B 建筑公司在提交 C 银行湖南省分行的资料中对保函见索即付性质是清楚无误地知晓且同意的。在一审 C 银行湖南省分行提交的证据编号为 2－1《关于开具银行履约保函/备用信用证的申请书》的文件中，B 建筑公司明确表示“同意贵行按国际惯例及国家有关规定以及贵行有关规定办理保函/信用证项下的一切事宜”。前述国际惯例并非是空洞的，即指《国际商会见索即付保函统一规则》

(URDG. 458)，该规则的 b 项指出："担保人的义务是在收到表面上与保函条款相一致的书面付款要求及保函所规定的其他文件后支付保函所规定的金额"，而本案保函并未规定须提交"其他文件"。证据编号为 2－2 的 B 建筑公司出具的《承诺书》载明："保函见索即付风险我单位已经知晓……由此引起的一切经济纠纷由我单位承担，上述保函原件退回贵行后保函方失效。"证据编号为 2－3 的 B 建筑公司盖章确认的《履约保证书格式样本》中特别手写注明："以上格式已由我单位确认无误，见索即付的风险我单位已经知晓，由此导致的一切责任概由我单位承担。"B 建筑公司多次作出这样的书面表态，可以说是对本案《履约保证书》中"如果总承包方违约时，担保人需向发包方赔偿因此而蒙受的损失……"见索即付性质的有力注解，非常清楚无误地明确了本案《履约保证书》的见索即付性质，不容 B 建筑公司狡赖。

二审能够成功改判，很大程度上就依赖于对事实部分的全面查明，在此基础上再正确适用法律。

第一，关于《履约保证书》是否已变更或解除的问题。B 建筑公司认为《履约保证书》仅为双方施工合同项下的担保条款，应当随着主合同的解除而终止履行。《最高人民法院关于〈适用中华人民共和国担保法〉若干问题的解释》第十条规定："主合同解除后，担保人对债务人应当承担的民事责任仍应承担担保责任。但是，担保合同另有约定的除外。"2006 年 12 月 13 日，C 银行湖南省分行应 B 建筑公司申请向 A 房地产公司出具《履约保证书》，第五条约定："此履约保证书对总承包方及担保人双方本身、其继任人及受让人均共同和分别地有不可撤销的约束力。"2009 年 9 月 15 日，B 建筑公司与 A 房地产公司签订的《解除合同协议》，对担保事宜亦未作任何说明。综上，B 建筑公司的该项理由不能成立。

第二，C 银行湖南省分行支付 A 房地产公司 1889 万元是否有合法根据。2006 年 12 月 11 日，B 建筑公司向 C 银行湖南省分行出具《关于开具银行履约保函/备用信用证的申请书》，要求 C 银行湖南省分行“按照国际惯例及国家有关法规以及贵行的有关规定办理保函/备用信用证项下的一切事宜”，并承诺“我司绝不以合同执行情况或一切事实背景为依据拒绝偿付，并放弃一切抗辩及追索的权利”。同日，B 建筑公司还向 C 银行湖南省分行出具《承诺函》，表明“保函见索即付风险我单位已经知晓”等。据此，C 银行湖南省分行向 A 房地产公司开具涉案《履约保证书》。2012 年 2 月 16 日，A 房地产公司向 C 银行湖南省分行发出索款通知后，C 银行湖南省分行书面通知了 B 建筑公司，B 建筑公司仅向 C 银行湖南省分行发出委托函，C 银行湖南省分行根据该委托函作出回复并要求 A 房地产公司提供相关文件。A 房地产公司回复 C 银行湖南省分行，认为要求其提交与 B 建筑公司协商一致的文件或相关生效裁判文书作为承担保证责任的前置条件，是不符合《履约保证书》约定的。后 C 银行湖南省分行致函 B 建筑公司，告知其速办理案涉保函索赔款的自行划账支付手续。B 建筑公司未再提出异议。综上，B 建筑公司认为 A 房地产公司取得履约保证金没有合法依据的主张不能成立。

第三，关于二审判决适用法律是否正确的问题。二审判决认定 C 银行湖南省分行为 B 建筑公司提供的担保属于独立担保关系，案涉银行保函是不可撤销的、见索即付保函的独立保函。我国有关担保的法律法规虽未对独立保函作出专项规定，但根据《担保法》第五条第一款关于“担保合同是主合同的从合同，主合同无效，担保合同无效。担保合同另有约定的，按照约定”的规定，双方约定的独立担保关系成立并生效，A 房地产公司取得独立保函项下钱款具有合同依据，因此不构成不当得利，二审适用法律正确。

另，2009 年 9 月 15 日 B 建筑公司与 A 房地产公司签订的《解除合同协议》解除了双方的建设工程施工合同，并约定“甲方、乙方须承担因各自原因造成之工期延误责任，由于工期延误以致双方蒙受的直接损失双方另行协商解决”。本案实质是因双方未能及时对各自违约责任及损失协商一致而引发的纠纷。双方可对各自责任及损失继续梳理，然后与本案保函项下已支付的担保数额一并清算，实体上也不会存在 A 房地产公司不当得利的情形。事实上，后续清算索赔诉讼也是由本人代理，事实证明也的确如此。

【结语和建议】

本律师有幸作为本案 A 房地产公司的一审、二审代理人之一，一审败诉、二审胜诉，的确有可以总结的经验教训和成功心得。一审代理意见着重强调被告诉讼主体适格问题和 B 建筑公司实体违约事实查明的问题，对保函本身性质强调、查明不够，方向稍有偏颇；二审及时调整代理思路，举证查明一审遗漏重要事实，突出本案保函“见索即付”之独立担保性质，继而成功改判本案不当得利不成立。

建议经济活动特别是建筑施工领域银行保函的出具，一定要在保函中清楚注明“见索即付”或“非见索即付”字样，或对索赔是否需要提供任何前置材料作出明确约定，不留下任何模棱两可的模糊空间。

周某与某旧机动车经纪公司买卖合同纠纷案①

北京炜衡（杭州）律师事务所　张雄伟律师　林杏律师

【关键词】

买卖合同　二手车　欺诈

【案情简介】

2017年6月，周某到某旧机动车经纪公司（以下简称经纪公司）购买二手车，该公司法定代表人解某遂将涉案车辆介绍给周某。周某经验车发现，该车行驶里程数为52698公里。6月11日，经纪公司以公司股东镇某的名义与周某签订《车辆转让协议书》一份，约定：经纪公司将涉案车辆出售给周某，成交价99600元。

协议签署后，周某按约付清了购车款，经纪公司向周某交付了车辆。2017年6月20日，周某发现，涉案车辆驾驶室车门旁贴有车辆保养记录，该记录显示，截至2016年11月15日，涉案车辆行驶里程数为76903公里，与车辆交付时的里程数严重不符。

周某与经纪公司多次协商未果，后向杭州市拱墅区人民法院提起诉讼。周某认为，经纪公司、镇某等人故意改变车辆里程数，误导其以99600元的价格购买了涉案车辆，其行为构成欺诈，请求法院撤销《车辆转让协议书》，退还购车款，并赔偿损失298800元。

① 案件来源：杭州市拱墅区人民法院民事判决书（2017）浙0105民初10211号。

拱墅区人民法院经审理认为，经纪公司的行为构成欺诈，判决支持了周某的全部诉讼请求。

【代理意见】

我们认为，本案系买卖合同纠纷，主要争议焦点为：1.《车辆转让协议书》系周某与镇某签订，经纪公司是否是本案的销售主体；2. 经纪公司以及镇某等的行为是否构成欺诈。

一、本案《车辆转让协议书》签订的主体应为经纪公司

经纪公司共有两个股东，即镇某和解某。在经营过程中，镇某负责日常销售，解某负责二手车的收购，二人分工明确。本案经纪公司注册登记后，镇某在对外销售时，均称其为涉案经纪公司的股东，公司是她和解某的，其销售行为即经纪公司的销售行为。

二、本案镇某等的行为构成欺诈

2017 年 6 月 11 日，周某购车时，镇某、解某告知该车辆仪表盘记载的里程数真实，为 52689 公里。而实际上，截至 2016 年 11 月 15 日，涉案车辆行驶里程数已达 76903 公里。

欺诈行为主要表现为两种方式，一是故意告知对方虚假事实，二是隐瞒真实情况。本案被告解某将周某配偶电话误认为前车主电话，电话中，解某明知涉案车辆的实际行驶里程数约 8 万公里，但却要求原车主在有人咨询时告知对方车辆的实际行驶里程数是 5 万公里。可见，解某和镇某对车辆的真实里程数是知情的，其隐瞒车辆真实的行驶里程数，并且告知周某虚假的里程数的行为，当然构成欺诈。

【判决结果】

法院判决支持原告的全部诉讼请求。

【裁判文书】

法院认为，本案的争议焦点有二：一是销售本案所涉车辆给周某的是经纪公司还是镇某？如果是镇某，则其是否属于消费者权益保护法规定的经营者？二是本案《车辆转让协议书》签订时该车的实际行驶里程是多少？镇某在签订《车辆转让协议书》时是否向周某隐瞒了该车的实际行驶里程？周某是否知道该车的实际里程？

关于第一个问题。法院认为，虽然本案《车辆转让协议书》是镇某以出卖人名义签订的，购车款也是支付至镇某账户内，但是，本案《车辆转让协议书》签订时，经纪公司已经设立。镇某收购涉案车辆的时间是在2017年6月，在收购涉案车辆后并未办理车辆转移登记手续，而是将车辆在公司的经营场所进行展示、销售。周某去看车时也是由经纪公司的法定代表人解某接待。上述镇某签订合同、收取车款的行为和解某接待周某看车的行为，与经纪公司的经营范围吻合。因此，其二人上述行为均系作为经纪公司的股东的经营行为。综合上述事实，法院认定经纪公司是本案车辆的实际销售者。

关于第二个问题。法院认为周某因自己使用需要购买本案车辆，系消费者权益保护法所规定的消费者，经纪公司作为经营旧机动车交易的企业法人，系消费者权益保护法所规定的经营者。消费者权益保护法第二十条第一款规定，经营者向消费者提供有关商品或者服务的质量、性能、用途、有限期限等信息，应当全面、真实，不得作虚假或者引人误解的宣传。二手汽车的行驶里程是影响消费者选择权的重要信息，因此，二手汽车的经营者应当向消费者提供其经营的二手汽车的实际行驶里程。具体到本案，经纪公司作为本案车辆销售者，应当向作为消费者的周某提供有关该车行驶里程的真实信息。《浙江省实施〈中华人民共和国消费者权益保护法〉办法》第二十八条第一款规定，家用二手汽车销售经营者应当对二手汽车的来源是否合法、行驶里程、维修记录、交易记录、车辆存在的问题等重要信息在出售前进行全面核查、检测，并将该核查、检测的准确结果以书面或者其他可以确认的方式告知消费者。二手汽车的行驶里程、维修等情况无法核查的，应当将无法核查的事实和可能存在的隐患以书面或者其他可以核查的方式告知消费者。第三款规定，经营者未按本条第一款的规定对二手汽车进行核查、检测或者隐瞒、谎报核查、检测结果，造成消费者损失的，消费者有权依照《中华人民共和国消费者权益保护法》第五十五条的规定向经营者要求赔偿。根据上述规定，二手汽车的经营者负有对二手汽车的行驶里程进行核查、检测并如实告知消费者的义务。本案中，从解某和周某丈夫的通话可知，解某应当知道本案车辆的实际行驶里程达七八万公里，与里程表显示的数据差距巨大。退一步说，即使解某确实不知本案车辆的实际行驶里程，从该通话内容亦可知，经纪公司显然未对该车的实际行驶里程进行核查、检测。此外，并无数据表明周某在购买该车时即已知道该车的实际行驶里程达七八万公里。因解某、镇某系经纪公司的股东，其二人在本案车辆销售过程中的行为均为经纪公司的经营行为，因此，解某、镇某未告知周某本案车辆的实际行驶里程，应认定经纪公司违反了《中华人民共和国消费者权益保护法》和《浙江省实施〈中华人民共和国消费者权益保护法〉办法》的规定，构成欺诈。

综上所述，拱墅区人民法院认为，周某的请求合法合理，予以支持。

【案例评析】

一、谁是《车辆转让协议书》的签订主体对本案至关重要

《消费者权益保护法》第五十五条关于惩罚性赔偿的规定适用的前提是属于消费者和经营者之间的交易，而经营者是指以营利为目的从事经营活动的公民、法人和其他经济组织。本案中《车辆转让协议书》的签订主体是镇某和周某，根据合同相对性原则，周某应当向镇某主张权利，如要求镇某承担三倍赔偿的责任，则周某还须证明镇某销售涉案车辆是以营利为目的并以此为业，一定程度上增加了周某的举证难度。但因本案《车辆转让协议书》上并未出现经纪公司的名字，亦无经纪公司加盖的公章，如认为经纪公司为本案实际经营者，同样存在一定难度。

结合本案的事实情况以及现有证据，我们分析认为，涉案经纪公司共两个股东，即镇某和解某，二人分工明确，镇某负责销售，解某负责收购。且解某收购车辆后均放置于经纪公司的经营场所进行展示、销售。周某在向被告购车时，镇某自称虽以个人名义签约，但实际是向公司购车。经调查，经纪公司注册登记后，镇某在对外进行销售时，均称其为经纪公司的股东，公司是她和解某的，其销售行为即是公司的行为。因此，合同虽是以镇某个人名义签订，但实际的主体应当是经纪公司。这一观点最终也得到了一审法院的支持。

二、被告经纪公司、镇某、解某的行为构成欺诈，应适用《消费者权益保护法》第五十五条的相关规定

首先，《消费者权益保护法》第五十五条规定，经营者的经营行为构成欺诈的，方可适用惩罚性赔偿。那么本案经纪公司以及镇某等的行为是否构成欺诈呢？首先，欺诈行为主要表现为两种方式，一是故意告知对方虚假事实，二是隐瞒真实情况。本案之中，从解某给陈某的电话中可知，解某明知车辆的行驶里程数不真实，但其在销售过程中，隐瞒了车辆的真实里程数，存在隐瞒、谎报的主观故意。

其次，根据《浙江省实施〈中华人民共和国消费者权益保护法〉办法》第二十八条的相关规定，能否适用《消费者权益保护法》第五十五条的规定应考虑以下两方面：1. 二手汽车是否尽到核查、检测义务，并将核查、检测结果以书面形式告知消费者；2. 隐瞒、谎报核查、检测结果是否给消费者造成损失。本案中，买卖双方签订的《车辆转让协议书》为格式合同，合同内容过于简单，对于二手车的来源、维修记录、交易记录等均未提及，对车辆行驶里程数简单表述为“以实际里程数为准”，可见经营者并未尽到全面核查、检测的义务。车辆的行驶里程数作为消费者购买二手车的重要依据，可能决定消费者是否购买该车以及车辆的价格，因虚假的里程数导致消费者以高价购买了“低配”车，可视为消费者的财产受到了损失。综上，经纪公司、镇某等的行为显然构成欺诈。

【结语和建议】

二手车交易中，修改里程表、隐瞒车辆维修记录等不诚信的行为甚至成为二手车行业的“行业惯例”。实践中，消费者或因维权成

本高而放弃维权，或因举证难等原因致使其在诉讼中处于不利地位。

本案是《浙江省实施〈中华人民共和国消费者权益保护法〉办法》实施后的第一起因二手车经营者篡改车辆行驶里程数、消费者主张“退一赔三”获得法院支持的案件，该案的判决结果对二手车行业产生了巨大的影响，对规范二手车行业的经营行为存在一定警示作用，同时，对二手车消费者的维权亦起到了促进作用。

黄某荣、苑某英确认合同无效纠纷案[①]

北京市炜衡（合肥）律师事务所　周纪云律师

【关键词】

合同无效　意思表示

【案情简介】

黄某1与黄某荣系同胞兄弟，黄某1是文盲。黄某1在20世纪80年代组建建筑队开展建筑业务，黄某1是负责人，黄某荣在建筑队负责预算、技术工作。1988年9月，黄某1（乙方）与蒙城县某房地产开发公司（甲方）签订出售商品房屋合同书，约定乙方购买甲方商品房16间，一楼7间，二楼7间，三楼2间。房屋占地南北长27.7米，东西宽50米。后黄某1在此处建成八间三层门面房及后院，将其中四间门面房分给黄某荣，并于1994年5月办理了国有土地使用证。1998年黄某1之子黄某3在八间门面房后院建造了院墙，将后院平分为两部分，黄某3居住使用其中四间门面房，两家保持上述使用门面房及后院土地状况十年相安无事。2006年7月22日，黄某1与苑某签订房屋转让协议书，将四间三层门面房及院内的六间三层楼房转让给苑某，转让金23万元。2006年7月30日，黄某荣找到苑某的父亲，交给其一份协约复印件，内容为：为明确

① 案件来源：安徽省高级人民法院民事判决书（2017）皖民再57号。

产权所有关系，黄某1、黄某荣经协商决定对以前合资购置的房产作明确的划分，为防止未来发生纠葛，特立此约，具体如下：一、板桥预制厂临街门面房七间，东三间属黄某1，西三间属黄某荣，中间一间作为公共走道，由于原购地南头宽、北头窄，东边房南北同宽，南宽的部分属西边所有；二、蒙城闸北门面房八间，北三间属黄某1，南五间属黄某荣，东西贯通；三、由于此协约签订之前所有购置房地产等的证据材料上所规定的产权所有关系均发生了变化，因此已不是本协约签订后的依据，产权所有仅依本协约为准；四、本协约具有社会上一般协约所具有的同等法律效力，本协约共二份，每人各执一份。立约人黄某1、黄某荣，立约时间为：1996年3月30日。为此，黄某荣提出苑某所购买的四间门面房中南面一间所有权是自己的，随即其子将原建成的院内墙推倒，向北扩展了一间并重新修建了院墙。黄某1认为因不识字，协约上指印即使是黄某1的，也显然是黄某荣哄骗或者是趁其酒后所按，黄某荣不念兄弟情谊，竟炮制假协约，并长期隐瞒此协约，以便在黄某1去世后凭此协约侵夺黄某1的房产，由于黄某1转让房屋，黄某荣才不得不提前暴露阴谋。为此，黄某1于2006年8月向蒙城县人民法院提起确认合同无效之诉，请求："一、判决黄某荣持有的1996年3月30日协约因违背黄某1的真实意思并违法而无效；二、判决黄某荣拆除私拉院墙并将原院墙恢复原状，返还侵占的一间门面楼房（一间三层）。"

该案经蒙城县人民法院一审、亳州市中级人民法院再审发回蒙城县人民法院重审、亳州市中级人民法院再审终审，后安徽省人民检察院认为申诉人黄某荣已对涉案协议是黄某1的真实意思表示充分举证而抗诉，安徽省高级人民法院提审。

【代理意见】

（一）申诉人黄某荣未尽举证责任证明诉争协约内容系经协商一致，且提供的新证据夏某证言是虚假的。被申诉人（苑某英，与黄某1系夫妻）夫妻不识字是众所周知的，诉争协约全部内容连同签字均系黄某荣书写。虽然被申诉人丈夫黄某1（已去世）在协约上按指印，但他并不了解何时何地在什么情形和环境下按的指印。当他于2006年7月底从购房人苑某处了解协约内容时非常气愤，就于同年8月11日起诉到法院，并提供了土地证、购地发票、卖地人证明等一系列证据证明诉争的一间房产属于被申诉人夫妻所有。这些证据足以证明黄某荣是采取欺诈手段获取黄某1指印的。（二）诉争协约所涉土地证虽然被撤销，该土地并没有灭失，土地证载明的所涉土地每家四间的客观事实没有改变，且自建成到诉讼的过程中两家房子颜色各异，被申诉人四间房没有粉刷和装饰，而黄某荣的四间房是经过粉刷的，原审照片足以认定。（三）黄某荣于2006年7月31日向黄某1主张权利已过诉讼时效。黄某荣儿子黄某4于1998年2月16日起诉黄某3侵权，自此计算至2006年7月31日已经超过两年诉讼时效。即使按照黄某荣所述协约成立，其向被申诉人夫妇主张权利也早已过了诉讼时效，其主张不受法律保护。（四）协约侵犯了被申诉人的财产所有权。协约所涉八间房产中北边四间三层门面及后面附属房屋是被申诉人夫妇共同财产，黄某荣炮制的协约侵占了被申诉人的财产合法权益，所以该协约是无效的，协约对被申诉人没有约束力。（五）本案法律适用正确，抗诉机关关于原判适用法律错误的观点不能成立。1996年3月30日的协约所涉八间房产的北边四间是被申诉人与黄某1夫妻共同财产，黄某1无权处置该财产。协约虽然有黄某1的指印，但该协约的形成及内容并没有得到被申诉人的追认，且其指印是黄某荣以欺诈行为使其在违背真实意思情况下所为。民法通则第五条规定，公民、法人的合法权益受法律保护，任何组织和个人不得侵犯。黄某荣与黄某1签订的所谓协约侵犯被申诉人的房产权利，自始至终都是无效的。因此，原判决认定该合同无效，适用法律正确。请求维持原判决。

【判决结果及裁判文书】

安徽省高级人民法院再审认为，原审期间，黄某1虽认可协约上的指印系其所捺，但对协约内容不予认可。根据本案查明的事实，现有证据不足以证明协约内容是当事人的真实意思表示，理由如下：1. 黄某1、苑某英在原审提出黄某1系文盲，协约系黄某荣书写，黄某1不知道协约内容。黄某荣为证明协约内容真实性，称签订协约时，黄某5、黄某2在场，该主张未得到黄某5、黄某2证实；黄某荣举证的1996年4月10日其将房屋分配给子女的字据，经原审审查，书写字据的纸张生产于1999年6月。且其中涉及的案涉争议的一间房屋，黄某荣既未取得实际占有，也未取得合法权利。2. 案涉房屋建成后，虽未办理产权登记，但已办理土地使用权证，黄某1、黄某荣各占四间房屋的土地使用权。协约落款时间后近十年时间，两家各占用四间房屋，黄某荣既未实际占有争议的一间房屋，也没有进行土地权属变更登记。3. 争议的一间房屋至2006年7月本案纠纷发生前，一直由黄某1之子黄某3占有、使用，并在后院从八间房屋的中间位置砌了院墙。黄某荣虽主张其子曾于1998年与黄某3发生过纠纷，但并未发生改变原状的后果，此后，黄某荣也未通过法律途径主张权利。综上，在协约落款时间之后近十年时间，协约内容在黄某1、黄某荣实际生活中没有得到体现，现有证据不足以证明协约是当事人的真实意思表示。故对黄某荣的申诉理由，本院不予支持。

本案系黄某1、苑某英提起的诉讼，案涉房屋虽未办理权属登记，但争议的一间房屋一直由黄某1一方占有、使用，且该房屋占用的土地使用权登记在黄某1名下。至原审判决时，黄某1仍是案涉土地的登记使用权人，故原判支持黄某1、苑某英返还财产、恢复原状的诉讼请求，有事实和法律依据。案涉两份土地使用权证被撤销，系原判决生效后新发生的事实，但截至目前，案涉土地没有作出新的确权，故不足以推翻原判决。

综上，原判决认定事实清楚，判决结果正确，维持安徽省亳州市中级人民法院（2010）亳民一再终字第00016号民事判决。

【案例评析】

本案焦点在于涉案协议是不是黄某1的真实意思表示，难点在于涉案协议形成时间过久，已有二十余年，甚至诉讼中当事人黄某1已经去世。本案涉案协议上手印虽然为黄某1的，但法院并未对协议效力流于形式审查而认定协议合法有效，而是结合黄某1文盲的特殊身份、涉案协议形成过程、涉案房屋实际占有使用状态等全面进行实体审查，最终认定现有证据不足以证明协议是黄某1的真实意思表示。

【结语和建议】

即使涉案协议签订时黄某1是知悉内容的，是其真实意思表示，但由于黄某荣十余年间并没有通过法律途径有效地主张权利，协约内容在黄某1、黄某荣实际生活中没有得到体现的事实也可能导致协议权利无法得到法律保护的结果。因此，民事主体应当及时积极主张权利，以便于法院查明事实、依法判定。

A银行与B房地产开发公司申请实现担保物权特别程序案[①]

北京市炜衡律师事务所　孙晓琳律师　邓慧慧律师

【关键词】

实现担保物权特别程序

【案情简介】

2017年9月，孙晓琳律师接受A银行的委托，担任A银行与地产公司等金融借款合同纠纷案的代理人，重庆B房地产开发公司（以下简称B公司）系该案的抵押人。

2015年8月，A银行某分行向借款人某公司发放贷款39980万元，B公司及其他抵押人、保证人为本笔贷款提供担保。2016年9月10日，某公司未按期支付贷款利息，出现逾期，借款人某公司不能按约偿还后续到期贷款。

2017年9月，孙晓琳律师代理A银行就借款人拖欠该行3.11亿元贷款一案向北京市高级人民法院提起诉讼。因本案涉及多个被告，抵押人、保证人系与借款人无关联关系的第三人，各方采用失联、不接收诉讼文书、提出管辖权异议等多种方法拖延诉讼，立案后一

① 案件来源：重庆市合川区人民法院民事裁定书（2018）渝0117民特1210号。

年，该案仍无法进入开庭审理阶段。

经与 A 银行充分沟通，按照“一类一方”“一户一策”方针，代理律师对本案事实及各担保人的具体情况进行了详细分析，认为由于借款人无还款能力，无还款意愿，本案第一还款来源基本丧失，大部分债权回收必须通过诉讼进入执行程序，对抵押物进行拍卖、变卖实现。

本案 5 个抵押人中，除两个公司属同一实际控制人外，各抵押人之间基本无密切联系，在诉讼过程中也各执一词。恰逢 2018 年重庆市主城区和区县房地产市场均呈急速上行趋势，各房地产开发商也急于进行土地开发，争取更多收益。基于此，代理律师配合 A 银行重庆分行制订了“在诉讼中寻求突破、主动出击、各个击破”的化解方针，并对 5 个抵押人从公司还款意向、经营状况、抵押土地现状等方面逐一进行了细致的研究、分析，认为 B 公司急于进行土地开发，解押还款意愿强烈。经多次配合 A 银行某分行与 B 公司深入商谈，最终该公司同意配合银行进行还款解押。

在与 A 银行总行法律事务部及分行充分沟通的情况下，代理律师制定了通过“实现担保物权特别程序”实现该行对 B 公司抵押权的方案，并快速实施。在实现担保物权特别程序中，抵押物所在地重庆市合川区人民法院（以下简称合川法院）表示尚未办理过该特别程序，经代理律师多方协商沟通、判例论证，最终争取到合川法院同意。2018 年 8 月 24 日，代理律师代理 A 银行向合川法院提交立案申请后，合川法院快速组织庭审并于当月 29 日作出裁定，准许拍卖、变卖抵押物，A 银行在贷款本息费范围内就变价后所得价款优先受偿，9 月 19 日，代理律师代理 A 银行申请执行立案，本案进入执行程序。

本案中，代理律师通过实现担保物权特别程序，在1个月内实现立案、取得裁定书、申请强制执行，6个月内完成评估、挂网一次拍卖、二次拍卖等抵押物处置流程，回收8570万元贷款，获得了A银行的高度评价。

【代理意见】

申请人与被申请人对《借款合同》《房地产抵押合同》以及担保物权的设立、担保范围均无异议。依照《物权法》第一百九十七条、《最高人民法院关于适用〈中华人民共和国民事诉讼法〉的解释》第三百七十二条第一项的规定，人民法院应当裁定准许拍卖、变卖担保财产。

【判决结果】

准许拍卖、变卖被申请人B公司位于重庆市合川区3地块，申请人A银行对变价后所得价款在以下范围内优先受偿：1. 截至2018年8月20日的借款本金310670916.67元及利息2082527.09元，罚息32588084.70元，复利1694750.88元，合计347036279.34元；2. 自2018年8月21日起至借款还清之日止以本金310670916.67元为基数按照《借款合同》的约定计算的罚息、复利；3.《房地产抵押合同》中约定的实现债权的费用。

【裁判文书】

申请人A银行与被申请人B公司申请实现担保物权一案，本院于2018年8月24日立案后，依法适用特别程序进行了审查。现已审查终结。

申请人 A 银行称，请求依法裁定拍卖、变卖被申请人 B 公司的位于重庆市合川区 3 地块，变价后所得价款优先偿还申请人 A 银行的借款本金人民币 310670916.67 元及利息、罚息、复利 36365362.67 元（暂计至 2018 年 8 月 20 日，利息 2082527.09 元，罚息 32588084.70 元，复利 1694750.88 元），以上合计 347036279.34 元，以及计付至实际清偿之日止的后续利息、罚息、复利及实现债权所产生的评估费、拍卖费、执行费等相关费用。事实和理由：2015 年 9 月 16 日，申请人与借款人签订《借款合同》，约定申请人向借款人提供最高不超过金额为人民币 4 亿元的中小企业统借统还贷款，贷款期限为 60 个月，自贷款项下首次放款日起算，至最后还款日止。其中，《借款合同》第二十五条约定："借款人应在《借款合同》规定的贷款期限内严格按还款计划以原币种偿还《借款合同》项下贷款本金，并明确约定了还款计划"；第四十二条及第四十三条约定：借款人未按《借款合同》规定按期支付利息或归还本金或支付其他应付款项构成《借款合同》项下的违约事件，申请人有权宣布所有已提取的贷款立即到期，并要求借款人立即偿还全部已提取的贷款本金、利息或其他应付款项。同时，申请人授权 A 银行某分行负责本合同项下贷款的发放、回收及与贷款管理有关的一切事宜。

为确保申请人《借款合同》项下债权的实现，2015 年 9 月 16 日，申请人与被申请人签订《房地产抵押合同》，约定被申请人以其拥有的位于重庆市合川区 3 地块提供抵押担保，并于 2015 年 10 月 19 日在重庆市合川区国土资源和房屋管理局办理了抵押登记。担保范围为：（1）借款人在《借款合同》项下应向申请人偿还和支付的所有债务，包括但不限于本金、融资款项和其他应付款项、利息（包括但不限于法定利息、约定利息、逾期利息及罚息）、手续费、电讯费、杂费及其他费用、违约金、损害赔偿金、实现债权的费用（包括但不限于诉讼费用、律师费用、公证费用、执行费用等）以及借款人应支付的任何其他款项；（2）申请人为实现本合同项下的担保权益而发生的所有费用（包括但不限于诉讼费用、律师费用、公证费用及执行费用等）以及被申请人应支付的其他任何款项。

《借款合同》《房地产抵押合同》签订后，2015 年 10 月 28 日，申请人向借款人发放贷款 399800000.00 元，并受托支付至其指定账户。

根据《借款合同》的约定，借款人应按照《借款合同》约定的还款计划偿还贷款本金、利息及其他应付费用。2016 年 9 月 10 日，借款人的贷款本金出现拖欠，2016 年 9 月 21 日，借款人的利息出现拖欠。经申请人多次催收，借款人及其担保人始终未能履行还款义务。2016 年 12 月 5 日，申请人宣布借款人贷款提前到期。

截至 2018 年 8 月 20 日，借款人尚欠申请人借款本金人民币 310670916.67 元及利息 2082527.09 元，罚息 32588084.70 元，复利 1694750.88 元。因此，申请人特根据《物权法》及《民事诉讼法》的相关规定提出申请。

被申请人 B 公司称，原告所述属实，对原告的申请无异议

本院经审查认为，申请人与被申请人对《借款合同》《房地产抵押合同》以及担保物权的设立及担保范围均无异议。依照《物权法》第一百九十七条、《最高人民法院关于适用〈中华人民共和国民事诉讼法〉的解释》第三百七十二条第一项的规定，裁定如下：

准许拍卖、变卖被申请人 B 公司位于重庆市合川区 3 地块，申请人 A 银行对变价后所得价款在以下范围内优先受偿：1. 截至 2018 年 8 月 20 日的借款本金 310670916.67 元及利息 2082527.09 元，罚

息 32588084.70 元，复利 1694750.88 元，合计 347036279.34 元；2. 自 2018 年 8 月 21 日起至借款还清之日止以本金 310670916.67 元为基数按照《借款合同（小企业统借统还贷款）》的约定计算的罚息、复利；3.《房地产抵押合同》中约定的实现债权的费用。

【案例评析】

债权人实现担保物权既可以通过诉讼程序，待作出判决后申请强制执行，也可以通过特别程序取得人民法院作出的裁定后申请强制执行。实现担保物权特别程序与诉讼程序相比，具有以下特点：

第一，采用特别程序实现担保物权可以缩短周期，提高债权回收的效率。实现担保物权案件采取一审终审制，案件自立案之日起三十日内审结，可以大大节约时间和其他成本。普通诉讼程序则须经过一审甚至二审程序两个阶段才能获得生效的判决书，诉讼期限长达几个月或者更久，债权回收的时间成本过高。第二，采用特别程序实现担保物权可以节约司法资源，加快债权回收的进程。第三，对于人民法院而言，开庭审理借款合同纠纷或者保证合同纠纷案须经过复杂的审判程序，司法成本较高。实现担保物权案件一般由审判员一人独任审理，按照审查程序进行。担保财产标的额超过基层人民法院管辖范围的，组成合议庭进行审查，可以节约一定的司法资源。

【结语和建议】

申请实现担保物权特别程序与诉讼程序相比，较为便捷，能够加快债权回收进程，但申请实现担保物权特别程序应注意以下事项：

第一，与担保人沟通并达成一致。实现担保物权程序中，法官仅进行形式审查，即法院只需要对主债权和抵押权形式上的合法要件、债务是否届期未偿等问题进行审查，而不对抵押合同的效力以及抵押登记的相关资料作实质性判断，即在程序进行过程中，担保人与债权人不会就实质事项有所争议而提出主张、抗辩。因此，顺利推进该程序的关键在于提前与担保人就该程序的流程、需要其配合的事项进行沟通并达成一致。

（1）把握战机，掌握心理。本案中，B公司抵押物能够在较短时间内处置并实现现金收回，首先在于对贷款情况的仔细分析，包括对贷款偿债来源、抵押物类型和处置变现难度、抵押人偿债意愿和心理的分析。本案正是在逐层分析论证基础上，把握重庆房地产价格上行的时机，主动出击，通过与较为配合的抵押人反复商谈，针对其希望尽快还款解押土地用于开发的心理，争取其同意配合采取实现担保物权特别程序，实现抵押物处置。

（2）开拓思路，合法高效。本案中，由于各被告情况复杂，诉讼推进困难。为此，代理律师在本案代理过程中不是消极等待法院判决，而是在有抵押人愿意配合处置还款的情况下，积极选取实现担保物权特别程序处置部分抵押物。实现担保物权案件采取一审终审制，案件自立案之日起三十日内审结，可有效节约时间和其他成本，极大提高进入执行程序的速度。

（3）盯紧动向，力争高价。本案中，因抵押土地并非完整宗地，与B公司其他正在开发土地相邻，受众有限，极有可能在拍卖程序中由B公司或其关联公司竞得。案件进入执行程序后，B公司为使其自身能以较低价格拍得本块土地，开始在地面违规建造板房、销售中心等。代理律师及银行及时发现有关情况，联系合川法院及B公司，叫停相关施工工作，并要求施工方向法院出具放弃工程款优先受偿权相关文件，安排管户信贷员在执行过程中按周对抵押物进行现场检查。

第二，与法院保持密切联系。由于《民事诉讼法》《最高人民法院关于适用〈中华人民共和国民事诉讼法〉的解释》对实现担保物权特殊程序的部分问题规定不明确，实践中申请采用实现担保物权特别程序的情况并不多见，部分基层法院未办理过该类案件，各地法院做法不一，提前与法院沟通协商也是顺利推进特别程序的关键。

第三，管辖法院有特别规定。一般由担保物权人以及其他有权请求实现担保物权的人向担保财产所在地或者担保物权登记地基层人民法院提出。同一债权的担保物有多个且所在地不同的，申请人应当分别向有管辖权的人民法院申请。

第四，申请主体多样化。实现担保物权特别程序的申请人既包括抵押权人、质权人、留置权人，也包括抵押人、出质人、财产被留置的债务人或者所有权人等。

第五，关注与担保合同纠纷之诉的衔接。法院受理债权人提起的依特别程序实现担保物权申请后，债权人又提起担保合同之诉的，会有两个程序同时进行，原则上，是不允许两个程序同时进行的，故在选择相关程序前，应进行周全、细致的筹划，避免出现人民法院裁定中止审理或者终结实现担保物权特别程序的情形。

最后值得注意的是，如合同中约定采用仲裁解决争议，大部分地区均认为应当尊重当事人的仲裁约定，不宜直接由人民法院作出裁定，因而不能使用该特别程序直接取得担保物处置权。

王某秀与上海A酒店管理有限公司、B置业有限公司房屋租赁合同纠纷案[①]

北京市炜衡（烟台）律师事务所　王永顺律师　吴天宇律师

【关键词】

房屋租赁　合同效力　先履行抗辩权

【案情简介】

原告（王某秀）与被告一上海A酒店管理有限公司（以下简称A公司）于2012年5月至2013年6月签订《某小业主公寓式酒店客房租赁管理合约》九份。合同约定原告将购买的某公寓式客房2号楼605、705、805、810、1005、1009、1201、1313、1410共九套房屋委托被告一经营管理。合同约定被告一自2013年5月至6月起五年内，每年按购房总价的6%按季向原告支付固定收益。被告二B置业有限公司（以下简称B公司）自愿承担连带支付责任。合同签订后，被告一分五次累计支付了部分固定收益共289788元，余款经原告屡次催要，均未支付。现合同履行期限届满，被告一应支付原告固定收益而未支付，被告二经原告催要亦未承担连带偿付责任。

原告为保障自己的合法权益，向法院提起民事诉讼，请求依法

① 案件来源：山东省威海市中级人民法院民事判决书（2021）鲁10民再29号。

判令二被告连带偿付原告酒店客房租赁收益869712元，诉讼费等由被告承担。一审法院判决：一、被告B公司于本判决生效后十日内向原告支付房屋占有使用费439945.15元；二、被告A公司于本判决生效后十日内向原告王某秀支付房屋租赁费共计429131.51元，被告B公司承担连带保证责任；三、驳回原告王某秀的其他诉讼请求。被告一不服一审判决，遂提起二审，二审维持原判后又经指令再审。本案二审和指令再审由王永顺、吴天宇律师代理。

本案的争议焦点为：（1）原告与被告一之间签订的九份租赁管理合约是否有效。（2）二被告是否需要向原告支付租金及应支付金额。

【二审代理意见】

一、本案案由是租赁管理合同纠纷，租赁管理合同中，出租人与承租人的合同权利和义务，主要是一方交付租赁物和另一方支付租金，这是法院应当组织双方举证和进行法庭认定的本案最基本事实，而一审法院没有就这一基本事实进行审查和认定。

本案基本事实为：

1. 上诉人与被上诉人签订的是《租赁管理合约》，双方是租赁法律关系，双方均应依据《租赁管理合约》的约定享有权利和履行义务。

2. 《租赁管理合约》履行的首要条件是被上诉人向上诉人交付租赁物，这是承租人实现租赁合同目的的唯一要件。

3. 本案中被上诉人至今未向上诉人交付租赁物，原审中被上诉人没有向法庭举证证明其履行了租赁物的交付义务。

4. 原审中被上诉人自认："2018年6月3日，原告从被告二手中收回涉案房屋”，证明被上诉人并没有将租赁物交付上诉人，同时也证明被上诉人与开发商被告二在 2018 年 6 月 3 日之前也没有履行《商品房买卖合同》交付房屋。

5. 原审法院不是依据《租赁管理合约》来认定上诉人的合同义务，而是毫无根据地认定“涉案房屋一直在被告二手中，被告一应该积极履行租赁管理合约的权利和义务”。

6. 被上诉人与一审被告二即开发商签订的《商品房买卖合同》第十一条约定，“商品房达到交付使用条件后，出卖人应当书面通知买受人办理交付手续。双方进行验收交接时，出卖人应出示合同第八条规定证明文件并签署房屋交接单”。

综上，原审法院没有对被上诉人未履行《租赁管理合约》最根本合同义务即交付租赁物的合同义务进行基本事实的认定，是导致本案错判的根本原因。

二、本案不是一般性租赁合同纠纷，而是专业酒店经营纠纷，《租赁管理合约》对上诉人的责任条件约定得很明确，不仅约定了三个责任条件，而且二个条件是并列的，缺一不可，其中任何一个责任条件不成就，上诉人都不具备支付租金的义务。因此，必须同时具备约定的三个责任条件，才产生支付租赁费的义务。

《租赁管理合约》第一章第 1. 1（b）条管理责任起始中约定，“客房”正式对外营业的日期（本合同所述房产交付之日），即为管理方开始履行度假酒店管理责任之日，这是上诉人承担责任的第一个责任。《租赁管理合约》第二章第 2. 2 条管理期限约定：管理期限为房屋开发商正式向小业主交房并度假酒店对外正式营业之日（2013 年 6 月 3 日）起五年，这是上诉人承担责任的第二个并列条件。《租赁管理合约》第三章第 3. 1 条小业主收益约定：保证自度假酒店正式营业之日起，在本合约履行期内，每年按照此总价值的6%向业主支付固定收益，这是上诉人承担责任的第三个条件。

综上，原审法院没有对《租赁管理合约》中约定的责任条件予以认定，特别是对于上诉人是否具备承担支付租金义务的并列责任条件没有明确认定，是导致本案错判的第二个原因。

三、按照《租赁管理合约》的约定，酒店正式对外营业之日为管理期限的起始，即上诉人必须具备酒店营业的相应资质条件才算管理期限的开始，被上诉人因开发商的原因没有交付房屋，上诉人同样是因开发商迟延向小业主交房的原因，未能取得酒店经营的相关资质，而没有达到正式对外营业条件。

1. 原审被告二即开发商开发的房地产应通过综合验收包括消防验收合格才能向小业主交付房屋。2018 年 6 月 3 日，被上诉人才从被告二手中收回涉案房屋，并且至今还没有向上诉人交付租赁房屋。

2. 酒店正式对外营业，上诉人不仅要取得承租房屋使用权，还需取得相关主管部门的环评许可和特种行业许可。

3. 本案不是一般的租赁合同纠纷，而是租赁管理合同纠纷。原审法院判决认定“7 月 26 日通过消防验收，涉案房屋可以实现租赁用途，并且涉案房屋一直在被告二手中，被告一应该积极履行租赁管理合约”。通过验收是房屋可以交付被上诉人小业主的条件，而不是正式营业的条件，况且被上诉人小业主未交付房屋，上诉人如何积极履行管理合约？消防验收合格并不意味着开发商可以向小业主交付房屋，消防验收只是政府综合验收的一部分，是综合验收的一个重要环节，此外还包括水电工程验收、质量验收等，当然更重要的是土地和规划执行的合法性。因此，一审法院提出消防验收合格即可交付使用是不专业的，事实上该房屋直到 2019 年 6 月才取得综合验收合格证，具备了向小业主交房的条件，其根本原因在于土地和建筑容积率的问题。涉案房屋因违法搭建酒店大堂和会议室面积未获得政府批准，也未补交相应的费用，迟迟未能取得综合验收合格。

综上，在未达到《租赁管理合约》所约定的正式对外营业的条件下，即便被上诉人交付了租赁物也无权主张租赁费，因此，原审判决认定上诉人应该积极履行管理合约没有合同和法律依据。根据以上事实和理由，上诉人恳请二审法院依法驳回被上诉人原审诉请。

【二审判决结果】

二审法院认为，根据《最高人民法院关于适用〈中华人民共和国民事诉讼法〉的解释》第九十条之规定，当事人对自己提出的诉讼请求所依据的事实或者反驳对方诉讼请求所依据的事实，应当提供证据加以证明，但法律另有规定的除外。在作出判决前，当事人未能提供证据或者证据不足以证明其事实主张的，由负有举证证明责任的当事人承担不利的后果。本案中，涉案房屋于2016年7月26日之前未经消防验收合格，无法正常营业，上诉人与被上诉人签订的租赁管理合同无法履行，一审法院认定2016年7月26日之前上诉人无须向被上诉人支付租金，原审被告无须承担相应担保责任，2016年7月26日之后上诉人应向被上诉人支付租金，原审被告承担相应连带担保责任，并无不当。上诉人主张酒店未能正式营业，不能依约支付被上诉人租金，没有事实和法律依据，本院不予支持。一审法院判令原审被告支付被上诉人房屋占有使用费共计439945.15元，上诉人向被上诉人支付房屋租赁费共计429131.51元，原审被告承担连带保证责任，事实清楚，于法有据。

综上所述，上诉人A公司的上诉请求不能成立，应予驳回；一审判决认定事实清楚，适用法律正确，应予维持。依法判决驳回上诉，维持原判。

【再审代理意见】

一、本案原审法院未厘清法律关系，导致本案错误判决

本案由三层基础法律关系构成：1. 购房合同关系；2. 房屋租赁管理关系；3. 租赁担保关系；

第一层，本案购房合同基础法律关系：再审被申请人王某秀与原审被告B公司之间的房屋买卖合同关系。本案由购房基础关系纠纷即原审被告B公司未能按期向再审被申请人王某秀交付房屋引起，原审被告B公司应当向再审被申请人王某秀承担不能按期交付房屋的违约责任，包括其未能获得租赁管理房屋租金的损失。

第二层，本案租赁管理衍生法律关系：再审被申请人王某秀与再审申请人A公司之间的租赁管理合同关系。本案中，购房基础关系为诱因，致使衍生的租赁管理合同未履行，直接导致再审被申请人的期待利益——租金收益无法获得。

第三层，本案租赁管理担保延伸法律关系：本案再审被申请人王某秀与原审被告B公司之间的租赁管理担保合同关系。本案租赁管理合同约定的租金期待利益损失系由购房合同违约直接造成，非租赁管理合同之管理方再审申请人A公司违约造成，而租赁管理合同的违约方为再审被申请人王某秀，其应承担再审申请人A公司的缔约损失。

综合三层法律关系分析，本案再审被申请人王某秀因未获得租赁房屋收益，直接依据租赁管理合同提起诉讼，而未依据基础关系购房合同提起诉讼，其诉讼主张依据错误，应依法驳回其诉讼请求。而原审法院也未厘清本案法律关系以及由各种法律关系所导致的因果，这是导致本案判决错误的根本原因。

二、本案原审法院认定租赁合同案由错误，因而诉讼依据及合同责任认定错误，导致判决错误

第一，原审法院认定案由错误。本案是租赁管理合同纠纷而不是租赁合同纠纷，《租赁管理合约》中约定了再审被申请人（出租人）与再审申请人（承租人）的主合同权利、义务是被申请人向申请人交付涉案房屋，并且涉案应交付房屋要同时达到经营管理的条件，此时再审申请人才有义务向再审被申请人支付租金。

第二，原审法院认定案件事实错误之一。本案《租赁管理合约》约定了再审被申请人取得固定收益的前提条件之一是向再审申请人交付租赁物即涉案房屋；法院应当组织双方对该事实进行举证和认定，而原审法院未对这一基本事实进行审查和认定，是导致本案错判的主要原因之二。

第三，原审法院认定案件事实错误之二。本案《租赁管理合约》第一章 1.1（b）条管理责任起始约定，“客房”正式对外营业的日期（本合同所述房产交付之日）即为管理方开始履行度假酒店管理责任之日。对该条款的理解是，“客房”正式对外营业需要原审被告 B 公司成立的酒店管理公司具备经营酒店的许可资质，达到正式对外营业的条件，此前提条件不成就，“客房”就无法正式对外营业，再审申请人 A 公司也无法开始履行管理职责，更无从谈及向再审被申请人王某秀支付固定收益（租金）。而原审法院未对这一基本事实进行审查和认定，是导致本案错判的主要原因之三。

第四，原审法院责任认定错误。本案《租赁管理合约》第二章

第2.2条管理期限约定，管理期限为开发商正式向小业主交房且度假酒店对外正式营业之日（2013年6月3日）起五年。再审申请人A公司作为管理方行使管理权有条件要求：首先由原审被告B公司向再审被申请人王某秀交付涉案房屋；其次再由再审被申请人王某秀向再审申请人A公司交付涉案房屋，同时原审被告B公司成立酒店管理公司，并具备酒店经营许可资质，且达到开业条件。以上几个条件缺一不可，任何一个条件不成就，管理期限均无法起算（现租赁管理合同早已到期）。原审法院未对租赁管理合同各方责任进行认定，是导致本案错判的原因之四。

第五，原审法院判决依据租赁管理合同支付固定收益错误。判定再审申请人A公司支付租赁固定收益的合同依据错误，本案再审被申请人并未依据购房合同主张权利，而是依据《租赁管理合约》第三章第3.1条小业主收益——保证自度假酒店正式营业之日起，在本合约履行期内，每年按照此总价值的6%向业主支付固定收益。事实上，原审被告B公司至今也未取得酒店经营许可资质，酒店不具备对外营业的条件，再审被申请人王某秀主张固定收益（租金）没有事实和法律依据。原审法院在被申请人王某秀未向再审申请人A公司交付具备酒店经营合法条件的租赁物的前提下，片面认定再审申请人A公司要承担交付固定收益（租金）的义务，原审判决的合同依据错误是导致错判的原因之五。

对上述五点进行梳理，本案原审法院在本案案由、诉讼依据及合同责任等方面认定错误，是导致本案判决错误的主要原因。

三、本案原审法院对工程竣工验收理解和认定错误，导致本案错判

本案涉案房屋所在项目的综合竣工验收时间是2019年6月25

日，而 2016 年 7 月 26 日只是该项目的消防验收时间而非综合竣工验收时间。消防验收合格只是综合验收合格的一部分，是综合验收的一个重要环节，综合验收还包括水电工程验收、质量验收等。原审法院以 2016 年 7 月 26 日作为项目的竣工验收时间是错误的。

本案房屋涉案工程于 2016 年 7 月 26 日获得烟台市公安消防支队出具的综合评定建筑工程消防验收合格证，只能证明涉案房屋所在的项目通过了消防验收，并不代表该项目已通过综合验收。再审申请人 A 公司在二审开庭时，已向法庭提交了由海阳市住房和城乡建设管理局出具的综合验收备案表，证明从 2019 年 6 月 25 日开始，原审被告 B 公司才达到向被申请人交付涉案房屋的法定条件和标准。而此时租赁管理合同已经到期。

原审法院因对工程竣工验收理解和认定错误，所以错误认定租赁合同期内涉案房屋具备交付条件，进而对本案诉讼所依据的租赁管理合同的履行前提认定错误，导致本案错判。

综上所述，原一审、二审法院未厘清本案三层法律关系，并对本案基础事实认定错误，对再审被申请人王某秀依据租赁管理合同主张租赁固定收益的诉请，在证据不足情况下认定再审申请人 A 公司承担责任，证据不足、适用法律确错误。如若再审法院认定原审被告 B 公司担保责任成立，也因租赁管理合同主体管理方 A 公司无责且法律关系不成立，无法判定原审被告 B 公司承担实际担保责任，为此，恳请再审法院依法驳回再审被申请人王某秀的诉讼请求。

【再审判决结果】

本院再审查明，涉案租赁管理合约第一章定义 1. 1 （b） 对管理责任起始的定义为，“客房” 正式对外营业的日期 （本合同所述房产交付之日），即为管理方开始履行度假酒店管理责任之日；第二章管理方及租期2.2管理期限约定，管理期限为房屋开发商正式向小业主交房且度假酒店对外正式营业之日（2013年5月28日或2013年6月3日）起五年。本案一审诉讼中，王某秀及B公司均认可2018年6月3日后B公司将涉案房屋交付给王某秀。本案再审中，王某秀主张2018年5、6月之前涉案酒店曾经实际营业，A公司、B公司予以否认，王某秀对此未提供证据证明。

另查明，王某秀原一审中主张的客房租赁收益869712元系涉案房屋截至2018年6月2日的租赁费。

本院再审查明的其他事实与原一审、二审查明事实一致。

本院再审认为，《合同法》第六十七条规定，当事人互负债务，有先后履行顺序，先履行一方未履行的，后履行一方有权拒绝其履行要求。先履行一方履行债务不符合约定的，后履行一方有权拒绝其相应的履行要求。本案中，根据涉案租赁管理合约第一章及第二章的相关约定可认定，A公司、王某秀二者履行合同义务有先后顺序，A公司向王某秀支付房屋租赁费的前提是B公司向王某秀交付房屋。而原一审中，王某秀及B公司均认可2018年6月3日后B公司实际将涉案房屋交付给王某秀。王某秀原一审中主张的客房租赁收益869712元又系涉案房屋截至2018年6月2日的租赁费。故在B公司未将涉案房屋交付给王某秀，A公司在未接收涉案房屋前，其有权行使抗辩权，拒绝王某秀要求其给付租赁费的要求，即A公司在本案中不应向王某秀支付房屋租赁费。因A公司在本案中不承担民事责任，B公司作为保证人，亦不应对原审判令的A公司支付王某秀房屋租赁费部分承担民事责任。原审判令A公司支付王某秀房屋租赁费，属认定事实和适用法律错误，本院再审予以纠正。至于王某秀主张的该部分租赁费，其可依与B公司签订的商品房买卖合同之约定另行解决。

综上所述，A公司关于其不应承担民事责任的再审理由成立，本院予以支持。依照《合同法》第六十七条，《民事诉讼法》第二百零七条第一款、第一百七十条第一款第一项、第二项之规定，判决如下：

一、撤销山东省烟台市中级人民法院（2020）鲁06民终2698号民事判决；

二、维持山东省海阳市人民法院（2018）鲁0687民初3979号民事判决第一项，即B公司于判决生效后十日内向王某秀支付房屋占有使用费共计439945.15元；

三、撤销山东省海阳市人民法院（2018）鲁0687民初3979号民事判决第二项、第三项；

四、驳回王某秀的其他诉讼请求。

【案例评析】

回顾本案，我们围绕本案的焦点问题进行了充分论证，最终案件的审理结果基本符合我方的预期。

代理律师认为，本案一审、二审错判的根本原因在于原审法院在认定事实上存在错误，进而导致了最后责任认定的错误。本案《租赁管理合约》约定了再审被申请人取得固定收益的前提条件之一是向再审申请人交付租赁物即涉案房屋，而被告二B公司未在约定期限内将具备经营酒店许可资质的客房交付给再审被申请人，进而使再审被申请人无法履行向申请人交付涉案房屋的义务，申请人因而无法进行正常的管理经营并向被申请人履行支付租金的义务。原审法院混淆了三者之间的法律关系，忽略了在本案合同中申请人享有的先诉抗辩权，在认定案件事实错误和适用法律错误的基础上判决申请人承担不应由其承担的义务。

王永顺、吴天宇律师代理本案的二审和指令再审，在两位律师缜密的分析下，再审结果纠正了原审法院的错误，作出了正确的判决，极大地保障了本案申请人的合法权益。

【结语和建议】

本案中申请人与被申请人签订的是《租赁管理合约》，与租赁合同有细微的差别。在租赁合同中，承租人负有向出租人支付租金的义务，出租人负有向承租人交付租赁物的义务。而在本案的《租赁管理合约》中，被申请人除了要向申请人交付房屋外，还要保证所交付的房屋达到经营管理的条件，在这两项义务履行完毕后，申请人才有义务向被申请人支付租金。这就涉及双务合同中的“先履行抗辩权”，根据《民法典》第五百二十六条的规定，当事人互负债务，有先后履行顺序，应当先履行债务一方未履行的，后履行一方有权拒绝其履行请求。先履行一方履行债务不符合约定的，后履行一方有权拒绝其相应的履行请求。故本案申请人有权拒绝向被申请人支付租金。

除以上提及的抗辩权，在双务合同的履行中还会涉及“同时履行抗辩权”和“不安抗辩权”，前者系指在没有先后履行顺序的双务合同中，一方当事人在对方当事人未履行或者履行不符合约定的情况下，享有拒绝对待给付的抗辩权。后者系指当先履行债务的当事人有确切证据证明对方丧失或者可能丧失履行债务能力的，有权中止履行合同义务。

综上所述，在实践中，当企业签订与此类似的双务合同时，要着重注意合同中关于履行义务先后顺序的约定，一旦发生纠纷，要善于运用抗辩权，及时维护自己的合法权益，避免承担不属于己方的义务。

黄某某与广东省A股份有限公司劳动争议纠纷案[①]

北京市炜衡（广州）律师事务所　彭国鹏律师

【关键词】

劳动合同　违法解除　赔偿金

【案情简介】

黄某某于1998年10月1日入职广东省A股份有限公司（以下简称A公司），职务为司机。双方最后一次签订劳动合同的时间为2008年9月26日，为无固定期限劳动合同。劳动合同约定黄某某的工作内容为长途客运；工作地点为广州市或中山市；工作时间采取不定时工作制，每周至少休息一天。

受高铁开通等影响，广州市交通委员会自2018年2月1日起将黄某某所在的广州至中山等省市际客运班线调整为市际包车。班线调整后，黄某某所在班线的司机均处于待工状态，在此期间，公司向所有司机足额支付了工资。2018年2月24日，A公司向黄某某发出《报到函》，要求黄某某于2018年3月1日回黄某某所在部门——A公司第一分公司报到，逾期不报到的，将视为旷工。之后，公司又持续通过短信等方式要求黄某某办理报到手续。但黄某某始

① 案件来源：广州市中级人民法院民事判决书（2019）粤01民终7544号，广东省高级人民法院民事裁定书（2019）粤民申9281号。

终置之不理。

2018年3月12日，黄某某向广州市劳动人事争议仲裁委员会（以下简称广州劳动仲裁委员会）申请劳动仲裁，要求解除劳动合同，并支付经济补偿金。

A公司收到黄某某的仲裁文书后，于2018年4月3日以黄某某旷工为由解除劳动合同，并向黄某某送达了解除通知。后黄某某变更仲裁请求，要求A公司支付违法解除劳动合同的赔偿金等。

【代理意见】

我们认为，在本案中，公司并未调整黄某某的工作岗位。按照《劳动合同法》的规定，劳动者只要提前30天通知就可以解除劳动合同，而不受其他条件的限制。黄某某首先提出解除劳动合同，并不再回公司上班，因此，在黄某某提出解除劳动合同的仲裁申请，且仲裁文书送达公司后，双方的劳动关系即已解除。A公司在此之后所发的解除劳动合同的通知不可能再发生法律效力，也不存在违法的问题。具体理由如下：

一、A公司没有调整黄某某的工作岗位

首先，A公司仅仅是通知黄某某回公司报到，并没有调整黄某某的工作岗位。事实上，在A公司所在班线停运后，黄某某的驾驶线路尚未确定。A公司通知黄某某回公司报到，也是要进一步研究黄某某之后的驾驶线路问题，根本没有调岗。

其次，黄某某之所以认为公司调整其工作岗位，关键在于其对双方劳动合同中关于工作内容和工作时间的约定作出了错误的理解。双方最后签订的劳动合同约定黄某某的工作内容为“长途客运”，该约定并非如黄某某所理解的具有特定含义，而是对黄某某工作内容

的客观描述。而所谓“长途客运”，按照行业内的一般理解，离开广州市视为“长途”，“客运”主要是与“货运”相对应。因此，即使如黄某某所述，公司安排其驾驶始发站和终点站不固定的线路，也完全符合劳动合同的约定，没有调整其工作内容。此外，劳动合同约定，黄某某的工作时间采取“不定时工作制”，因此，黄某某认为公司必须为其安排固定工作时间的驾驶线路没有合同依据。

基于上述事实，A公司根本没有调整黄某某的工作岗位，更不存在违法调整被告工作岗位的情形。

二、双方的劳动关系系黄某某提出解除，A公司无须支付违法解除劳动关系的赔偿金

本案中，黄某某先于A公司提出解除劳动关系。根据黄某某最初的仲裁申请书可知，黄某某于2018年3月12日就已申请劳动仲裁，要求解除劳动关系。该仲裁申请书于2018年3月26日送达给A公司。由于劳动合同法赋予劳动者绝对的解除权，因此，在黄某某要求解除劳动关系的仲裁申请书送达公司，且黄某某再也没有回公司上班的情况下，劳动关系就已经解除。而A公司在2018年4月3日才发出解除劳动合同的通知，此时劳动关系已经解除，不存在重复解除的问题。因此，双方的劳动关系是黄某某提出解除的，A公司无须支付违法解除劳动关系的赔偿金。

三、即使不考虑黄某某先提出解除劳动关系的问题，A公司解除劳动合同的行为也符合法律规定，不属于违法解除

首先，如前所述，A公司没有调整黄某某的工作岗位，而黄某某拒不返回公司报到的行为，明显属于旷工。

其次，从2018年3月1日A公司要求黄某某回公司报到之日起，至2018年4月3日公司发出解除劳动关系的通知之日，黄某某连续旷工达34天，其连续旷工时间不仅超过了员工手册规定的3天，也超过了《公司“八不准”规定》所规定的7天。因此，无论从哪个角度考虑，黄某某的行为均构成严重违纪，公司有权解除劳动合同。

这里需特别说明的是，虽然黄某某否认其收到《公司“八不准”规定》，但其已签收并明确声明愿意遵守员工手册的规定，而员工手册就员工旷工解除劳动合同的规定，比《公司“八不准”规定》更加严格（员工手册规定旷工3天即可解除劳动合同，而《公司“八不准”规定》规定旷工7天才可解除劳动合同）。事实上，A公司依据《公司“八不准”规定》的规定解除劳动合同，对黄某某已经是放宽了要求。

最后，A公司解除劳动合同的程序合法。A公司在解除劳动合同前，已于2018年4月2日征得工会的同意，然后才于2018年4月3日发出解除劳动关系的通知，程序完全合法。

因此，即使双方的劳动关系是由A公司提出解除，公司解除劳动合同的行为也符合法律的规定，不属于违法解除。

【判决结果】

广州市越秀区人民法院一审判决：一、A公司无需支付黄某某违法解除劳动关系赔偿金253344元。二、A公司无需支付黄某某2018年3月实发工资的工资差额637元。三、A公司应于本判决发生法律效力之日起三日内退还黄某某因工作时在路上发生交通事故多扣罚的工资差额1105.76元。

广州市中级人民法院二审判决：驳回上诉，维持原判。

广东省高级人民法院裁定驳回黄某某的再审申请。

【裁判文书】

本院经审查认为：本案为劳动争议。根据黄某某申请再审的理由，本案争议焦点为：黄某某主张A公司应向其支付违法解除劳动关系赔偿金253344元能否得到支持。分析如下：

本案中，黄某某与A公司于2008年9月22日签订无固定期限劳动合同。由于受高铁开通影响，黄某某于2018年2月1日起暂停工作，暂停工作期间A公司亦按照劳动合同约定支付相应报酬。A公司于2018年2月24日向黄某某发出《报到函》，该函件仅要求黄某某于2018年3月1日上午9时到公司报到，其中内容并未提及黄某某工作岗位变动或新的工作岗位内容。黄某某在收到上述《报到函》后没有按照要求到公司报到并于2018年3月12日向广州市劳动人事争议仲裁委员会提起劳动仲裁，提出解除劳动关系等仲裁请求。黄某某虽主张A公司擅自改变其工作岗位，但未提交证据予以证明，且A公司亦予以否认，一、二审判决未予采信并无不当。A公司在黄某某提起仲裁要求解除劳动关系且多日未到单位工作的情况下向黄某某发出解除劳动关系通知书，并未违反法律规定，故黄某某请求A公司支付违法解除劳动关系赔偿金，缺乏事实依据，一、二审不予支持并无不当。至于黄某某主张的工资差额问题，黄某某于2018年3月12日申请劳动仲裁时提出解除劳动关系等仲裁请求，故一审认定双方劳动关系已于2018年3月12日解除亦无不当。根据A公司提供的工资明细表，A公司已足额支付黄某某2018年3月工资，不存在工资差额。黄某某申请再审的理由不成立，本院不予支持。

综上，再审申请人黄某某的再审申请不符合《民事诉讼法》第二百条规定的情形，其申请应予驳回。依照《民事诉讼法》第二百零四条第一款，《最高人民法院关于适用〈中华人民共和国民事诉讼法〉的解释》第三百九十五条第二款规定，裁定如下：

驳回黄某某的再审申请。

【案例评析】

第一，合同解除权为形成权，而劳动者又拥有几乎无限制的解除权。因此，在劳动者已经提出解除劳动关系要求，且不再上班时，劳动关系就已经解除。

《劳动合同法》第三十七条规定，劳动者提前三十日以书面形式通知用人单位，可以解除劳动合同。根据该规定，劳动者只要提前三十日通知，就可以行使合同解除权。而在司法实践中，即便劳动者没有提前三十日通知，用人单位也仅能对劳动者的这一行为造成的损失主张赔偿，而无法以劳动者违法行使解除权为由，要求继续履行合同。而合同解除权在性质上属于形成权，依劳动者的单方意思表示就可以产生劳动关系解除的法律后果。

因此，无论劳动者解除劳动合同的理由是否成立，当劳动者提出解除劳动合同的要求且不再上班时，劳动合同就已经因劳动者行使解除权而解除。

第二，在劳动合同已经解除的情况下，用人单位再发出解除劳动合同通知，该行为因不属于民事法律行为而不具有法律效力。

《民法典》第一百三十三条规定，民事法律行为是民事主体通过意思表示设立、变更、终止民事法律关系的行为。在劳动合同已经解除的情况下，用人单位再次发出解除劳动合同通知，实际上是用人单位对双方劳动关系的状态出现了错误的认识。而用人单位基于错误的认识作出的意思表示，并不能产生“变更、终止民事法律关系”的效果，故该行为不属于民事法律行为，而仅为一个事实行为。

既然用人单位的解除劳动合同通知不具有法律效力，劳动关系也不是因为用人单位的行为而解除，那么也就不存在用人单位是否违法解除劳动合同的问题，用人单位就无须承担违法解除劳动合同的赔偿金。

【结语和建议】

本案中，公司在处理员工离职过程中出现了明显的失误。在劳动者不再回公司上班，并已经提起仲裁请求确认被迫解除劳动合同的情况下，如果劳动者解除劳动合同的理由不成立，则公司不会承担责任；如果劳动者解除劳动合同的理由成立，则劳动者构成被迫解除劳动合同，公司需要支付经济补偿金。但无论在哪种情况下，公司都不用支付赔偿金。

而公司在这种情况下以劳动者旷工为由解除劳动合同，则将案件情况复杂化，将案件审理的焦点转移到公司的解除行为是否合法的问题上来。一旦裁判者认为劳动者不构成旷工，则公司有被裁判支付赔偿金的风险。

也正是由于以上原因，广州市劳动仲裁委员会在仲裁阶段，才将审理的重点放在了A公司的解除行为是否合法上，并因此认为黄某某在2018年3月没有上班并非个人原因导致，不能认定黄某某构成旷工，进而认定A公司以黄某某旷工为由解除劳动合同违法。事实上，在这种情况下，A公司只需回函，对劳动者解除劳动合同的要求予以同意，但对劳动者解除劳动合同的理由予以反驳。至于劳动者解除劳动合同的理由是否成立，则留待劳动仲裁委员会或法院裁判即可，这样公司也不会面临支付赔偿金的风险。

A 银行股份有限公司与 B 焦化有限公司、C 有色金属有限公司借款合同纠纷案①

北京市炜衡律师事务所　严涛律师　刘璐莎律师

【关键词】

公司担保　表见代理

【案情简介】

2009 年某市 A 农村信用合作联社（以下简称 A 信用联社，后改制为 A 银行股份有限公司，以下简称 A 银行）改制，需要清理逾期贷款。2009 年 12 月，C 有色金属有限公司（以下简称 C 公司）4200 万元贷款逾期，为处理这笔逾期贷款，A 联社业务部经理找到 B 焦化有限公司（以下简称 B 公司），发出要约，请求 B 公司为 C 公司以新贷还旧贷的贷款提供担保。

经 A 信用联社多次请求，且 A 信用联社以及 C 公司承诺同意提供反担保，并同意就反担保事宜签订协议，B 公司同意为 C 公司该贷款提供担保。

2009 年 12 月 23 日，抬头为第三方公司，但最终签章为 B 公司（乙方）、C 公司（甲方）、A 信用联社（丙方）三方签订《协议书》

① 案件来源：最高人民法院民事裁定书（2019）最高法民申 962 号。

(下称《三方协议书》),约定:“1. 甲方将国土资源部门认可的四个土地证(大约 350 亩地)抵押给乙方或乙方认可的金融机构,由甲方负责在土地管理部门办理他项权登记,丙方将他项权登记证交给乙方……4. B 公司为甲方在 A 信用联社的 4200 万元贷款继续做担保,在甲方归还 A 信用联社 4200 万元贷款利息后……解除土地抵押手续。”

2009 年 12 月 31 日,A 信用联社与 C 公司签订《流动资金贷款合同》,C 公司贷款 2900 万元,贷款用途为借新还旧。因 A 信用联社、C 公司未依照《三方协议书》提供反担保,故 B 公司拒绝提供担保。

2009 年 12 月 31 日,A 信用联社李某、C 公司向 B 公司出具“借条及承诺”,书面承诺 2010 年 1 月 10 日之前办理他项权证后由 A 信用联社交给 B 公司。该借条及承诺由 C 公司加盖公章并签字,A 信用联社李某在担保人处签字。

同时,B 公司注意到《流动资金贷款合同》第 7 条明确载明了 C 公司提款的条件,即“7. 提款。7.1.2 符合贷款人要求的担保合同以及相应的担保权利已生效并持续有效”的条款规定,才在 A 信用联社提供的格式合同《保证合同》上签章,但 B 公司未提交同意为 C 公司提供担保的股东会决议。

同日,在未通知 B 公司情形下,A 信用联社向 C 公司发放贷款 2900 万元。

2010 年 1 月 10 日,A 信用联社、C 公司并未依照承诺为 B 公司办理反担保,更未提供土地抵押他项权登记证。经 B 公司多次催促,A 信用联社、C 公司将四份国有土地使用证提供给 B 公司,该四份土地使用证显示使用权人并非 C 公司,而是其他公司,且该四份土地使用证已被他人查封，C 公司无法为 B 公司提供反担保。

前述贷款到期后，C 公司除归还部分贷款利息外，剩余本金及利息均未归还。

后 A 银行起诉至法院，请求依法判令 C 公司与 B 公司归还借款本金 2900 万元及利息。2017 年 10 月，本案经两次发回重审后，一审法院作出一审民事判决，A 银行上诉，二审法院依法判决驳回其上诉，维持原判。A 银行向最高人民法院申请再审，2019 年 3 月 28 日，最高人民法院作出（2019）最高法民申 962 号民事裁定，驳回其再审申请。

【代理意见】

委托代理人接受 B 公司委托，担任其再审审查期间代理人，发表如下代理意见：

再审申请人主张的再审理由不成立，本案不符合再审条件，请求依法驳回其再审申请。

一、再审申请人所称“原判决认定的基本事实缺乏证据证明”属无理缠诉，原判决对本案事实的认定，证据充分，事实清楚，再审申请人只是对法律责任认定不服，并非对相关事实认定不服，故其该再审事由不能成立，依法不应采纳。

（一）本案并非普通银行借款担保纠纷，而系因再审申请人要改制为商业银行，为减少不良贷款，请求 B 公司为 C 公司“以新还旧”的贷款提供担保，B 公司予以拒绝，后再审申请人与 C 公司共同承诺由 C 公司提供反担保并同意签署书面协议情形下，B 公司才同意提供担保。但再审申请人和 C 公司未履行三方协议，骗取 B 公司提供担保。

2009 年 A 信用联社改制，需要清理逾期贷款。2009 年 12 月，C 公司 4200 万元贷款逾期，为处理这笔逾期贷款，A 信用联社公司业务部经理找到 B 公司，发出要约，请求 B 公司为 C 公司以新贷还旧贷的贷款担保。

经 A 信用联社多次请求，且 A 信用联社及 C 公司承诺提供反担保，并同意就反担保事宜签订协议，B 公司才同意为 C 公司该贷款提供担保。

2009 年 12 月 23 日，抬头为第三方公司，但最终签章为 B 公司（乙方）、C 公司（甲方）、A 信用联社（丙方）三方签订《三方协议书》，约定："1. 甲方将国土资源部门认可的四个土地证（大约 350 亩地）抵押给乙方或乙方认可的金融机构，由甲方负责在土地管理部门办理他项权登记，丙方将他项权登记证交给乙方……4. B 公司为甲方在 A 信用联社的 4200 万元贷款继续做担保，在甲方归还 A 信用联社 4200 万元贷款利息后……解除土地抵押手续。"

2009 年 12 月 30 日，A 信用联社与 C 公司签订《流动资金贷款合同》，C 公司贷款 2900 万元，贷款用途为借新还旧。因 A 信用联社、C 公司未依照《三方协议书》提供反担保，故 B 公司拒绝提供担保。

但 A 信用联社李某、C 公司向 B 公司出具"借条及承诺"，书面承诺 2010 年 1 月 10 日之前办理他项权证后由 A 信用联社交给 B 公司。该借条及承诺由 C 公司加盖公章并签字，A 信用联社李某在担保人处签字。

同时 B 公司注意到《流动资金贷款合同》第 7 条明确载明了 C 公司提款的条件，即"7. 提款。7.1.2 符合贷款人要求的担保合同以及相应的担保权利已生效并持续有效"的条款规定，才在 A 信用联社提供的格式合同《保证合同》上签章，但B公司未提交同意为C公司提供担保的股东会决议。

同日，在未通知B公司情形下，A信用联社违反其承诺向C公司发放贷款2900万元。

2010年1月10日，A信用联社、C公司并未依照承诺为B公司办理反担保，更未提供土地抵押他项权登记证。经B公司多次催促，A信用联社、C公司将四份国有土地使用证提供给B公司，该四份土地使用证显示的使用权人并非C公司，而是其他公司，A信用联社、C公司称正在完善土地抵押手续，但事实是该四份土地使用证已被他人查封，C公司根本无法为B公司提供反担保。

（二）再审申请人认为“2009年12月23日签署的三方协议不影响借款合同、保证合同当事人权利义务”，“原审法院认定三方协议中约定内容系本诉的保证合同中所附条件，没有任何事实依据和证据证明”。该事实并非没有查清，一审、二审均已查明，只是再审申请人对相关法律责任的认定不服，故其称原判决认定的基本事实缺乏证据证明之再审理由不成立。

（三）再审申请人提出的“李某的行为不是职务行为是因为其没有任何委托手续”“即便存在三方协议，也是无效的”“借款行为已改变三方协议约定的付款条件，应视为B公司自愿放弃三方协议约定的条件”等，均不是如其所述，系事实没有查清，亦是再审申请人对相关法律责任的认定不服问题，故其提出的原判决认定的基本事实缺乏证据证明之再审理由不成立。

本案一审、二审对基本事实已经查明，证据充分，不属于《民事诉讼法》第二百条“当事人的申请符合下列情形之一的，人民法院应当再审：……（二）原判决、裁定认定的基本事实缺乏证据证明的……”所规定的再审情形，也不符合《最高人民法院关于适用〈中华人民共和国民事诉讼法〉审判监督程序若干问题的解释》第十一条关于“对原判决、裁定的结果有实质影响、用以确定当事人主体资格、案件性质、具体权利义务和民事责任等主要内容所依据的事实，人民法院应当认定为民事诉讼法第一百七十九条第一款第（二）项规定的‘基本事实’”的规定。再审申请人该再审事由不能成立，应予驳回。

二、再审申请人在其《再审申请书》中未就其主张“原判决适用法律确有错误”的理由属于法律规定的哪种情形予以说明并举证，事实上其主张“原判决适用法律确有错误”的理由，也不符合法律规定的情形，其该再审申请应予驳回。

《最高人民法院关于适用〈中华人民共和国民事诉讼法〉的解释》第三百九十条规定：“有下列情形之一，导致判决、裁定结果错误的，应当认定为民事诉讼法第二百条第六项规定的原判决、裁定适用法律确有错误：（一）适用的法律与案件性质明显不符的；（二）确定民事责任明显违背当事人约定或者法律规定的；（三）适用已经失效或者尚未施行的法律的；（四）违反法律溯及力规定的；（五）违反法律适用规则的；（六）明显违背立法原意的。”再审申请人所诉“原判决适用法律确有错误”的情形不存在，人民法院应驳回该再审申请。

再审申请人在其《再审申请书》中未就其主张“原判决适用法律确有错误”的理由属于法律规定的哪种情形予以说明并举证。

再审申请人没有对“原判决适用法律确有错误”的具体情形提出主张并举证，其再审申请不符合再审条件，应予驳回。

三、再审申请人主张的再审理由均不成立，且不符合民事诉讼法及司法解释规定的申请再审条件，人民法院应当裁定驳回再审申请。

（一）本案《保证合同》系附生效条件的合同，自条件成就时生效，现条件未成就，《保证合同》不生效。原判决认定事实正确，法律适用并无不当。再审申请人称《保证合同》不是附生效条件合同的再审理由，不符合法律规定和本案事实。

1. 三方协议是 B 公司要求再审申请人、C 公司在 B 公司签订《保证合同》之前必须签订的，否则 B 公司不同意为 C 公司提供担保。因此，本案当事人之间的法律关系绝非普通的银行借款担保法律关系，而是附生效条件的借款担保法律关系。

2009 年 A 信用联社改制，需要清理逾期贷款。2009 年 12 月，C 公司 4200 万元贷款逾期，为处理这笔逾期贷款，A 信用联社当时的公司业务部经理找到 B 公司，发出要约，请求 B 公司为 C 公司以新贷还旧贷的贷款担保。

经 A 信用联社多次请求，且 A 信用联社以及 C 公司承诺提供反担保并承诺就反担保事宜签订协议，B 公司才同意为 C 公司该贷款提供担保。

2009 年 12 月 23 日，C 公司（甲方）、B 公司（乙方）、再审申请人（丙方）签订《三方协议书》，该协议明确约定 B 公司为 C 公司提供担保的步骤：第一步，C 公司把土地使用权抵押给乙方或乙方认可的金融机构，之后将他项权证交给丙方，丙方交给乙方。办理土地证的费用 20 万元由乙方借给 C 公司。第二步，B 公司为 C 公司 4200 万元贷款提供担保。

《三方协议书》内容的前提是 A 信用联社、C 公司提供土地证作为抵押担保。A 信用联社将他项权证交给 B 公司之后，B 公司才为 C

公司提供担保，这是递进关系，与当事人各方的权利义务关系密切。因此，再审申请人称三方协议不影响借款合同、保证合同当事人的权利义务与事实和证据不符，应予驳回。

2. 根据《三方协议书》,《保证合同》的生效前提是 C 公司以及 A 信用联社履行三方协议约定及法定义务。

《三方协议书》约定了 B 公司为 A 信用联社提供担保的步骤，协议签订后，B 公司依约借款给 C 公司 20 万元，但再审申请人、C 公司未能依约办理他项权证，二者请求 B 公司在《保证合同》上签章，并于 2009 年 12 月 31 日向 B 公司出具书面“借条和承诺”，承诺 1 月 10 日之前办完土地抵押手续。B 公司在拿到该书面承诺后注意到《流动资金贷款合同》中约定“7. 提款。7.1.2 符合贷款人要求的担保合同以及相应的担保权利已生效并持续有效”，才在 A 信用联社提供的格式《保证合同》上签字盖章，但未提交 B 公司同意担保的股东会决议。

因此，依据《合同法》第四十五条第一款关于“当事人对合同的效力可以约定附条件。附生效条件的合同，自条件成就时生效。附解除条件的合同，自条件成就时失效”的规定，即便 B 公司在《保证合同》上签章，但因为有以下生效条件的存在，原判决认定《保证合同》所附生效条件未成就，保证合同不生效并无不当：

（1）《三方协议书》约定的“甲方（C 公司）将国土资源部门认可的四个土地证（大约 350 亩地）抵押给乙方（B 公司）或乙方认可的金融机构，由甲方负责在土地管理部门办理他项权登记，丙方（A 信用联社）将他项权登记证交给乙方”的承诺并未完成，B 公司所签《保证合同》所附生效条件不成就。

（2）C 公司、再审申请人出具的书面“借条及承诺”中约定，

C 公司、A 信用联社承诺于 2010 年 1 月 10 日之前办完土地抵押手续。该承诺也未完成，B 公司所签《保证合同》所附生效条件不成就。

（3）《流动资金贷款合同》中存在“7. 提款。7.1.2 符合贷款人要求的担保合同以及相应的担保权利已生效并持续有效”的约定，依照该约定、前述三方协议和“借条及承诺”，A 信用联社因为本贷款不存在已生效并持续有效存在的担保权利，依法不能放款，保证合同不生效。

（4）B 公司因未得到他项权证，故并未交付股东会决议，《保证合同》缺少生效条件，并未生效。

依照《公司法》第十六条第一款规定：“公司向其他企业投资或者为他人提供担保，依照公司章程的规定，由董事会或者股东会、股东大会决议；公司章程对投资或者担保的总额及单项投资或者担保的数额有限额规定的，不得超过规定的限额。”本案中，B 公司作为一家由港资参股的合资公司，对外担保应该经过股东会决议。B 公司因未得到他项权证，故在签订《保证合同》时并未向再审申请人出具股东会决议，故《保证合同》因违反公司法强制性规定而无效。

以上四个合同所附生效条件都未成就，《保证合同》当然不生效。原判决认定事实证据充分，适用法律正确，应予维持，再审申请人该再审理由不成立，应予驳回。

（二）《三方协议书》系三方真实意思表示，且符合法律规定，并无合同无效的法定理由，因此，再审申请人关于“三方协议无效”的再审理由不成立。

再审申请人认为《三方协议书》中当事人名称载明的是第三方

公司，故《三方协议书》无效的理由，不符合《合同法》规定的合同无效情形。因为协议书中当事人名称虽然为第三方公司，但协议最后签章为B公司，并由B公司法定代表人签字，且在该协议履行过程中，A信用联社与C公司均在与B公司洽商、履行，因此该三方协议书的主体系B公司，并非第三方公司，该《三方协议书》不存在合同无效的法定情形，再审申请人关于“三方协议无效”的再审理由不成立。

（三）《三方协议书》与本案的事实密切相关，是《保证合同》生效的条件，影响当事人的权利义务，因此，再审申请人认为“三方协议不影响本案借款合同、保证合同当事人权利义务”的再审理由不成立，应予驳回。

根据《三方协议书》的约定，该协议书是《保证合同》生效的条件，所以再审申请人认为“三方协议不影响本案借款合同、保证合同当事人权利义务”，不符合合同约定以及法律规定，该再审理由应予驳回。

（四）再审申请人认为“李某的行为不是职务行为，是因为其没有任何委托手续”，这一理由不能成立，依法应予驳回。

本案中，李某的签字行为，符合法律规定的职务行为的特征。

1. 以法人名义作出。李某作为A信用联社工作人员，请求B公司提供担保，以及在三方协议上签字、在“借条及承诺”上签字，都是在进行职务行为，其没有以任何个人身份出现，其所有行为都是以A信用联社名义作出的，与其个人没有任何关系。

2. 李某有授权。《民法通则》第六十五条规定，民事法律行为的委托代理，可以用书面形式，也可以用口头形式。法律规定用书面形式的，应当用书面形式。书面委托代理的授权委托书应当载明代理人的姓名或者名称、代理事项、权限和期间，并由委托人签名或盖章。委托书授权不明的，被代理人应当向第三人承担民事责任，代理人负连带责任。

对于李某代理A信用联社，并没有法律规定必须用书面形式。因此，其代理可以是口头委托。对授权不明的，被代理人应当向第三人承担民事责任。也就是说，李某代表A信用联社签字，如果出现授权不明，一切法律后果也应当由A信用联社承担。

3. 利益归属于单位。李某所有的活动，均是代表单位进行，其活动所获得利益即我方同意担保也归属于A信用联社，与其个人没有任何关系。

4. 李某的行为构成表见代理。《合同法》第四十九条规定："行为人没有代理权、超越代理权或者代理权终止后以被代理人名义订立合同，相对人有理由相信行为人有代理权的，该代理行为有效。"

李某的行为在某种程度上构成表见代理。B公司在与其打交道时，始终相信他就是A信用联社的代理人，B公司就是应A信用联社的要求提供担保，李某就是在代理A信用联社处理这件事情。

故李某的行为系职务行为，再审申请人认为李某的行为并非职务行为的再审理由不符合法律规定和本案事实，应予驳回。

（五）《三方协议书》经三方签字，依法成立，且合法有效，再审申请人、C公司均应该依照该协议履行各自义务。A信用联社未加盖公章，并不能否认该协议已经成立生效的事实，其应依照该协议履行相应的义务。

《合同法》第三十二条规定："当事人采用合同书形式订立合同的，自双方当事人签字或者盖章时合同成立。"第十条第一款规定："当事人订立合同，有书面形式、口头形式和其他形式。"由此可见，合同成立的标准并不是加盖公章，而是盖章或签字即可。李某作为 A 信用联社代表签字，且 B 公司已经依据该协议履行了自己的主要义务，这一切都是在 A 信用联社知悉的情形下进行的，A 信用联社也因为该协议，得到了其应有的担保，完善了改制的相关准备工作。

因此，该协议无论谁签字，或者即便不签字，因为 A 信用联社以及 C 公司接受了 B 公司履行的主要义务，该协议都是成立的。依照《合同法》第四十四条规定，依法成立的合同，自成立时生效。三方协议成立后即生效，各方应当遵照执行。

（六）再审申请人认为“借款行为已改变三方协议的付款条件。应视为 B 公司自愿放弃三方协议约定的条件”，“《保证合同》在三方协议之后，没有约束力”的再审理由不能成立。

1. 《保证合同》的签订时间虽然在三方协议之后，但《保证合同》并没有解除三方协议，且和三方协议并无冲突，不存在适用冲突问题，也就不存在以新约定代替旧约定的问题。

2. 再审申请人认为 B 公司对协议的部分履行，代表对协议其他权利的放弃，无法律依据，依法不应支持。

（七）再审申请人认为原一审法院行使释明权错误，二审法院对 B 公司反诉的审理违法，其理由不能成立。

本案一审法院已经驳回 B 公司的反诉请求，且 B 公司并未上诉，故二审法院依法认定“B 公司对此亦未提起上诉，视为对原审此项判决认可”并无不当，再审申请人仍然对此无理缠诉，依法不应支持。

四、本案不仅从《保证合同》附生效条件的角度可以确定 B 公司不再承担保证责任，且再审申请人和 C 公司串通，骗取 B 公司提供保证，再审申请人采取欺诈等手段，使 B 公司在违背真实意思的情况下提供保证，保证人也不应承担保证责任。

《担保法》第三十条规定：“有下列情形之一的，保证人不承担民事责任：（一）主合同当事人双方串通，骗取保证人提供保证的；（二）主合同债权人采取欺诈、胁迫等手段，使保证人在违背真实意思的情况下提供保证的。”

（一）A 信用联社明知 C 公司不符合贷款条件，为不影响其改制，仍违法同意为其贷款，并与 C 公司串通，骗取 B 公司提供担保，B 公司依法不应承担保证责任。

根据中国人民银行《贷款通则》第十七条第二款：“借款人申请贷款，应当具备产品有市场、生产经营有效益、不挤占挪用借贷资金、恪守信用等基本条件，并且应当符合以下要求：一、有按期还本付息的能力，原应付贷款利息和到期贷款已清偿；没有清偿的，已经做了贷款人认可的偿还计划……五、借款人的资产负债率符合贷款人的要求。”《流动资金贷款管理暂行办法》第十一条规定：“流动资金贷款申请应具备以下条件：……（四）借款人具有持续经营能力，有合法的还款来源；（五）借款人信用状况良好，无重大不良信用记录……”

而当时的 C 公司不符合贷款条件，A 信用联社明知此情况，为减轻自己责任，仍然同意为 C 公司贷款，其请求 B 公司提供担保，B 公司依法不应承担保证责任。

（二）C 公司和 A 信用联社隐瞒 C 公司名下没有土地使用权的事实，以办理土地使用证抵押为手段，骗取 B 公司为其提供担保，B 公司依法不应承担保证责任。

本案再审申请人、C 公司获得 B 公司提供担保的前提是三方协议保证 C 公司提供土地使用证作为抵押并将土地使用证交付 B 公司，即 B 公司提供担保的前提是“丙方将他项权证交乙方后”。

但事实上，C 公司并没有土地使用权，其在 2009 年 12 月 31 日出具的“借条及承诺”中承诺在 2010 年 1 月 10 日之前为 B 公司办理抵押手续。同时，B 公司注意到《流动资金贷款合同》中有“7. 提款。7.1.2 符合贷款人要求的担保合同以及相应的担保权利已生效并持续有效”的约定，认为即便签章，A 信用联社在拿到反担保手续，确保担保权利已生效并持续有效后才会放款，所以才在《保证合同》上签章，且也没有提供相关股东会决议。

（三）再审申请人只有取得明确无误的担保后才能为 C 公司发放贷款，但其在《三方协议书》以及“借贷及承诺”中约定的义务未完成的情形下，为 C 公司发放贷款，存在过错。

《商业银行法》第三十六条第一款规定：“商业银行贷款，借款人应当提供担保。商业银行应当对保证人的偿还能力，抵押物、质物的权属和价值以及实现抵押权、质权的可行性进行严格审查。”《流动资金贷款管理暂行办法》第十三条规定：“贷款人应采取现场与非现场相结合的形式履行尽职调查，形成书面报告，并对其内容的真实性、完整性和有效性负责。尽职调查包括但不限于以下内容：……（九）对有担保的流动资金贷款，还需调查抵（质）押物的权属、价值和变现难易程度，或保证人的保证资格和能力等情况。”

可见，再审申请人只有在取得明确无误的担保后才能为 C 公司发放贷款，但其在《三方协议书》以及“借贷及承诺”中约定的反担保义务未完成，且《流动资金贷款合同》中有“7. 提款。7.1.2 符合贷款人要求的担保合同以及相应的担保权利已生效并持续有效”约定的情形下，明知道 B 公司的担保不生效，最起码不是持续有效的前提下，仍然为C公司发放贷款，存在过错。

故，再审申请人和C公司采取欺诈等手段，使B公司在违背真实意思的情况下提供保证，保证人不承担保证责任。

【裁判结果】

最高人民法院裁定驳回A银行的再审申请。

【裁判文书】

再审申请人A银行与被申请人B公司、一审被告C公司借款合同纠纷一案，不服某省高级人民法院作出的（2018）×民终×××号民事判决，向本院申请再审。本院依法组成合议庭对本案进行了审查，现已审查终结。

A银行申请再审称：（一）二审判决认定事实不清。1. 三方协议不影响本案《借款合同》《保证合同》当事人权利义务。三方协议实质上是反担保协议，约定B公司向C公司提供借款1200万元用于归还A银行借款1200万元的条件即是提供他项权证。该三方协议中没有任何关于将办理他项权登记作为本案保证合同生效条件的表述，反而约定B公司继续为C公司向A银行借款4200万元提供担保。2. 原审法院明确认定三方协议并没有加盖A银行公章，只有李某个人签字，在李某没有A银行任何授权的情况下认定李某签字系职务行为前后矛盾。3. 即使存在三方协议，也是无效的。三方协议中的乙方是某市某运输有限公司（以下简称某运输公司），而B公司并未获得某运输公司的授权和签章，协议无效，B公司也无权以自己的名义主张三方协议的权利义务。即使协议有效，由于B公司与某运输公司变更三方协议中乙方的权利义务承担主体，但并未征得其他合同当事人同意（甚至并未通知其他方），该变更对于其他合同当事人也不生效，但原审法院对此并未查明。4.《保证合同》并未将所谓的附条件作为生效条款的内容，应当按照《保证合同》约定认定 B 公司承担连带保证责任。5. 借款行为已改变三方协议约定的付款条件。B 公司在未取得他项权证的情形下，即将 1200 万元借给 C 公司。B 公司通过事实履行改变三方协议的约定，且系与 C 公司之间的行为，与其他人无涉，应视为 B 公司自愿放弃三方协议约定条件。（二）二审判决适用法律错误。1.《保证合同》中没有任何将三方协议内容作为生效条件的表述，原审法院认定《保证合同》系附条件生效合同没有依据。2. 签订三方协议时，李某不是 A 银行的法定代表人或负责人，也没有授权委托手续，其行为不是职务行为。原审法院认定其行为系职务行为系适用法律错误。3. 一审法院在本案一审已经庭审结束的情形下，对 B 公司提供的证据进行释明并受理 B 公司反诉，没有任何法律依据。4. 三方协议中约定由 B 公司继续担保的 4200 万元债务，包括案涉 2900 万元和已经由某省某市中级人民法院（2012）临民初字第 211 号（以下简称第 211 号案）民事调解书调解并进入执行程序的 1300 万元。B 公司对同一性质的事实，作出截然不同的辩解和处理，违反诚信原则和禁止反言原则。综上，依据《中华人民共和国民事诉讼法》第二百条第二项、第六项规定申请再审。

B 公司提交意见称：（一）A 银行的再审理由只是对法律责任认定不服，并非对相关事实认定不服，其主张原判决认定基本事实缺乏证据证明的再审理由不成立。（二）A 银行主张原判决适用法律确有错误，但是并未举证说明属于法律规定的何种情形。（三）A 银行的再审理由不符合民事诉讼法及司法解释规定的再审条件。1. 本案法律关系为附生效条件的借款担保法律关系，《保证合同》生效的前提为C公司与A银行履行三方协议约定。2. 李某作为A银行工作人员，请求B公司提供担保并在协议及承诺上签字的行为，均系代表A银行的行为，B公司有理由相信其系A银行的代理人。3. A银行认为B公司对协议部分履行即代表对协议其他权利的放弃，无法律依据。4. 一审法院已经驳回B公司的反诉请求，A银行却对此无理缠诉，依法不应支持。（四）本案从A银行与C公司串通，骗取B公司提供担保，使B公司在违背真实意思的情况下提供担保的角度来看，B公司也不应承担保证责任。综上，A银行的再审理由不成立，请求依法驳回其再审申请。

本院经审查认为，关于原审认定事实和适用法律问题。A银行依据其与B公司签订的《保证合同》，要求B公司对C公司向A银行的贷款2900万元及利息承担保证责任。对此，B公司不予认可并主张其提供的担保属于附条件担保，因条件并未成就，其不应承担连带保证责任。经原审查明，在《保证合同》签订之前，即2009年12月23日，C公司、A银行、B公司签订的三方协议约定，C公司负责在土地管理部门办理他项权登记，A银行将他项权证交给B公司后，B公司借给C公司1200万元；B公司继续为C公司在A银行的4200万元（包含本案诉争的2900万元）贷款提供担保。虽然A银行主张三方协议中未约定其负有实质性权利义务，但是对于合同当事人的权利义务仍应结合整体合同形式和合同内容予以判断。该协议从形式上来看要素完备，C公司与B公司的法定代表人、A银行业务部经理李某均对该协议签字确认，李某亦作为案涉贷款的岗位负责人为C公司办理案涉贷款事宜。从内容上看，所列明的一、二、三、四项规定系一个有机的整体，且互为条件，三方协议签订后，C 公司亦于 2009 年 12 月 31 日向 B 公司出具借条，三方再次确认由 C 公司于 2010 年 1 月 10 日前办完土地他项权证相关事宜，A 银行负责转交。李某代表 A 银行在借条担保人处再次签字确认。由此可见，案涉三方当事人通过三方协议与借条承诺的方式确认，在 C 公司将土地他项权证办理到 B 公司名下，并由 A 银行将证件交付 B 公司的前提下，B 公司愿意为案涉的 2900 万元贷款提供担保。根据原审查明的事实，因上述协议约定 B 公司提供担保的条件并未成就，依据《中华人民共和国合同法》第四十五条关于"当事人对合同的效力可以约定附条件，附生效条件的合同自条件成就时生效"的规定，A 银行要求 B 公司承担相应担保责任缺少合同依据。故原审认定 B 公司对 C 公司向 A 银行的贷款 2900 万元及利息不承担保证责任有事实依据，适用法律并无不当。

关于 A 银行主张原审存在程序违法问题。民事诉讼中人民法院向当事人行使释明权的主要目的在于引导当事人在诉讼中正确表达诉求、充分行使诉讼权利，以推动整个诉讼活动的顺利进行。一审法院基于此正确引导 B 公司行使其诉权，避免了因当事人另诉而增加的诉累，不存在滥用释明权的情形。因一审法院对本案多次开庭审理，B 公司经法院释明后在第一次庭审后提起反诉并未超出法定期限，一审法院依法受理并无不当。至于 A 银行提出 B 公司在另案中陈述相反的再审理由，因第 211 号案系经案件各方当事人达成调解结案，未涉及本案事实，B 公司亦在本案中作出否定性抗辩，故 A 银行以此主张 B 公司意见不应采信的再审理由不能成立，本院不予采纳。

综上，A 银行的再审申请不符合《中华人民共和国民事诉讼法》第二百条规定的应当再审情形。本院依照《中华人民共和国民事诉讼法》第二百零四条第一款，《最高人民法院关于适用〈中华人民共和国民事诉讼法〉的解释》第三百九十五条第二款规定，裁定如下：

驳回A银行的再审申请。

【案例评析】

虽然本案案由是“借款合同纠纷”，但双方当事人争议的是公司对外担保法律关系。

本案二审判决是2018年11月作出，再审裁定是2019年3月作出，而2019年9月最高人民法院审判委员会民事行政专业委员会第319次会议原则通过《全国法院民商事审判工作会议纪要》（以下简称《九民会议纪要》），11月8日最高人民法院正式发布。《九民会议纪要》在第二章“关于公司纠纷案件的审理”中对“关于公司为他人提供担保”作出6个条文的规定，对《公司法》第十六条规定的公司对外担保效力作出了详细的阐述。2021年1月1日生效的《最高人民法院关于适用〈中华人民共和国民法典〉有关担保制度的解释》（以下简称《民法典担保解释》）对公司对外担保的相关规定又作了一定的修正。

本案再审发生在《九民会议纪要》发布之前，代理律师虽然在二审代理意见中提出，“依照《公司法》第十六条第一款规定，公司向其他企业投资或者为他人提供担保，依照公司章程的规定，由董事会或者股东会、股东大会决议；公司章程对投资或者担保的总额及单项投资或者担保的数额有限额规定的，不得超过规定的限额。本案中，B公司作为一家由港资参股的合资公司，对外担保应该经过股东会决议，B公司因未得到他项权证，在签订《保证合同》时并未出具股东会决议，故《保证合同》因违反公司法强制性规定而无效”，但对违反《公司法》第十六条规定是否导致担保无效，当时并无十足胜诉把握。最终法院虽然未直接对 B 公司未提供股东会决议、担保是否无效作出评判，但依照代理人发表的本案《保证合同》系附生效条件的合同，自条件成就时生效，B 公司因未得到他项权证，故并未交付股东会决议等意见，以“B 公司提供担保的条件并未成就”为依据作出了担保无效的判决。

一、《九民会议纪要》发布之前，公司对外担保案件的审理思路

《公司法》第十六条规定：“公司向其他企业投资或者为他人提供担保，依照公司章程的规定，由董事会或者股东会、股东大会决议；公司章程对投资或者担保的总额及单项投资或者担保的数额有限额规定的，不得超过规定的限额。公司为公司股东或者实际控制人提供担保的，必须经股东会或者股东大会决议。前款规定的股东或者受前款规定的实际控制人支配的股东，不得参加前款规定事项的表决。该项表决由出席会议的其他股东所持表决权的过半数通过。”《九民会议纪要》发布之前，理论界和司法实践中，讨论如何适用《公司法》第十六条，主要集中在《公司法》第十六条是否是法律强制性规定，各种观点莫衷一是，司法实践对此也有不同的判断。依据《民法典》第一百五十三条第一款，违反法律、行政法规的强制性规定的民事法律行为无效。但是，该强制性规定不导致该民事法律行为无效的除外。“强制性规定”可以分为“效力性强制性规定”和“管理性强制性规定”。但何为“效力性强制性规定”，何为“管理性强制性规定”，在立法层面至今没有明确的规定，理论界对此也是百家争鸣。由于立法以及理论界对该概念缺乏统一定义，

导致司法实践中对公司违反《公司法》第十六条对外提供担保是否有效，没有统一的标准。

一种观点认为《公司法》第十六条不属于“效力性强制性规定”，因此是否提供股东（大）会或者董事会决议不影响担保合同效力，这是《九民会议纪要》发布之前司法实践中的主流观点。《九民会议纪要》发布前后，司法实践中，逐渐出现因为没有提供股东（大）会或股东会决议，判决担保合同无效的案例。

本案亦可以体现出，理论界以及司法实践在《九民会议纪要》发布之前已经认识到《公司法》第十六条应该适用，但囿于在理论上无法论证该条规定是“效力性强制性规定”，因此就尽量从案件其他原因入手，对没有提交股东会决议的公司对外担保，否定其效力，以达到“围魏救赵”之功效。本案最高人民法院没有论证未提交股东会决议的公司对外担保合同的效力问题，而是根据担保人提供的担保系“附条件担保”，认定条件未成就，因此担保无效。

实际上本案代理律师也没有仅依据《公司法》第十六条来发表代理意见，而是提出：第一，本案《保证合同》系附生效条件的合同，自条件成就时生效，保证合同生效条件包括B公司取得他项权证，因该条件未成就，故B公司并未交付股东会决议，《保证合同》不生效。依据《合同法》第四十五条第一款①规定：“当事人对合同的效力可以约定附条件。附生效条件的合同，自条件成就时生效。附解除条件的合同，自条件成就时失效。”即便B公司在《保证合同》上签章，但因为生效条件未成就，原判决认定《保证合同》所附生效条件未成就，保证合同不生效并无不当。第二，本案并非普

① 已失效，相关内容现规定于《民法典》第一百五十八条。

通的银行借款担保纠纷，而系再审申请人因为拟改制而减少不良贷款，请求 B 公司为 C 公司“以新还旧”的贷款提供担保，B 公司予以拒绝，后在再审申请人与 C 公司共同承诺由 C 公司提供反担保并同意签署书面协议的情形下，B 公司才同意提供担保。但再审申请人和 C 公司未履行三方协议，存在过错，因此 B 公司不承担担保责任。

二、《九民会议纪要》规定的公司对外担保案件的裁判思路

《九民会议纪要》摒弃了对《公司法》第十六条是否属于“效力性强制性规定”的判断，将该条文视为对法定代表人权限的法定限制，从而通过法定代表人是否属于越权担保以及合同相对方是否是善意来判断是否是越权担保。

第一，《公司法》第十六条如果被认定为非“效力性强制性规定”，容易造成公司法定代表人或者实际控制人不受任何限制对外提供担保，侵害公司利益，而且会造成该法条形同虚设的立法尴尬局面。

《公司法》第十六条如果被认为仅仅是非“效力性强制性规定”，且是公司内部程序性规范，无论担保人是否提供股东（大）会或董事会决议，都不影响担保合同的效力，则会导致公司法定代表人或者实际控制人不受任何限制对外提供担保，侵害公司利益。而且容易形成该条规定被违反而没有任何不利后果，该法律规范形同虚设的尴尬局面。因此，在司法实践中，由判断该法律规范是否属于“效力性强制性规定”，转变为判断该条款的规范性质。

第二，法定代表人依照法律或者法人章程规定，代表法人从事民事活动时，对其权限的限制分为法定限制和约定限制。《公司法》第十六条本质上是对法定代表人权限的法定限制。

依照《民法典》第六十一条关于“依照法律或者法人章程的规定，代表法人从事民事活动的负责人，为法人的法定代表人。法定代表人以法人名义从事的民事活动，其法律后果由法人承受。法人章程或者法人权力机构对法定代表人代表权的限制，不得对抗善意相对人”的规定，法定代表人依照法律或者法人章程规定，代表法人从事民事活动时，对其权限的限制分为法定限制和约定限制。

法定代表人依照法律规定代表法人从事民事活动，是对法定代表人权限的法定限制，比如《公司法》第十六条规定的对外担保，就不是法定代表人的权限，而是股东（大）会或董事会的权限。法定代表人依照法人章程规定或者法人权力机构对其授权代表法人从事民事活动，则是对法定代表人权限的约定限制。

第三，法定代表人违反对其权限法定限制的后果。

《民法典》第六十一条第三款规定：“法人章程或者法人权力机构对法定代表人代表权的限制，不得对抗善意相对人。”但对违反法定限制的情形，《民法典》第六十一条并未规定其后果。《公司法》第十六条也没有规定违反该条文对法定代表人权利限制的法律后果。

《民法典》第五百零四条规定：“法人的法定代表人或者非法人组织的负责人超越权限订立的合同，除相对人知道或者应当知道其超越权限外，该代表行为有效，订立的合同对法人或者非法人组织发生效力。”该条规定了法定代表人超越权限订立合同的后果，但对法定代表人超越权限究竟是超越法定限制还是约定限制并无区分，因此，该条文规定的是法定代表人超越法律对其权限的限制而以法人名义订立合同的法律后果，即“除相对人知道或者应当知道其超越权限外，该代表行为有效，订立的合同对法人或者非法人组织发生效力”。

从《公司法》《民法典》的规定看，违反《公司法》第十六条并非没有法律后果，其后果不应再局限于以《公司法》第十六条是否属于“效力性强制性规定”为基础作出判断，而是要判断相对人是否“知道或者应当知道”法定代表人超越权限，从而判断该担保行为的效力。

第四，《九民会议纪要》对《公司法》第十六条的规范性质及担保合同效力的认定：明确了该条款是对法定代表人权利的限制，明确了公司对外担保“不是法定代表人所能单独决定的事项”，应根据债权人是否是善意来判断是否是越权担保。

根据《九民会议纪要》第十七条的规定，为防止法定代表人随意代表公司为他人提供担保给公司造成损失，损害中小股东利益，《公司法》第十六条对法定代表人的代表权进行了限制。根据该条规定，担保行为不是法定代表人所能单独决定的事项，而必须以公司股东（大）会、董事会等公司机关的决议作为授权的基础和来源。法定代表人未经授权擅自为他人提供担保的，构成越权代表，人民法院应当根据相关法律关于法定代表人越权代表的规定，区分订立合同时债权人是否善意分别认定合同效力：债权人善意的，合同有效；反之，合同无效。

第五，关于债权人是否有审核公司章程的义务以及其他审查义务的规定：《九民会议纪要》虽然没有明确规定审查公司章程的义务，仅规定了“公司有证据证明债权人明知决议系伪造或者变造的除外”，但要求债权人审核表决权以及“同意决议的人数及签字人员符合公司章程的规定”，实质上还是要求审核公司章程。

按照《九民会议纪要》第十八条的规定，债权人对公司机关决议内容的审查一般限于形式审查，只要求尽到必要的注意义务即可，标准不宜太过严苛。公司以机关决议系法定代表人伪造或者变造、决议程序违法、签章（名）不实、担保金额超过法定限额等事由抗辩债权人非善意的，人民法院一般不予支持。但是，公司有证据证明债权人明知决议系伪造或者变造的除外。公司为公司股东或者实际控制人以外的人提供非关联担保，根据《公司法》第十六条的规定，此时由公司章程规定是由董事会决议还是股东（大）会决议。无论章程是否对决议机关作出规定，也无论章程规定决议机关为董事会还是股东（大）会，根据《民法典》第六十一条第三款关于“法人章程或者法人权力机构对法定代表人代表权的限制，不得对抗善意相对人”的规定，只要债权人能够证明其在订立担保合同时对董事会决议或者股东（大）会决议进行了审查，同意决议的人数及签字人员符合公司章程的规定，就应当认定其构成善意，但公司能够证明债权人明知公司章程对决议机关有明确规定的除外。

三、《民法典担保解释》对公司对外担保合同效力的修正

《民法典担保解释》对《九民会议纪要》关于公司对外担保的规定作了修正。

第一，公司的法定代表人违反公司法关于公司对外担保决议程序的规定，超越权限代表公司与相对人订立担保合同，人民法院应当依照民法典第六十一条和第五百零四条等规定处理。即相对人善意的，担保合同对公司发生效力；相对人请求公司承担担保责任的，人民法院应予支持。所谓善意，是指相对人在订立担保合同时不知道且不应当知道法定代表人超越权限。相对人有证据证明已对公司决议进行了合理审查的，人民法院应当认定其构成善意，但是公司有证据证明相对人知道或者应当知道决议系伪造、变造的除外。

相对人非善意的，担保合同对公司不发生效力；相对人请求公

司承担赔偿责任的：（1）债权人与担保人均有过错的，担保人承担的赔偿责任不应超过债务人不能清偿部分的二分之一；（2）担保人有过错而债权人无过错的，担保人对债务人不能清偿的部分承担赔偿责任；（3）债权人有过错而担保人无过错的，担保人不承担赔偿责任。主合同无效导致第三人提供的担保合同无效，担保人无过错的，不承担赔偿责任；担保人有过错的，其承担的赔偿责任不应超过债务人不能清偿部分的三分之一。

第二，一人有限责任公司为其股东提供担保，公司以违反公司法关于公司对外担保决议程序的规定为由主张不承担担保责任的，人民法院不予支持。

第三，公司为其全资子公司开展经营活动提供担保，或者担保合同系由单独或者共同持有公司三分之二以上对担保事项有表决权的股东签字同意，公司以其未依照公司法关于公司对外担保的规定作出决议为由主张不承担担保责任的，人民法院不予支持。

【结语和建议】

《公司法》第十六条的规定是对公司法定代表人权限的法定限制，是公司对外提供担保的前置程序。公司对外担保不是公司的一般经营性事务，当事人在接受公司担保时应遵守和理解相关法律规范，审查公司章程并根据《公司法》及公司章程的规定，要求担保的公司出具相应的股东（大）会或董事会决议，并审查同意担保的股东会或董事会决议中同意决议的人数及签字人员是否符合公司章程规定。

A银行股份有限公司北京分行与韩某彤等金融借款合同纠纷案[①]

北京市炜衡律师事务所　王培律师

【关键词】

借款合同　最高额担保合同　担保合同

【案情简介】

2015年11月11日，韩某彤以借款申请人名义签署《小微授信申请表》，向A银行股份有限公司北京分行（以下简称A银行北京分行）申请贷款。抵押人高某海、冯某（高某海的配偶）以担保人名义一并签署该申请表，表示同意就借款申请人申请的授信，以本申请表正面所载抵押物（即北京市朝阳区天居园×号楼×层×号）提供抵押担保，并签署相应的担保合同。签署《小微授信申请表》后，高某海及其配偶冯某向A银行北京分行出具《房地产权属登记授权委托书》一份。

2015年11月24日，A银行北京分行（贷款方）与韩某彤（借款方）签订编号为×××的《综合授信合同》，约定A银行北京分行向韩某彤提供2800000元的授信额度，授信使用期限60个月，自

① 案件来源：北京市第一中级人民法院民事判决书（2020）京01民终5246号。

2015 年 11 月 24 日至 2020 年 11 月 24 日，授信用途为经营周转。合同还对其他事项进行了约定。

为担保韩某彤债务的履行，北京 B 国际物流有限公司（以下简称 B 公司)、高某海共同签署编号为×××的《最高额担保合同》，根据该合同记载，B 公司同意为韩某彤在主合同（A 银行北京分行与韩某彤签订的编号为×××的《综合授信合同》及其项下发生的具体业务合同共同构成本合同的主合同）项下债务提供最高额连带保证责任担保；高某海自愿以名下位于北京市朝阳区天居园×号楼×层×号房产为上述主合同项下债务提供最高额抵押担保，最高额担保所担保的主债权的发生期间为 2015 年 11 月 24 日至 2020 年 11 月 24 日；担保人所担保的最高债权额为 280 万元，该最高债权额为尚未清偿的债权本金最高限额，在债权本金余额不超过上述金额的前提下，由此产生的本合同约定担保范围内所有应付款项，担保人均同意承担担保责任；担保人的担保范围为本合同约定的被担保之主债权本金和其他应付款项，其他应付款项包括利息、罚息、复利、违约金、损害赔偿金、实现债权和担保权利的费用（包括但不限于诉讼费、律师费、房产抵押人安置费用、保全费等）以及所有其他应付合理费用；保证期间为本合同生效至主合同约定的主合同债务人履行债务期限届满之日后两年。该合同同时载有高某海的配偶冯某的签名。

2015 年 12 月 7 日，A 银行北京分行持高某海及其配偶冯某出具的房地产权属登记授权委托书至北京市朝阳区不动产登记中心办理了案涉房屋的抵押权设立登记。A 银行北京分行取得京（2015）朝阳区不动产证明第×××号《不动产登记证明》，记载的证明权利事项为抵押权，抵押权种类为最高额抵押，权利人为 A 银行北京分行，义务人为高某海，房产坐落在北京市朝阳区天居园×号楼×层×号。

2015年12月15日，韩某彤向A银行北京分行提交《借款支用申请书》，申请借款2800000元，申请借款期限为2015年12月15日至2016年12月15日，并委托A银行北京分行将借款支付至其指定账户。

A银行北京分行于同日核准韩某彤的借款申请，确定贷款金额为2800000元，贷款期限自2015年12月15日至2016年12月15日，执行年利率5.655%，还款方式为按月付息，到期还本，还款日为每月15日。同日，A银行北京分行向韩某彤指定账户放款2800000元。

合同履行中，韩某彤自2016年8月出现逾期。贷款到期后，韩某彤亦未依约还本结息。截止到2017年3月3日，韩某彤尚欠A银行北京分行贷款本金2800000元、利息67294元、罚息54013.87元。此后，韩某彤未再还款。

另，韩某彤、高某亮于2009年7月10日登记结婚。后二人于2016年3月1日协议离婚。A银行北京分行于2015年12月15日向韩某彤发放贷款280万元后，韩某彤给付高某亮140万元。

韩某彤逾期还款后，A银行工作人员曾致电高某海，通话过程中，该名工作人员多次提及高某海名下北京市朝阳区天居园×号楼×层×号房产抵押事宜，高某海均表示知晓且未提出异议，高某海同时自认偿还了部分贷款。

与此同时，北京市海淀区人民法院另案受理了高某海、冯某诉A银行北京分行确认《最高额担保合同》无效纠纷一案。在该诉讼中，根据高某海、冯某的申请，法院依法委托北京某文书司法鉴定中心对该合同第20、21页（即签章页）上“高某海、冯某”的签名进行了笔迹鉴定，鉴定结论为该合同第20、21页上高某海、冯某的签名与样本即《最高额担保合同》中高某海、冯某的签名并非同一人书写。

【代理意见】

一、A 银行北京分行与高某海、冯某签署的《最高额担保合同》符合合同法等相关法律法规的规定，不存在《合同法》第五十二条规定的无效事由，应为有效合同

《最高额担保合同》符合法律规定。高某海、冯某作为完全民事行为能力人，在对贷款、抵押和担保等事宜进行充分沟通和了解后，签订了《最高额担保合同》《房地产抵押登记授权委托书》等系列文件，该系列文件均为各方当事人真实意思表示，内容合法，并不属于以欺诈、胁迫的手段订立的损害国家利益的合同，或恶意串通，损害国家、集体或者第三人利益的合同，因此不属于《合同法》第五十二条规定的合同无效的情形。故《最高额担保合同》等系列文件均是合法、有效的，各方均应按约履行相关合同义务。

二、《小微授信申请表》《（房地产）抵押财产清单》《房地产抵押登记授权委托书》《股东会决议》等系列文件和协议均有高某海与冯某本人的签字，同时，高某海与冯某并未对其签署的《最高额担保合同》作出合理解释，高某海与冯某对韩某彤的授信合同和借款事宜已充分知悉并自愿提供担保，故高某海与冯某作为担保人应履行相应的担保责任

本案中，从双方提供的证据可知，在《B 公司股东会决议书》签字处、《（房地产）抵押财产清单》抵押人一栏处、《小微授信申请表》担保人声明处以及《房地产权属登记授权委托书》签字处均有高某海、冯某本人的签名。

与此同时，面签照片、面签内容以及实地调查照片均是在各方沟通后，高某海、冯某完全知晓且全程配合的情况下作出的，因此，高某海、冯某对韩某彤的借款事宜和相关担保事宜是充分知悉并明确的，高某海、冯某应履行相关抵押担保责任。

三、高某海明知其名下房屋用于韩某彤贷款抵押的事实，且高某海每月偿还贷款，明知其不还款抵押房产处置的法律后果，说明高某海认可抵押担保关系的存在，其应履行相应的抵押担保义务

本案中，根据高某海与A银行北京分行客户经理的电话录音证据可知：

1. 高某海六次提到知晓其位于北京市朝阳区天居园×号楼×层×号房屋（以下简称该房屋）抵押贷款280万元的事实。

2. 三次提到自己还款的事实，且明知抵押事项和不还款将产生的法律后果，以及明知B公司已将100%股权变更为自己所有（从韩某彤变更为高某海）。

故上述事实均证明高某海认可抵押担保关系的存在，其主张《最高额担保合同》无效是没有事实和法律依据的，高某海应依约履行抵押担保义务。

四、A银行北京分行已尽合理审查义务，并履行了放款义务，为善意相对人。同时，北京市国土资源局已对高某海与冯某抵押的房屋出具了不动产登记证明，A银行北京分行对案涉房屋享有完全的抵押优先权

本案中，为了确保韩某彤与A银行北京分行授信合同的履行，高某海、冯某与A银行北京分行签署了包括《最高额担保合同》《（房地产）抵押财产清单》和《小微授信申请表》等在内的系列协议，且高某海与冯某向 A 银行北京分行提供了《房地产权属登记授权委托书》、不动产登记证明、身份证原件、房屋权属证书原件等办理担保事项所需的材料，上述事项有面签照片和相关录音予以佐证，A 银行北京分行有理由相信高某海与冯某的抵押担保行为是在明确了解和知悉的情况下作出的，A 银行北京分行已严格履行合理审查义务，并按约向韩某彤放款，故高某海与冯某亦应按约履行相应的抵押担保责任。

五、A 银行北京分行和高某海、冯某之间订立的《最高额担保合同》属于不动产物权合同，自成立时即生效，不受签署主体的影响

根据《物权法》第十五条的规定："当事人之间订立有关设立、变更、转让和消灭不动产物权的合同，除法律另有规定或者合同另有约定外，自合同成立时生效；未办理物权登记的，不影响合同效力。"本案中，A 银行北京分行和高某海、冯某签署的《最高额担保合同》成立即生效，无论签署主体是哪方，均不影响该担保合同的效力。更何况，担保合同（房地产）抵押财产清单中所列房屋已做抵押登记，该抵押登记是严格按照抵押流程办理的。在此过程中高某海与冯某积极配合，并向 A 银行北京分行提供了办理抵押证书所需的房屋权属证书、授权委托书等材料，该行为是对签署《最高额担保合同》的追认，是合法有效的，且已办理房屋他项权证，故 A 银行北京分行拥有对案涉房屋的抵押权。

【判决结果】

北京市海淀区人民法院一审判决：一、A 银行北京分行与韩某彤签订的编号为 ××× 《综合授信合同》于 2017 年 2 月 23 日解除；

二、韩某彤偿还 A 银行北京分行贷款本金 2800000 元、利息 67294 元，并支付罚息（截止至2017 年3 月3 日的罚息为54013.87 元，自 2017 年3 月 4 日起至实际付清之日止的罚息，按照《综合授信合同》《借款凭证》约定的标准计算），于判决生效之日起十日内付清；三、韩某彤给付 A 银行北京分行律师费 16882 元，于判决生效之日起十日内付清；四、高某亮对第二、三项规定的韩某彤的债务承担共同还款责任；五、B 公司对第二、三项规定的韩某彤的债务承担连带保证责任；六、B 公司承担保证责任后，有权在承担保证责任的范围内向韩某彤追偿；七、A 银行北京分行有权以高某海名下位于北京市朝阳区天居园 × 号楼 × 层 × 号房产拍卖、变卖所得价款在第二、三项规定的韩某彤的债务范围内优先受偿；八、驳回 A 银行北京分行其他诉讼请求。

北京市第一中级人民法院判决：驳回上诉，维持原判。

【裁判文书】

上诉人高某海因与被上诉人 A 银行北京分行、原审被告韩某彤、高某亮、B 公司金融借款合同纠纷一案，不服北京市海淀区人民法院（2017）京 0108 民初 6834 号民事判决，向本院提起上诉。本院于2020 年7 月13 日立案后，依法组成合议庭进行了审理。本案现已审理终结。

高某海上诉请求：撤销一审判决第七项，改判高某海对韩某彤的所有债务不承担任何责任。事实和理由：1. 一审判决认定事实错误。《最高额担保合同》并非高某海所签足以证明高某海没有为韩某彤提供担保的合意，一审判决的推定违背客观事实及法律规定。2. A 银行北京分行作为专业的金融机构，在明知签字人并非高某海本人的情况下，依然向韩某彤发放贷款，导致贷款最终无法清偿，基于公平原则，应由 A 银行北京分行承担不利后果。3. 高某海关于担保合同无效的民事诉讼以及请求撤销抵押登记的行政诉讼尚在审理中，在上述诉讼未形成生效判决的情况下，不应判决 A 银行北京分行有权对高某海的房产进行处置。

A 银行北京分行辩称，不同意高某海的上诉请求及事实理由，一审判决认定事实清楚，适用法律正确，请求驳回上诉，维持原判。

韩某彤、B 公司述称，同意一审判决。

高某亮述称，同意高某海的意见。

A 银行北京分行向一审法院起诉请求：1. 判令解除 A 银行北京分行与韩某彤签订的编号为×××的《综合授信合同》；2. 判令韩某彤立即偿还贷款本金 280 万元；3. 判令韩某彤偿还拖欠利息 66414.33 元、拖欠罚息 951.78 元（截算至 2016 年 12 月 13 日，自 2016 年 12 月 14 日起至实际还清之日止的利息、罚息，按《综合授信合同》《借款支用申请书》及《借款凭证》约定的标准计算）；4. 判令韩某彤赔偿 A 银行北京分行 86020 元律师费损失；5. 判令高某亮对上述 2－4 项债务承担共同还款责任；6. 判令高某海以其名下位于北京市朝阳区天居园×号楼×层×号房产承担抵押担保责任，A 银行北京分行有权以上述房产拍卖、变卖所得价款在韩某彤的债务范围内优先受偿；7. 判令 B 公司对上述 2－4 项债务承担连带保证责任；8. 判令上述韩某彤、高某亮、高某海、B 公司共同承担本案诉讼费、保全费等相关费用。

一审法院认定事实：2015 年 11 月 11 日，韩某彤以申请人名义签署《小微授信申请表》，向 A 银行北京分行申请贷款。高某海及其配偶冯某以担保人名义一并签署该申请表，表示同意就申请人申请的授信，以本申请表正面所载抵押物（即北京市朝阳区天居园×号楼×层×号）提供抵押担保，并签署相应的合同。签署申请表后，高某海及其配偶冯某向A银行北京分行出具《房地产权属登记授权委托书》一份。

2015年11月24日，A银行北京分行（乙方）与韩某彤（甲方）签订编号为×××的《综合授信合同》，约定A银行北京分行向韩某彤提供2800000元的授信额度，授信使用期限60个月，自2015年11月24日至2020年11月24日，授信用途为经营周转；授信提用人应在本合同约定的授信期限和最高授信额度内向乙方提出申请，乙方有权根据授信提用人申请使用额度时的乙方授信政策决定是否同意，经审查同意的，乙方与授信提用人在适用的具体业务合同或具体业务申请书中确认使用额度的相应内容；贷款金额、具体用途、利率等以《借款支用申请书》项下双方确认的内容为准；到期应付而未付的借款本金，自逾期之日起，按本合同约定的逾期利率按实际逾期天数计收逾期罚息，直至借款本息得到清偿为止；对借款利息不能按时支付的（包括逾期罚息），按逾期利率按月在本合同约定的还款日的对日计收复利，按实际逾期天数计算，逐月累算，逾期利率按照约定利率上浮50%收取；授信提用人违反承诺、陈述或保证，或者违反本合同约定义务的，乙方有权调整或取消全部或部分授信额度，要求授信提用人另行提供担保以及对本合同项下任一授信提用人已提取的全部或部分借款要求提前清偿，要求授信提用人赔偿乙方为行使权利而支付的诉讼费、仲裁费、保全费、公告费、评估费、鉴定费、拍卖费、律师费及其他实现债权的费用。合同还对其他事项进行了约定。

A银行北京分行还提交同日由B公司、高某海签署的编号为×

××的《最高额担保合同》一份，根据该合同记载，B 公司同意为韩某彤在主合同（A 银行北京分行与韩某彤签订的编号为×××的《综合授信合同》及其项下发生的具体业务合同共同构成本合同的主合同）项下债务提供最高额连带保证责任担保；高某海自愿以名下位于北京市朝阳区天居园×号楼×层×号房产为上述主合同项下债务提供最高额抵押担保，最高额担保所担保的主债权的发生期间为 2015 年 11 月 24 日至 2020 年 11 月 24 日；担保人所担保的最高债权额为 280 万元，该最高债权额为尚未清偿的债权本金最高限额，在债权本金余额不超过上述金额的前提下，由此产生的本合同约定担保范围内所有应付款项，担保人均同意承担担保责任；担保人的担保范围为本合同约定的被担保之主债权本金和其他应付款项，其他应付款项包括利息、罚息、复利、违约金、损害赔偿金、实现债权和担保权利的费用（包括但不限于诉讼费、律师费、房产抵押人安置费用、保全费等）以及所有其他应付合理费用；保证期间为本合同生效至主合同约定的主合同债务人履行债务期限届满之日后两年。该合同同时载有高某海的配偶冯某的签名。

在一审法院另案受理的高某海、冯某诉 A 银行北京分行确认合同无效一案诉讼中，根据高某海、冯某的申请，一审法院依法委托北京某文书司法鉴定中心对《最高额担保合同》第 20、21 页（即签章页）上“高某海、冯某”的签名进行了笔迹鉴定，鉴定结论为该合同第 20、21 页上高某海、冯某的签名与样本中高某海、冯某的签名非同一人书写。

2015 年 12 月 7 日，A 银行北京分行持高某海及其配偶出具的房地产权属登记授权委托书及房产证到北京市朝阳区不动产登记中心办理了抵押权设立登记。A 银行北京分行取得京（2015）朝阳区不动产证明第×××号《不动产登记证明》，记载的证明权利事项为抵押权，抵押权种类为最高额抵押，权利人为A银行北京分行，义务人为高某海，房产坐落为北京市朝阳区天居园×号楼×层×号。

2015年12月15日，韩某彤向A银行北京分行提交《借款支用申请书》，申请借款2800000元，申请借款期限自2015年12月15日至2016年12月15日，并委托A银行北京分行将借款支付至如下账户（户名：×××；开户行：A银行北京某支行；账号：×××）。

A银行北京分行于同日核准韩某彤的借款申请，确定贷款金额为2800000元，贷款期限自2015年12月15日至2016年12月15日，执行年利率5.655%，还款方式为按月付息，到期还本，还款日为每月15日。

同日，A银行北京分行向韩某彤指定账户放款2800000元。

合同履行中，韩某彤自2016年8月出现逾期。贷款到期后，韩某彤亦未依约还本结息。截止到2017年3月3日，韩某彤尚欠A银行北京分行贷款本金2800000元、利息67294元、罚息54013.87元。此后，韩某彤未再还款。

另，韩某彤、高某亮于2009年7月10日登记结婚，后二人于2016年3月1日协议离婚。A银行北京分行于2015年12月15日向韩某彤发放贷款280万元后，韩某彤给付高某亮140万元。

再查，韩某彤逾期还款后，A银行工作人员曾致电高某海，通话过程中，该名工作人员多次提及高某海名下北京市朝阳区天居园×号楼×层×号房产抵押事宜，高某海均表示知晓且未提出异议，高某海同时自认偿还了部分贷款。

再查，A银行北京分行因本案已支出律师费16882元。A银行北京分行于2016年4月29日经北京市工商行政管理局西城区分局核准，由原名称“A 银行股份有限公司总行营业部”变更为现名称。

一审法院认为，本案当事人争议焦点之一为涉案借款合同借款方的认定。韩某彤主张其仅为名义借款人，实际借款人及用款人均为高某亮，故应由高某亮承担还款责任。一审法院认为，韩某彤以借款人名义与 A 银行北京分行订立借款合同，A 银行北京分行也系根据韩某彤的指示发放了借款，依据合同相对性原则，借款人应认定为韩某彤。至于借款实际由谁使用，不影响对涉案借款人的认定，也不影响韩某彤依据合同应承担的还款责任。

本案当事人争议焦点之二为高某亮是否应对韩某彤的债务承担共同清偿责任。一审法院认为，涉案借款发生在韩某彤、高某亮夫妻关系存续期间，借款虽系韩某彤以其个人名义所借，但高某亮、韩某彤一同面见了 A 银行北京分行工作人员，高某亮对涉案借款系明知，且韩某彤在获取 280 万元借款后即按高某亮要求支付其 140 万元，可以认定涉案借款由二人共同使用，高某亮基于其与韩某彤的夫妻关系，理应承担共同清偿责任。

本案当事人争议焦点之三为 A 银行北京分行与高某海是否达成以高某海名下位于北京市朝阳区天居园 × 号楼 × 层 × 号房产为涉案贷款提供抵押担保的合意。针对该争议焦点，一审法院认为，首先，韩某彤向 A 银行北京分行申请贷款时，高某海及其配偶与韩某彤一并签署了《小微授信申请表》，同意以上述房产为韩某彤的贷款提供抵押担保，故高某海具有以房产提供抵押担保的意思表示；其次，高某海及其配偶向 A 银行北京分行出具了《房地产权属登记授权委托书》，授权 A 银行北京分行代为办理涉案房产的相关权属登记手续，结合 A 银行北京分行持涉案房产的房产证原件办理抵押登记的事实，进一步说明高某海具有提供抵押担保的意思表示；再次，在办理完毕涉案房产的抵押权设立登记并在涉案贷款逾期后，A 银行工作人员曾致电高某海并多次提及房产抵押事宜，高某海均表示知晓且未提出异议，说明高某海对抵押事宜系明知且同意。高某海称其一开始不知道抵押的意义，在了解之后便拒绝签署《最高额担保合同》，但暂且不论高某海是否真的不理解抵押这一常见法律行为的含义，若真如高某海所言，其在理解抵押的含义后便拒绝提供抵押担保，但其一，其仍然任由 A 银行北京分行持有其及冯某签名的授权委托书而不是收回该委托书；其二，高某海也未主动控制涉案房产的房产证原件，而是任由韩某彤或 A 银行北京分行持有，并最终办理完毕抵押登记；其三，在 A 银行工作人员向高某海说明房产抵押事宜时，高某海并未表现出不知情或反对，相反却表现出知晓及认可。以上三点，显然不符合常理。据此，一审法院认为，涉案《最高额担保合同》虽不是高某海本人签署，但依据其他证据并结合当事人的陈述，可以认定高某海与 A 银行北京分行达成以高某海名下位于北京市朝阳区天居园 × 号楼 × 层 × 号房产为韩某彤在《综合授信合同》下债务提供抵押担保的合意。

基于以上认定，一审法院认为，A 银行北京分行与韩某彤订立的《综合授信合同》及与 B 公司、高某海订立的《最高额担保合同》均系各方当事人的真实意思表示，合同内容未违反国家法律及行政法规的强制性规定，应属有效。A 银行北京分行作为贷款方已依约履行了放款义务，韩某彤作为借款方亦应依约履行还本付息义务。现涉案贷款的还款期限已经届满，韩某彤拖欠 A 银行北京分行贷款本金 2800000 元、利息 67294 元至今未还，其行为构成违约，应立即将尚欠本息偿还给 A 银行北京分行，并按合同约定支付至实际清偿之日止的罚息，故一审法院对 A 银行北京分行要求韩某彤偿还贷款本金 2800000 元、利息 67294 元，并支付至实际付清之日止的罚息的诉讼请求予以支持。同时，因韩某彤上述违约行为，A 银行北京分行有权依据约定取消全部授信额度并解除合同，鉴于韩某彤于 2017 年 2 月 23 日签收一审法院向其送达的起诉书等应诉材料，故一审法院认定涉案编号 ××× 的《综合授信合同》于该日解除。关于 A 银行北京分行要求韩某彤承担律师费 86020 元的诉讼请求，涉案《综合授信合同》虽约定 A 银行北京分行为行使权利而支付的律师费由授信提用人负担，但应限于 A 银行北京分行已实际支出的部分，现 A 银行北京分行实际已支出律师费 16882 元，故一审法院对 A 银行北京分行该项诉讼请求中的 16882 元予以支持，超出部分，一审法院不予支持。B 公司作为连带责任保证人，应对韩某彤的债务承担连带保证责任，故一审法院对 A 银行北京分行要求 B 公司对韩某彤的债务承担连带保证责任的诉讼请求予以支持。同时，涉案贷款发生在韩某彤、高某亮夫妻关系存续期间，高某亮对贷款系明知，且贷款由二人共同使用，可以认定系二人共同债务，一审法院对 A 银行北京分行要求高某亮承担共同清偿责任的诉讼请求予以支持。另，高某海已以其名下位于北京市朝阳区天居园 × 号楼 × 层 × 号房产办理了以 A 银行北京分行为抵押权人的抵押登记，故抵押权已设立并生效，A 银行北京分行作为抵押权人，有权以上述房产拍卖、变卖所得价款在韩某彤的债务范围内优先受偿。

综上所述，依照《中华人民共和国合同法》第八条、第二百零六条、第二百零七条，《中华人民共和国担保法》第十八条、第三十一条，《中华人民共和国物权法》第一百七十九条、第一百九十五条，《最高人民法院关于审理涉及夫妻债务纠纷案件适用法律有关问题的解释》第三条规定，判决：一、A 银行北京分行与韩某彤签订的编号×××的《综合授信合同》于2017年2月23日解除；二、韩某彤偿还A银行北京分行贷款本金2800000元、利息67294元，并支付罚息（截止至2017年3月3日的罚息为54013.87元，自2017年3月4日起至实际付清之日止的罚息，按照《综合授信合同》《借款凭证》约定的标准计算），于判决生效之日起十日内付清；三、韩某彤给付A银行北京分行律师费16882元，于判决生效之日起十日内付清；四、高某亮对第二、三项规定的韩某彤的债务承担共同还款责任；五、B公司对第二、三项规定的韩某彤的债务承担连带保证责任；六、B公司承担保证责任后，有权在承担保证责任的范围内向韩某彤追偿；七、A银行北京分行有权以高某海名下位于北京市朝阳区天居园×号楼×层×号房产拍卖、变卖所得价款在第二、三项规定的韩某彤的债务范围内优先受偿；八、驳回A银行北京分行其他诉讼请求。

二审中，当事人没有提交新证据。

本院对一审法院查明的事实予以确认。

本院认为，本案二审的争议焦点为《最高额担保合同》是否为高某海的真实意思表示。

《最高人民法院关于适用〈中华人民共和国民事诉讼法〉的解释》第一百零八条规定，对负有举证证明责任的当事人提供的证据，人民法院经审查并结合相关事实，确信待证事实的存在具有高度可能性的，应当认定该事实存在。对一方当事人为反驳负有举证证明责任的当事人所主张事实而提供的证据，人民法院经审查并结合相关事实，认为待证事实真伪不明的，应当认定该事实不存在。

本案中，高某海虽未在《最高额担保合同》上签字，但结合其与配偶以担保人名义签署《小额授信申请表》和《房地产权属登记授权委托书》的事实、A 银行北京分行持有抵押房产房产证成功办理抵押设立登记的事实及在韩某彤逾期还款后，高某海与 A 银行工作人员的通话内容，A 银行北京分行的举证，已经达到了高度可能性的证明标准，可证明高某海就案涉房屋为韩某彤的借款提供抵押担保是明知且同意的。相反，高某海关于其后续变更想法不再同意提供抵押担保故未签署《最高额担保合同》、案涉房屋的房产证系韩某彤私自取得并给付 A 银行北京分行、A 银行北京分行工作人员诱导其对话等主张，与查明事实不符且明显不符合常理。综上，根据在案证据及查明的事实，本院认为，《最高额担保合同》系高某海的真实意思表示，应为有效。

高某海上诉称 A 银行北京分行未尽审查义务，但高某海提供的证据，不足以证明 A 银行北京分行对其主张的“不愿再提供抵押担保”和“房产证系韩某彤私自取得并提供”的事实明知，故对其主张不予采信。

高某海的其他上诉理由，均无事实与法律依据，不予支持。

综上所述，高某海的上诉请求不能成立，应予驳回；一审判决认定事实清楚，适用法律正确，应予维持。依照《中华人民共和国民事诉讼法》第一百七十条第一款第一项规定，判决如下：

驳回上诉，维持原判。

【案例评析】

2016 年 9 月 5 日，本案代理律师接受 A 银行北京分行委托后，及时与 A 银行经办支行沟通。在全面了解案件的背景后，发现了案涉抵押担保的登记瑕疵问题，及时指导 A 银行经办支行向抵押人取证，提前做好对案件的全面把控。

拿到原始档案后，代理律师仔细核对档案资料，对合同条款逐一审查，核对合同填写及签字等情况；针对案件风险点采取措施，诉前提前固定证据。对本案抵押登记瑕疵问题，抓住抵押人真实意思表示这一点，从确定对方当事人高某海对于办理抵押登记这一事实同意并知晓入手，想办法取得并固定证据以弥补抵押设立中的瑕疵。A 银行经理诉前电话联系被告高某海，并在电话中多次提及其名下房产抵押登记的问题，由于此时对方尚未涉诉，对于抵押登记的事实未予否认，以此获得了本案的最为关键的证据。该应对思路最终也得到了一审、二审法院的支持，一审法院认为“合同系当事人之间合意的表达形式之一，形式并非最为重要，重要的是当事人之间是否真的存在一个合同，如果该合同已经得到履行，且不违反法律的强制性规定，其也应当是成立且有效的”。

根据《最高人民法院关于适用〈中华人民共和国民事诉讼法〉的解释》第一百零八条第一款规定：“对负有举证证明责任的当事人提供的证据，人民法院经审查并结合相关事实，确信待证事实的存在具有高度可能性的，应当认定该事实存在。”在办理本案过程中，代理律师针对重要证据存在重大瑕疵的情况，努力收集有利证据，进行案例检索分析，还原案件事实，紧紧抓住了本案的抵押风险瑕疵问题并充分进行论证，最终使法官采信我方代理意见，案件的审理结果完全符合我方的预判。

本案的特殊性在于对方当事人婚姻关系的破裂直接影响了共同还款人、抵押人的还款意愿、抵押意愿，而在证据方面又存在瑕疵，这些因素叠加形成了本案的疑点、难点。本着对客户负责的态度，我方律师在诉前就对本案的重大风险问题作出应对，并在三年多的诉讼中，始终坚定信心，耐心梳理，一点点、一步步突破，不放过案件的每一个细节，形成了完整充分的证据链条，最终扭转了对我方非常不利的诉讼形势。

【结语和建议】

在金融借款合同纠纷中，借款人婚姻关系的破裂可能直接影响共同还款人、抵押人的还款意愿、抵押意愿。若遇到设立的担保存在瑕疵的情况，可谓屋漏偏逢连夜雨。对于此类情况，代理律师应熟读案件材料，做到提前部署，巧妙安排，深入分析，找到风险点，并针对案件风险点采取措施，诉前固定证据。如就本案抵押登记瑕疵问题，代理律师首先明确案件总体思路，在形式上存在瑕疵的情况下，抓住抵押人真实意思表示这一点，即从抵押高某海对于办理抵押登记这一事实同意并知晓入手，想办法取得并固定证据以弥补抵押设立中的瑕疵问题，为案件的最终胜诉打下了坚实的基础。

图书在版编目（CIP）数据

民商事经典案例争议解决之道／王保华主编．—北京：中国法制出版社，2022.10
ISBN 978-7-5216-2744-2

Ⅰ.①民… Ⅱ.①王… Ⅲ.①民法-案例-中国②商法-案例-中国 Ⅳ.①D923.05

中国版本图书馆 CIP 数据核字（2022）第 109059 号

责任编辑：李璞娜　　封面设计：杨泽江

民商事经典案例争议解决之道
MINSHANGSHI JINGDIAN ANLI ZHENGYI JIEJUE ZHI DAO

主编/王保华
经销/新华书店
印刷/三河市国英印务有限公司
开本/710 毫米×1000 毫米　16 开　　印张/23.5　字数/237 千
版次/2022 年 10 月第 1 版　　2022 年 10 月第 1 次印刷

中国法制出版社出版
书号 ISBN 978-7-5216-2744-2　　定价：76.00 元

北京市西城区西便门西里甲 16 号西便门办公区
邮政编码：100053　　传真：010-63141600
网址：http://www.zgfzs.com　　编辑部电话：010-63141670
市场营销部电话：010-63141612　　印务部电话：010-63141606

（如有印装质量问题，请与本社印务部联系。）